Elisabeth Graul
Die Farce

Das Buch

Eine Gruppe junger Leute glaubt im Jahr 1950 gegen die wachsende Zerstörung aller Hoffnungen und Ideale antreten zu müssen, mit denen sie 1945 einen Neuanfang begonnen hatte. Die zunehmend stalinistische Ausrichtung der jungen DDR erstickt alle möglichen Ansätze einer demokratischen Entwicklung. Sie wissen, in welche Gefahr sie sich begeben, als sie einen Widerstandskreis gründen und merken zu spät, daß sie in die Hände von Leuten geraten, die ihren Idealismus für ganz andere Ziele mißbrauchen. Die Staatssicherheit ist bald auf ihrer Spur: Wurden sie verraten? Die DDR-Justiz verurteilt sie zu hohen Zuchthausstrafen.

Die Autorin durchlebt und durchleidet diese Jahre, ohne sich zerstören zu lassen. „Es ist nicht entscheidend, was man erlebt, sondern wie man es erlebt..."

Die Autorin

Elisabeth Graul, Jahrgang 1928, studierte Musik in Erfurt, Weimar und (West-)Berlin. 1950 schloß sie sich einer Widerstandsbewegung an und wurde 1951 verhaftet. Das Oberste Gericht der ehemaligen DDR verurteilte sie zu 15 Jahren Zuchthaus, die später auf 10 Jahre reduziert wurden. Nach ihrer Strafverbüßung im Frauengefängnis Hoheneck ging sie nach Magdeburg, arbeitete zunächst 13 Jahre am dortigen Puppentheater und wechselte dann an die Georg-Philipp-Telemann-Musikschule über, wo sie bis zum Sommer 1994 im Fach Klavier unterrichtete.

Elisabeth Graul

DIE FARCE

Ein Stück Autobiographie

imPULS
VERLAG

3-00-007751-0

ISBN 3-910146-04-X

3. erweiterte Auflage 1996
imPULS-Verlag Magdeburg
Umschlaggestaltung: Hans Ott
Realisation: Studio L · Design & Druck, Erfurt
Druck und Bindung: Druck und Verlagshaus Erfurt seit 1848 GmbH
Printed in Germany

... Hegel bemerkt irgendwo, daß alle großen weltgeschichtlichen Tatsachen und Personen sich sozusagen zweimal ereignen. Er hat vergessen hinzuzufügen: Das eine Mal als Tragödie, das andere Mal als Farce.

Karl Marx, »Der 18. Brumaire«

Teil I

Ein gutaussehender, schlanker Mann, Ende dreißig etwa, kommt auf mich zu. Er wirkt sehr distanziert.

"Ich werde sehen, ob ich Ihre Akte ziehen kann!"

Er ist nicht jener Staatsanwalt, der mir auf meine Bitte um Übersendung von Anklageschrift und Urteil mitgeteilt hat, ich könne wegen des schlechten Zustandes der Akte eine Fotokopie nicht bekommen, jedoch jederzeit Einsicht nehmen.

Der Mann vor mir, das merke ich sofort, erfüllt nur widerstrebend meinen Wunsch.

Ich warte und sehe mich um in dem Gebäude der Generalstaatsanwaltschaft in Ost-Berlin. Hier haben sie also residiert, die hohen Herren der DDR-Justiz, von Melsheimer bis Joseph. Großzügig gestaltete preußische Architektur, hohe, breite Gänge, überwölbt, große Fenster. Das Mobiliar jedoch, wie in jeder Behörde der DDR, Serienproduktion, zweckmäßig und häßlich.

Es dauert, bis der Herr wiederkommt.

Heute ist der 5. Juni 1990. Die Wende ist ein knappes Dreivierteljahr alt, und ich habe meine Rehabilitierung beantragt. Ich bin fast 62 Jahre alt. Als man mich verhaftete, war ich 23. Wie viele Jahre liegen noch vor mir?

Ähnlich wie hier waren die Gänge im Obersten Gericht der DDR in der Scharnhorststraße, durch die man uns, streng bewacht, am 18. Februar 1952 führte, als der Prozeß gegen uns zwölf Hauptangeklagte wegen Mitgliedschaft im "Widerstandskreis der Jugend der Sowjetzone", der als illegale Organisation dem legalen westdeutschen "Bund Deutscher Jugend" angegliedert war, begann.

Der Staatsanwalt biegt um die Ecke und balanciert einen Aktenstoß von gut einem halben Meter Höhe.

"Kommen Sie bitte mit!"

Ich folge ihm in sein Zimmer. Er läßt den Aktenstoß auf einen der beiden Schreibtische fallen und fängt an zu suchen.

"Sie dürfen nur Anklageschrift und Urteil einsehen, nicht die Akten. Nehmen Sie bitte dort am Tisch Platz!"

Ich kenne die Spielregeln und setze mich. Es dauert, bis er das Gesuchte findet. Er reicht mir den dicken Hefter, 32 Seiten Anklageschrift, 77 Seiten Urteil, herüber und geht zu seinem Schreibtisch. Ich beginne zu lesen:

'An das
Oberste Gericht
der Deutschen Demokratischen Republik,
I. Strafsenat
Berlin N4,
Scharnhorststraße 35

Ich klage an:

1. Fischer, Karl-Heinz,
geboren am 11. 3. 1927 in Berlin
Beruf: Angestellter
2. Höfer, Ulrich
geboren am 22. 8. 1927 in Freyburg/Unstrut
Beruf: Lehrer
3. Schulz, Herbert,
geboren am 26. 12. 1927 in Laßbeck/Pommern
Beruf: Lehrer
4. Höfer, Heinz
geboren am 7. 10. 1923 in Zöberitz,
Beruf: Angestellter
5. Hoffmann, Helmut,
geboren am 24. 9. 1926 in Blankenhain
Beruf: Angestellter

6. Graul, Elisabeth
geboren am 16. 6. 1928 in Erfurt
Beruf: Musikstudentin
7. Ostermuth, Gudrun
geboren am 4. 7. 1919 in Deutschneudorf/Erzgebirge
Beruf: Arzthilfe
8. Kösterke, Gerhard
geboren am12. 11. 1921 in Lauenburg
Beruf: Lehrer
9. Kruggel, Otto
geboren am 7. 1. 1926 in Grünewalde
Beruf: Student
10. Hubl, Herbert
geboren am 8. 10. 1929 in Zwettnitz/CSR
Beruf: Student
11. Hensel, Felicitas
geboren am 13. 5. 1928 in Torgau
Beuf: Studentin
12. Bimmermann, Rolf
geboren am 20. 3. 1921 in Naumburg/Saale
Beruf: Bauingenieur,

in nicht rechtsverjährter Zeit im Auftrag des amerikanischen und des wiedererstandenen deutschen Imperialismus Spionage und Kriegshetze im Gebiet der Deutschen Demokratischen Republik betrieben,
durch Herstellung und Verbreitung von kriegshetzerischen Schriften die friedliche Entwicklung des deutschen Volkes gefährdet,
verleumderisch gegen die Völker der Sowjetunion und die volksdemokratischen Länder gehetzt und damit das freundschaftliche friedliche Verhältnis zu diesen Völkern zu stören versucht
und durch die Schaffung einer illegalen Organisation die Sicherheit der Deutschen Demokratischen Republik und den Frieden unseres Volkes gefährdet zu haben.

Verbrechen strafbar nach Artikel 6 der Verfassung der Deutschen Demokratischen Republik und Artikel III A III der Direktive 38.

Sämtliche Angeschuldigten sind Mitglieder der illegalen Organisation des sogenannten "Widerstandskreises der Jugend der Sowjetzone", die von der Zentrale der neofaschistischen Organisation "Bund Deutscher Jugend" in Frankfurt/Main gegründet wurde.

Unter der Tarnbezeichnung eines sogenannten "Freien Parlaments" versuchte diese Organisation den Anschein zu erwecken, als wäre sie eine Jugendorganisation mit rein jugendpflegerischen Interessen.

Die durchgeführten Ermittlungen erbrachten jedoch den Beweis, daß diese illegale Organisation eine Spionageagentur des amerikanischen und des wiedererstandenen deutschen Imperialismus ist.'

"Das ist unglaublich!" sage ich ziemlich laut, nachdem ich bis hierher gelesen habe.

Der Staatsanwalt sieht mich pikiert an.

"Sie müssen sich entscheiden, ob Sie lesen oder mit mir reden wollen, ich habe meine Arbeit."

"Schon gut, machen Sie Ihre Arbeit, und wir reden später."

Nach sieben Monaten Untersuchungshaft im Keller von Hohenschönhausen, genannt "U-Boot" oder "Grüne Hölle" wegen der Farbe der Wände, werde ich am 9. 2. 1952 ins Gerichtsgefängnis in der Albrechtstraße eingeliefert und erhalte einen Hefter mit der Anklageschrift. Zum ersten Mal nach sieben Monaten etwas Gedrucktes!

Nun erfahre ich auch, wer mit mir angeklagt ist. Manche davon kenne ich näher, andere nur flüchtig. Für jeden von uns zwölfen gibt es eine Seite. Über mich lese ich:

'Die Angeklagte ist überführt, sich seit Oktober 1950 als Mitglied der illegalen Organisation "Widerstandskreis" aktiv an der verbrecherischen Tätigkeit derselben beteiligt zu haben, indem sie

a) an allen Zusammenkünften dieser Organisation in Westberlin teilgenommen hat,

b) seit November 1950 als Kurier für diese Organisation tätig war und Nachrichten, Material kriegs- und boykotthetzerischen Inhalts sowie finanzielle Mittel an Mitglieder des "Widerstandskreises" in die Deutsche Demokratische Republik überbrachte,

c) seit Dezember 1950 als Mitglied des ständigen Sekretariats der illegalen Organisation "Widerstandskreis" maßgeblichen Anteil an der Leitung dieser verbrecherischen Organisation hatte,

d) antidemokratische Hetze betrieb, im besonderen auf der sogenannten Pressekonferenz Lügen und Verleumdungen über die demokratischen Maßnahmen der Regierung der Deutschen Demokratischen Republik verbreitete.

Als Mitglied des sogenannten "Ständigen Sekretariats" war die Angeschuldigte in maßgeblicher Stellung an den begangenen Verbrechen dieser illegalen Organisation beteiligt.'

Als letzter Satz steht bei jedem von uns: 'Dieses Verbrechen verdient höchste, hohe, strengste, strenge oder harte Bestrafung.'

Das klingt nicht gut. Die Todesstrafe kann noch in Anwendung gebracht werden. Ob sie es wagen werden, unseren Haufen junger Idealisten einfach umzubringen? Ich versuche mich innerlich mit der Möglichkeit vertraut zu machen. Da ist keine Panik, keine Verzweiflung. Nach sieben Monaten Keller von Hohenschönhausen ist der Punkt erreicht, an dem ich nur noch das Ende der Quälerei herbeisehne.

Diese Zelle hier im Gerichtsgefängnis hat bei der sonst üblichen Primitivität (Holzbett mit Strohsack, Tisch, Hocker, Kübel in der Ecke) wenigstens Tageslicht, allerdings mit Sichtblende vor dem Fenster. Man sieht nichts, hört aber den Berliner Verkehr, in Abständen auch die S-Bahn.

Ein Posten holt mich; vermutlich werde ich jetzt den angekündigten Pflichtverteidiger kennenlernen.

Ich werde zu einem großen, kräftigen Mann älteren Jahrganges gebracht. Er fragt mich, wie ich zu meiner Tat stehe. Ich bemühe mich, ihm verständlich zu machen, daß wir uns dagegen zu wehren versucht hätten, die Ideale einer erneuerten freieren Welt abermals zerstören zu lassen, daß wir nichts mit Spionage zu tun gehabt hätten, wie man es immer wieder versucht habe, uns unterzuschieben - der vermeintliche Verteidiger zieht die Augenbrauen hoch - und als wir gemerkt hätten, daß der Bund Deutscher Jugend sich als rechtsgerichtet erwies, die Konsequenzen und den Bruch vollzogen hätten. Und bezahlt habe man uns schon gar nicht für unsere Tätigkeit.

Der Mann hatte schweigend zugehört. Als ich ende, sagt er barsch:

"Das können Sie alles dem Gericht vortragen!" und läßt mich wieder abführen.

Mir schwant, daß das kein Verteidiger gewesen sein kann, und ich wage es, den Posten zu fragen.

"Sie waren beim Generalstaatsanwalt!" klärt er mich auf.

Der Verteidiger kommt am nächsten Tag. Wieselflink betritt er die Sprechzelle, klein und rund.

"Doktor Hyckel, mit Ypsilon", stellt er sich vor. "Fragen Sie mich, fragen Sie alles, was Sie wissen wollen; ich habe unbegrenzt Zeit!"

Dabei blickt er unübersehbar auf seine protzige Armbanduhr.

Ich beginne wieder wie gestern. Hört der Mann zu? Er fummelt ununterbrochen an irgendwelchen Schriftstücken herum. Wieder lege ich Wert auf die Feststellung, daß unsere Widerstandsarbeit nicht von irgendwelchen Leuten bezahlt wurde. Ich bitte ihn auch, mir zu helfen, das Haus, das ich von meinem Großvater geerbt habe, behalten zu können.

Dieses Haus ist mir nicht wegen seines Wertes so bedeutungsvoll - bisher war es wegen meiner Unerfahrenheit und der schweren Bombenschäden, die es hatte, nur eine Belastung - nein: ich habe ein schlechtes Gewissen, wenn ich es aufs Spiel gesetzt haben sollte.

Mein Großvater, den ich geliebt und verehrt habe, stammte aus einem kleinen Dorf im Weserbergland und war eines von sieben Kindern. Er erlernte das Schlosserhandwerk, zog dann als fahrender Geselle drei Jahre durch Deutschland und die angrenzenden Gebiete und erwarb sich seinen "Erfahrungsschatz" auf diesen Wanderungen. Schließlich blieb er in Erfurt hängen, weil ihn die Pappeln am Fischersand, einer Straße an einem der Seitenarme des Flusses Gera, so gut gefielen; holte seine ostpreußische Braut zu sich und heiratete sie. Sechs Kinder hatten sie miteinander, von denen vier schon im Kindesalter starben. Der fünfte Sohn, einer der ersten Flieger im Ersten Weltkrieg, stürzte drei Tage vor Kriegsende ab, und nur meine Mutter blieb übrig.

Meine Großeltern "sparten mit dem Pfennig und mit den Streichhölzern", wie es hieß; Großmutter vermietete immer an einen "Herrn", den sie bekochte und rundum versorgte. Mit ihrem Fleiß schafften es meine Großeltern, zwei große Mietwohnhäuser bauen zu lassen und sie über die Inflation zu retten.

Mein Großvater, als Persönlichkeit von allen hoch geachtet, war mit Leib und Seele Hauswirt und investierte in seine Häuser jede Neuerung: Gaslicht, später elektrische Beleuchtung, Heizungen, Bäder.

"Ihr sollt es einmal besser haben!" habe ich oft von ihm gehört.

Ich erbte beide Häuser. Als eines davon noch im Frühjahr 1945 so schwer getroffen wurde, daß nur noch ein einziger Raum bewohnbar war und das zweite dringend wenigstens eine Notbedachung brauchte, entschloß ich mich nur schwer, die Ruine an einen begüterten Wollhändler zu verkaufen. Es kam mir wie ein Verrat an meinem Großvater und seinem Lebenswerk vor.

Und nun die Gefahr, auch noch das zweite aufgeben zu müssen ...

"Da werde ich nichts machen können!" sagt mein Gegenüber. "Wenn die Kontrollratsdirektive 38 III A III in Anwendung gebracht wird, ist der Vermögensentzug inbegriffen."

"Können Sie das nicht verhindern?" frage ich naiv.

"Nein, tut mir leid. Und jetzt", abermaliger Blick auf die Uhr,"muß ich mich verabschieden."

Er springt auf, reicht mir die Hand und sammelt seine Papiere ein. Schon halb in der Tür, dreht er sich um und fragt:

"Kenn' Se den Hubl? Den muß ich auch verteidigen. Was is'n das für'n Mensch?"

Ich bedaure, da keine Auskunft geben zu können, und weiß, daß ich von diesem Verteidiger nichts zu erwarten habe. Das Gespräch hat keine drei Minuten gedauert.

Als wir am nächsten Morgen ins Oberste Gericht gebracht werden, geht neben uns je ein Posten. Im Gerichtssaal sind die Stühle auf Lücke gestellt. Zwischen jedem Angeklagten, ein wenig nach hinten versetzt, nehmen die Bewacher Platz. Rechts neben mir sitzt Otto aus Halle, weiter vorn entdecke ich Ulli und Heinz, die Weißenfelser, denen ich als Kurier die Flugblätter gebracht habe. Aber wie sehen sie alle aus! Elend, abgemagert, gealtert sind sie. Dort sitzt Gudrun. Sie trägt wie wir alle noch dieselbe Kleidung, in der wir im Juli verhaftet worden sind. Jetzt ist es Februar. Gudruns Sommerkleid aus buntbedrucktem Stoff weist große Löcher in gleichen Abständen auf. Alle roten Blumen sind herausgefallen. Ihre Riemchensandaletten aus Igelit sind zum Teil zerrissen, die Beine nackt. Wie gut bin ich dran mit ausgefranstem Rock und Kostümjacke! Aber auch meine Strümpfe, sieben Monate getragen, bestehen nur noch aus Laufmaschen. Wie eine Truppe Stadtstreicher werden wir vorgeführt.

Dann betritt das Hohe Gericht den Saal: Vizepräsidentin Dr. Hilde Benjamin als Vorsitzende, die Richter Dr. Rothschild und Trapp, Generalstaatsanwalt Dr. Melsheimer und Staatsanwalt Seidemann, die Sachbearbeiterin Barfuß als Protokollführerin.

Wir müssen aufstehen, können uns gleich wieder setzen, und der Generalstaatsanwalt stellt den Antrag, die Öffentlichkeit wegen Gefährdung der Staatssicherheit auszuschließen. Ein Gerichtsdiener reißt die Tür auf und ruft in den menschenleeren Gang hinaus: "Die Öffentlichkeit ist ausgeschlossen!“

Der Generalstaatsanwalt stellt den weiteren Antrag, den im Saal befindlichen Angehörigen des Staatssicherheitsdienstes den Aufenthalt im Sitzungssaal zu gestatten. Auch dem wird stattgegeben.

Die Gerichtsvorsitzende beginnt mit den Fragen zur Person. Als sie dem ersten Angeklagten vorliest: "Haftbefehl vom...“, sagt dieser, er habe nie einen gesehen.

Es folgt eine scharfe Zurechtweisung. Als der zweite Angeklagte ebenso erklärt, daß man ihm keinen Haftbefehl vorgelegt habe, braust sie auf, wird aber beim dritten schon vorsichtiger und geht dann einfach über diesen Punkt hinweg. Keiner von uns hatte je einen Haftbefehl gesehen.

* * *

Nachdem ich im Juli 1951 den Auslandspaß und das italienische Visum für die mit Freunden ab 1. August geplante Tramptour bis Rom abgeholt habe, sage ich zu meiner Kommilitonin Carola:

"Ich habe Heimweh. Ich möchte vorher noch mal nach Hause fahren, aber am 28. bin ich wieder zurück."

Sie bringt mich am nächsten Tage zum Zug.

"Es wird schon nichts passieren!" sage ich.

Carola weiß von meiner illegalen Arbeit, die schon seit reichlich sechs Wochen ruht, nachdem ich mich mit dem Leiter des BDJ, Paul Lüth, überworfen habe.

"Hoffentlich", sagt Carola, und ich spüre, daß sie beunruhigt ist.

Ich bin es auch. Bei jeder Fahrt in die Zone habe ich das bange Gefühl, holen sie dich aus dem Zug, wenn sie die Ausweise kontrollieren? Wissen sie, was du tust?

Dabei denke ich weniger an das Verschwinden unseres Kuriers Eberhard Becker, von dem wir nicht wissen, ob er geschnappt wurde oder sich irgendwo versteckt hält. Ich glaube einfach, daß in der Zwischenzeit nichts von seiten der Stasi geschehen ist.

Aber auch diesmal geht die Kontrolle glatt.

Nach Hause, was ist das? Das Haus, die Wohnung, aber außer den Untermietern, schlesischen Flüchtlingen, ist niemand Vertrautes mehr darin. Die Nachbarn, mein zweijähriger Patensohn mit Eltern und Großeltern, der geliebte Garten mit seiner Blütenfülle und dem vielen Obst. Die noch verbliebenen Freunde in der Stadt, allerdings jetzt wohl meistens verreist. Aber Traudel Schacke ist da, meine engste Vertraute, die bewährte Freundin, und ich habe vor, bei ihr und ihrer Mutter zu übernachten. Was soll ich auch allein in meiner Wohnung?

Traudels Mutter hat einen Blumenladen in der Johannesstraße, die jetzt Leninstraße heißt. Sie ist lieb und behandelt mich wie eine Tochter. Traudel hat gerade ihre Tänzerprüfung bestanden und tanzt im Ballett des Theaters mit. "Schwarzwaldmädel" heißt die Operette. Morgen nachmittag ist eine Rentnervorstellung, und die will ich mir natürlich ansehen.

Es ist der 25. Juli. Ich habe Spaß an der hübschen Inszenierung und finde, daß Traudel ihre Sache sehr gut macht.

Hinterher gehe ich noch zu meiner Schneiderin, die mir für die Italientour ein mehrteiliges praktisches Strandkleid näht. Ich probiere an, es paßt, und übermorgen kann ich es abholen.

Als ich wieder bei Traudel eintreffe, hat ihre Mutter unser Lieblingsgericht gemacht - Kirschpfanne: in Milch eingeweichtes Weißbrot mit Kirschen, auf dem Blech gebacken. Alles ist wie immer zum Wohlfühlen.

Plötzlich klingelt es. Frau Schacke geht an die Tür, kommt zurück und sagt, da möchte mich jemand sprechen, der seinen Namen nicht genannt habe. Ich gehe zur Tür. Vor mir steht ein etwa 25jähriger Mann mit pickelübersätem Gesicht und unruhigem Blick. Ich habe ein ungutes Gefühl.

"Ich soll dich von Muli grüßen!"

Wieso duzt er mich? Es klingt aufgeregt und wie gehetzt.

"Es ist etwas passiert!"

"Kommen Sie doch herein!" fordere ich ihn auf; er lehnt jedoch ab.

Was passiert ist, will ich wissen. Er druckst herum. Schließlich sagt er, ich solle mit rauskommen. "Muli" - Spitzname meines Freundes Wolfgang - warte draußen im Auto, und wir müßten sofort nach Berlin zurück!

Warum sagt er das nicht gleich, frage ich mich, und finde das ganze Getue recht albern. Was schicken sie dir da bloß für einen Typen! Aber bei dieser Truppe halte ich alles für möglich.

Widerstrebend folge ich ihm schließlich über den Hof, durch den Flur neben dem Laden auf die Straße.

"Wo ist denn Muli?"

"Um die Ecke."

Der Mann geht links von mir, noch ein paar Schritte, da ist ein zweiter rechts neben mir. Beide greifen nach meinen Armen, ein dritter reißt die Tür eines grauen BMW auf:

"Steigen Sie ein, Sie haben sich zu erkennen gegeben!"

Mechanisch folge ich der Aufforderung und sitze wie gelähmt zwischen den Männern.

Vor dem Klinkerbau an der Ecke Philipp-Müller-Platz/ Straße der Einheit hält der Wagen. Ein Eisentor öffnet sich, und er fährt auf den Hof. Nach 1945 wurde in Erfurt gemunkelt, in diesem Gebäude säße das NKWD. Mir graust.

"Aussteigen!"

Ich werde in einen Raum geführt, muß mich auf einen Stuhl setzen und werde von einem grinsenden Zivilisten gefragt:

“Was glauben Sie denn, warum Sie wohl hier sind?”

Ich denke blitzschnell: Mit der Wahrheit ersparst du dir vielleicht Schlimmes, und sage, daß ich zu einem Widerstandskreis gehört, mich aber schon vor Wochen von ihm getrennt hätte.

Der Vernehmer lacht: "Das wird sich alles herausstellen, wenn wir nach Berlin fahren! Jetzt brauchen wir aber erst mal Ihren Koffer."

Ich muß an Traudel schreiben, natürlich ohne zu erwähnen, wo ich mich befinde. Mit Mühe bringe ich die Zeilen zusammen, aber etwas durchblicken zu lassen ist schwierig. Ich hoffe auf Traudels Klugheit.

Der Picklige wird wieder losgeschickt.

"Vielleicht hängt ja auch Ihre Freundin mit drin", sagt der Vernehmer und gibt sich wohlgelaunt.

Während wir warten, erzählt er mir, wie man auf mich gekommen wäre. Ich entnehme, daß die Weißenfelser, zu denen ich als Kurier gefahren bin, ebenfalls verhaftet sind. Es fällt mein Spitzname "Graulchen", Musikstudentin. Wer konnte ahnen, daß ich, die relativ sicher in West-Berlin lebte, gerade jetzt in Erfurt war!

Nach einiger Zeit erscheint der Abgesandte wieder und legt meinen Koffer auf den Tisch.

"Ich habe Ihrer Freundin gesagt, sie könnte Ihnen ein paar Zeilen mitgeben!" grinst er.

Der Vernehmer öffnet den Koffer und liest die eingelegte Briefkarte.

"Da haben wir es ja, die hängt auch mit drin!"

Mir bleibt das Herz stehen. Traudel weiß zwar von der Widerstandsarbeit, hatte aber nichts damit zu tun. Sie wird doch nicht ... Mir ist ganz übel.

Als ich hinausgeführt werde, sage ich, daß ich Watte aus meinem Koffer brauche. Ein älterer Posten gestattet mir, sie herauszunehmen. Ich hatte gesehen, daß der Vernehmer die Karte wieder hineingeworfen hatte. Schnell überfliege ich sie. Nur liebe Wünsche und Grüße stehen darauf, Gott sei Dank.

Ich werde eine Treppe hinunter in den Keller geführt. Eine schwere Tür wird geöffnet, hinter der ein dunkles Loch liegt. Ich erkenne eine Eisenpritsche und einen Gegenstand wie einen Müllkübel. Hinter dem winzigen, mit Brettern verschlossenen Fenster rauscht der Bergstrom. Ich höre draußen Menschenstimmen. Im Keller herrscht Totenstille.

Als ich mal zur Toilette muß, klopfe ich an die Tür. Nach längerer Zeit erscheint der Posten. Krachend wird der Riegel zurückgeschoben, Schlüssel rasseln. Ich trage meinen Wunsch vor und werde auf den Kübel verwiesen. Als ich den Deckel hochschlage, schlägt mir ein wahnsinniger Gestank entgegen. Er ist halb gefüllt.

Später schließt es wieder. Der Posten weist stumm auf einen auf dem Boden stehenden Becher mit zwei darübergelegten Brotscheiben. Ich bücke mich und komme mir wie ein Hund vor; mir wird schlagartig meine Situation bewußt.

Nachdem die Tür wieder geschlossen ist, heule ich hemmungslos. Schließlich lege ich mich angewidert auf die Pritsche. Immer wieder glaube ich, das alles nur zu träumen, und wünsche mir vergeblich, aufwachen zu können.

Am nächsten Morgen werde ich zum Waschen an ein Becken mit mehreren Wasserhähnen geführt. Dann soll ich den Kübel ausleeren. Ich ekle mich so, daß es mich schüttelt.

Wieder steht das Essen auf dem Kellerfußboden.

Den ganzen Tag tut sich nichts. Endlos ziehen sich die Stunden hin. Ich wandere durch mein Kellerloch, prüfe das Fenster, aber seine Stäbe sitzen fest. Ich rufe, wenn ich Stimmen höre, aber keiner antwortet.

"Der Vernehmer hat mir versprochen, mit mir nach Berlin zu fahren!" sage ich schließlich zu dem Posten, der die Mittagssuppe auf die Erde gestellt hat.

"Warten Sie's ab!" antwortet der nur.

Das Nichtstun macht mich verrückt.

Noch eine Nacht.

Am Morgen bleibt zunächst weiter alles still. Ich bin verzweifelt.

Dann schließt es, und ich muß raustreten.

Es geht die Treppe rauf. Vor der Tür steht ein dunkelblauer Personenwagen, und ich muß einsteigen. Diesmal fahren nur zwei Leute mit. Es geht durch die belebte Stadt. Auf dem Anger überquert meine alte Zahnärztin die Straße. Sie sieht mich nicht, und ich kann mich nicht bemerkbar machen. Sie wird für lange Zeit der letzte vertraute Mensch bleiben, den ich zu sehen bekam.

Die Fahrt endet in Weimar. Die dortigen Gefängnistore, bislang nur scheu von weitem betrachtet, öffnen sich; dann schließen sie sich geräuschvoll wieder hinter uns.

Was soll ich denn hier?

Ich werde zum Aussteigen aufgefordert, und man führt mich mehrere Treppen nach oben in eine Zelle mit Sichtblenden. Durch die Spalten kann ich einen Hof erkennen. Manchmal geht auch jemand dort unten. Ich warte.

* * *

Zwei Jahre habe ich hier in Weimar studiert.

Nach dem Staatsexamen 1948 in Erfurt nahm mich mein Lehrer mit an die Hochschule, wo er die Professur erhalten hatte, und in seine Meisterklasse. Nebenbei hospitierte ich Rhythmik. Ich war so voller Wünsche, wollte mehr lernen, Karriere machen und nicht damals schon mein Leben nur als Klavierlehrerin fristen. Unterrichten mußte ich trotzdem schon nebenbei, denn als Hausbesitzerin bekam ich kein Stipendium. Das Haus warf so gut wie nichts ab, die Mieten reichten nicht einmal für die notwendigsten Reparaturen, zumal es Bombenschäden hatte. Trotzdem gab mir mein Hausverwalter manchmal zwischen 50 und 100 Mark. Aber das reichte nicht mal für das bescheidenste Leben.

Es war eine glückliche und traurige Zeit, voll intensiven Lebens und Arbeitens, mit fröhlichen Studentenfesten, auch mit Entbehrungen und Ängsten, voll Liebe und unerfüllten Hoffnungen. Der Bau meiner Hände ließ trotz aller Bemühungen die Pianistenlaufbahn nicht zu. Mein Lehrer hatte alles versucht, weil er mich für begabt hielt. Aber wir mußten beide den Verzicht darauf akzeptieren lernen und suchten nach anderen Möglichkeiten. Das letzte, was wir miteinander arbeiteten, war Bachs d-Moll-Klavierkonzert, das ich mit dem Jenaer Collegium Musicum anläßlich der Festtage zu Bachs 200. Geburtstag spielen sollte. Er saß am linken Flügel und spielte den Orchesterpart beim Einstudieren. Wir spielten miteinander und spielten uns ineinander. Kostbare, unvergeßliche Stunden voll reinen Glücks.

Ich besann mich wieder auf meine ursprünglichen Studienabsicht: Literatur. Viele Gedichte, Erzählungen und Märchen waren in den letzten Jahren entstanden. Ich fuhr nach Berlin und sprach beim RIAS, beim Deutschlandsender und beim NWDR vor. Interesse fanden meine Arbeiten bei "Onkel Matthias" vom RIAS, bei Ilse Olbrech von den "Sonntagskindern" und bei der Frauenredaktion des NWDR. Dort wollte man mein Hörspiel über Anna Magdalena Bach haben. Es bedurfte nur noch einiger Umarbeitungen.

In mir reifte der Plan, nach Berlin zu gehen und das Studium dort fortzusetzen, in freierer Atmosphäre und in einer Stadt, wo große Kunst geboten wurde. Die Vorstellung, Musik und Literatur im Beruf des Rundfunkredakteurs zusammenfließen zu lassen, nahm Gestalt an. Später, als ich schon in Berlin war, bot der NWDR für die nächsten Semesterferien Hospitationsmöglichkeiten an.

* * *

Ein Schlüssel rasselt im Schloß.

"Raustreten!"

Es geht wieder die Treppe hinunter und auf den Hof. Da steht eine Art Lieferwagen, graugrün und mit Beschriftung versehen. Daß die allerdings nicht das geringste mit dem Inhalt zu tun hat, merke ich gleich, als man mich zwingt, ohne Tritt in den Wagen zu klettern. Drinnen sehe ich eine Sitzbank und sechs kleine Kabinen. In die zweite von links werde ich eingeschlossen. Ein harter Klappsitz, unmittelbar über dem Kopf das Blechdach, vor den Knien die Kabinenwand, eine winzige, von außen verschließbare Luftklappe in der Tür. Ich kann mich nicht rühren und lausche angestrengt. Die Klappe wird zugeschoben, und jemand besteigt den Wagen, dann noch einer. Die Türen krachen zu.

Die Fahrt beginnt. Draußen höre ich 12 Schläge einer Turmuhr. Die Sonne prallt auf die Blechkiste. Die beiden Posten reden Belangloses und rauchen. Der Qualm zieht durch die wieder geöffneten Luftklappen in die Kabinen. Ich habe doch beim Einsteigen einen Ventilator gesehen, denke ich. Warum stellen sie den nicht an? Es ist eine unerträgliche Hitze, man kann kaum atmen.

An meiner vorderen Wand kratzt etwas, ich kratze zurück. Da folgt ein leises, rhythmisches Klopfen, das ich erwidere. Wie viele mögen hier in diesem Kasten sitzen?

Es klopft wieder, diesmal in anderem Rhythmus. Was will mein Vordermann von mir? Ich fange an, die Klopfzeichen zu zählen. Dreiundzwanzig, fünfzehn, achtzehn, Pause. Zwei, neun, neunzehn, zwanzig, Pause. Vier, sechzehn, Schluß. Sollten das Buchstaben bedeuten? Bei der Wiederholung buchstabiere ich mit. WER BIST DU?

Eine Offenbarung: So kann man seine Isolierung durchbrechen!

Ich buchstabiere meinen Namen, er den seinen. Horst Lehmann heißt er, kommt aus Jena. Spionage, klopft er. Widerstandsbewegung, antworte ich. Er läßt mich das lange Wort nicht beenden, klopft ab, hat verstanden.

Plötzlich schlägt der Posten gegen die Tür.

"Hören Sie sofort auf zu klopfen!“

Die Ablenkung ist vorbei. Die Hitze wird wieder quälend, die Luft ist knapp. Die Posten qualmen ununterbrochen.

Du mußt hier wieder lebendig herauskommen, sage ich mir, du mußt das überstehen! Ich nehme alle Kraft zusammen. Langsamer atmen, Luft einteilen, befehle ich mir, und versuche seltener zu atmen, bin in Schweiß gebadet.

Die Blase fängt an zu drücken. Der Wagen fährt, die Posten rauchen. Plötzlich wird angehalten. Sollte die Fahrt zu Ende sein?

Den Bewachern sind die Zigaretten ausgegangen. Einer wird losgeschickt. Dann geht es wieder weiter.

Durchhalten, befehle ich mir. Irgendwann muß das hier enden.

Die Blase droht zu platzen.

Das Herz klopft rasend.

Luft holen, Pause, Luft holen.

Durchhalten. Durchhalten.

Irgendwann hält der Wagen wieder. Eine Uhr schlägt achtmal. Die Kabinentür wird geöffnet, ich taumele hinaus. Diesmal wird der Tritt heruntergeklappt. Ein Posten muß mich halten. Ich sehe vor mir eine Art Rampe an einem roten Backsteingebäude. Ich torkele darauf zu. Auf den Stufen, die hinaufführen, falle ich von einer Seite auf die andere, werde oben in Empfang genommen und in eine Auffangzelle geführt. Eine Pritsche, kein Kübel. In Panik benutze ich ein topfartiges Gebilde, das da herumsteht, und falle dann auf das Feldbett.

Es schließt. Eine Polizistin erscheint.

"Ziehen Sie sich aus!“ sagt sie.

Was soll ich? Ich erstarre und rühre mich nicht.

"Sie sollen sich ausziehen!“ wiederholt sie.

Mir stürzen die Tränen aus den Augen. Ich fühle mich entsetzlich gedemütigt. Sie nimmt mir die Wäsche weg, gibt mir eine baumwollene Unterhose und ein ebensolches Männerunterhemd und läßt mein Kostüm auf der

Pritsche liegen. Dann geht sie. Ich ziehe die Männerunterwäsche an und setze mich wieder hin.

Von Zeit zu Zeit schiebt sich der Spion auf. Draußen wird geredet und gelacht. Ich starre vor mich hin. Mein Vernehmer wollte doch mit mir nach Berlin fahren, denke ich und ahne nicht, daß ich da bereits bin. Was hatte ich mir vorgestellt?

Nach langem Warten öffnet sich die Tür, und ein Wachmann fordert mich auf mitzukommen.

"Nehmen Sie Ihre Sachen!"

Ich lege Kostümrock und Jacke über den Arm und trete in der Männerunterwäsche, die ich für die Gefängnisbekleidung halte, auf den Gang. Der ältere Wachtmeister verzieht keine Miene.

Ich werde in den ersten Stock gebracht. Eine Zelle wird aufgeschlossen, wo eine alte Frau schon im Schlaf liegt und aufschreckt.

"Setzen Sie sich, bis Sie ein Bett bekommen!"

Ich hocke mich zu der Frau auf die Bettkante und frage: "Wird man hier geschlagen?"

Sie hätte das noch nicht erlebt, beruhigt sie mich. Sie heißt Frau Steeneberg, und ihr kranker Mann, Ende sechzig, ist auch hier. Ein zweites Feldbett wird hereingeschoben, und Frau Steeneberg sagt, ich soll mich hinlegen.

"Wird denn das Licht nicht ausgemacht?" frage ich und erfahre, daß die Birne die ganze Nacht brennt.

Ich schlafe trotzdem ein und erschrecke, als der Ruf: "Aufstehen!" ertönt.

Ehe wir an ein Waschbecken in der Toilette geführt werden, rät mir Frau Steeneberg, doch mein Kostüm überzuziehen, was ich trotzig ablehne.

"Wenn man mich so häßlich macht, soll man mich auch so sehen!"

Ich stehe unter Schock, wie mir erst später klar wird, und der hält auch noch weiter an. Wahrscheinlich haben sie mich deshalb auf die Krankenstation gebracht, denn da befinde ich mich. Oder sie denken, ich bin nicht ganz richtig im Kopf, wie ich da herumlaufe.

Frau Steeneberg sorgt sich sehr um ihren Mann. Er hatte schon einen Schlaganfall, und eigentlich kann er das hier gar nicht überstehen.

"Er konnte nie schweigen“, sagt sie. "Nun haben sie uns zu Gegnern gestempelt und werfen uns Boykotthetze vor.“

Im Laufe des Tages gelingt es ihr, mich zu überreden, das Kostüm überzuziehen. Aber auf die Idee, die Hosenbeine hochzurollen, komme ich noch immer nicht. So lasse ich mich auch zur ersten Vernehmung führen, die exakt beginnt, als “Schlafengehen!” ausgerufen wird.

Der Posten liefert mich in einem Zimmer ab, das nur einen Schreibtisch enthält, hinter dem ein dicklicher, glatzköpfiger Endvierziger mit buntem Hemd und grauer Hose sitzt. Neben der Tür steht ein Hocker, auf den der Mann weist. Ich setze mich.

"Se wissen, warum Se hier sind?“ beginnt der Vernehmer in unverkennbarem Thüringisch.

Aha, ein Landsmann, registriere ich, und schöpfe törichte Hoffnung. Vielleicht ist er dann nicht so schlimm?

Ich bejahe und erzähle ihm die ganze Geschichte genau wie in Erfurt, natürlich unter Weglassung gefährlicher Einzelheiten. Er will Namen wissen, die kenne ich natürlich nicht, keinen einzigen.

Er fragt gemütlich, ob er mir meine Märchen glauben soll. Ich begehre auf.

Dann geht es los: Wer hat mich angeworben, wie heißen die Mitglieder des Berliner Sekretariats der Widerstandsbewegung, welche Aufträge hatte ich, wen habe ich geworben, wo habe ich spioniert? Ich weise entschieden von mir, Spionage betrieben zu haben, und von Mitgliedern kenne ich angeblich nur die Vornamen oder ihre Spitznamen.

"Wir hahm Zeit!" sagt der Mensch, zündet seine Pfeife an, öffnet ein Bier und läßt es in sich hineingluckern.

Ich hocke in meiner Ecke und bin müde.

"Schlafen Se nich!" fährt er mich an.

Dann wird weitergeschwiegen. Er beschäftigt sich mit Papieren und raucht. Von Zeit zu Zeit blickt er auf und sagt: "Na, hahm Se sich's überleecht?"

Ich behaupte immer wieder, schon alles gesagt zu haben. In meinem Inneren arbeitet es fieberhaft. Was wissen sie? Wie wird es weitergehen?

Er behält mich die ganze Nacht da.

Als die andern geweckt werden, bringt man mich in die Zelle zurück. Ich darf mich nicht hinlegen. Als mir im Sitzen die Augen zufallen, tritt der Posten mit den Stiefeln gegen die Tür. "Schlafen Sie nicht, Sie wollen wohl stehen!"

Mir ist übel vor Müdigkeit und Erschöpfung. Frau Steeneberg kommt auf eine Idee. Wir sitzen uns auf den Betten gegenüber, ich stütze den Kopf in die rechte Hand, so daß meine Augen vom Spion aus nicht zu sehen sind, und Frau Steeneberg erzählt. Sie erzählt mir an diesem und an den nächsten Tagen den ganzen "Grafen von Monte Christo". Und ich schlafe dabei. Freilich nur oberflächlich, aber die Augenlider können wenigstens geschlossen bleiben. Frau Steeneberg ist eine liebe, sehr mütterliche Frau, und wahrscheinlich verdanke ich ihr mein Leben.

Am nächsten Abend, als "Schlafengehen!" gerufen wird, werde ich wieder zur Vernehmung geführt.

Die Nacht läuft genau wie die vorangegangene ab, nur daß der Vernehmer immer ungnädiger wird. Ich kann mich kaum noch auf dem Hocker halten. Wenn ich einzuschlafen drohe, brüllt er mich wach.

Welch eine Art von Folter! Ich kann nicht mehr denken, mir ist schwindlig und schlecht. Der Mensch trinkt sein Bier, bohrt von Zeit zu Zeit in der Nase und klebt den gerollten Popel unter die Schreibtischplatte. Ekelhaft!

"Wenn Se nich reden wolln, wir hahm Zeit!"

Stereotyp. Es ist zum Wahnsinnigwerden. Ich werde euch keinen ans Messer liefern, denke ich mit aller noch verfügbaren Kraft.

Am Morgen ruft er den Läufer, jenen Posten, der zur Vernehmung holt und wieder zurückbringt, und verlangt Handschellen. Sie werden mir angelegt.

"Ab!" befiehlt der Vernehmer.

Der Läufer geht mit mir los. Ich bin halbtot vor Angst. Was geschieht jetzt mit mir? Wir nähern uns der Tür, hinter der die Treppe nach oben führt. Der Wachtmeister - es ist derselbe, der mich am ersten Abend in Empfang genommen hat - bleibt stehen, schließt wortlos die Handschellen auf und bringt mich in die Zelle zurück.

Was sind das nur für Schweine, denke ich. Sie drohen, bluffen, versetzen in Schrecken, entziehen den Schlaf. Ich sinke völlig erschöpft auf mein Feldbett. Gewaschen habe ich mich schon zwei Tage nicht.

Frau Steeneberg erzählt wieder.

Abends zur selben Zeit werde ich zum dritten Mal geholt. Ich bin in einem Trancezustand, wiederhole zum x-ten Mal dasselbe Zeug und strenge mich an, um nichts Falsches zu sagen. Diesmal hat mein Vernehmer allerdings keine Zeit.

"Ich habe Ihre Lügen satt!" sagt er scharf, steht auf und fordert mich zum Mitkommen auf. "Se wer'n schon sehn, was Se davon hahm!"

Was kommt jetzt? Mich faßt das blanke Entsetzen. Mein Magen schmerzt, mir ist furchtbar übel. Es geht den Gang nach links und um die Ecke. Der Vernehmer öffnet eine Tür, und wir treten in einen Raum mit Teppich, Polstermöbeln, massivem Schreibtisch.

Dahinter kommt ein jüngerer Mann hervor, feixt mich an und sagt: "Na, Graulchen, wie steht's denn mit der Wahrheit?"

Er stellt mir einen Stuhl hin und bleibt vor mir stehen.

Wer wagt es, mich so zu nennen, wie es sonst meine Freunde tun? Ich würde ihm am liebsten ins Gesicht springen, bin aber wie gelähmt vor Schwäche.

"Da werden wir wohl wieder eine italienische Nacht veranstalten müssen, wo doch das Graulchen nach Rom fahren wollte, und nun ist es bei uns gelandet!" Er grinst meinen Vernehmer an.

Der Kerl ist informiert, durchzuckt es mich. Was weiß er noch? Und dann geht es los.

Mit wem ich fahren wollte, ob es auch Mitglieder der Gruppe sind, wo ich das Geld für die Reise herhabe?

"Erspart", antworte ich auf die letzte Frage.

"Lächerlich, bei dem Stipendium! Fünfundsechzig West, wie Sie behaupten. Für wen haben Sie gearbeitet? Wer hat Sie bezahlt?"

Die Fragen prasseln, ich wehre mich hilflos. Dann:

"Wie standen Sie zu Wolfgang Kaufmann?"

"Wir waren befreundet."

"Wie befreundet? Sie hatten doch ein Verhältnis mit ihm! Sagen Sie, daß Sie ein Verhältnis mit ihm hatten!"

Er steht dicht vor mir, gefährlich nahe. Ich gebe es zu.

"Hatten Sie das Geld von ihm? Geben Sie es zu!"

"Nein!" Ich schreie fast.

Seine Stimme senkt sich.

"Und die anderen alle in Ihrem sogenannten Sekretariat, hatten Sie mit denen auch was? Wie hießen sie denn alle? Na los, tun Sie nicht so dumm, ich will Namen hören!"

Ich starre ihn stumm und entsetzt an.

"Und in der DDR, wen kannten Sie da alles? Los, los, versuchen Sie nicht, uns die Hucke vollzulügen. Das wird Ihnen schlecht bekommen. Namen, Namen, wird's bald?"

"Ich weiß nur die Spitznamen!" stoße ich mit letzter Kraft hervor. Er wendet sich ruckartig ab, geht zwei, drei

Schritte und sagt dann mit süffisantem Grinsen:

"Nun gut, wenn Sie nicht davon reden wollen, dann erzählen Sie uns mal ganz genau, wie Sie zum ersten Mal mit 'Muli' ins Bett gegangen sind!"

Ich starre auf das Teppichmuster und merke, wie sich mein Magen hebt. Ich würge und presse die Hand vor den Mund.

"Raus!" schreit der Kerl. "Die kotzt mir noch den Teppich voll!"

Der Läufer nimmt mich in Empfang. Es ist wieder der ältere Wachtmeister. Ich taumele, und er faßt mich am Arm. Er führt mich und sagt leise, als wir außer Hörweite sind: "Das geht vorüber!"

Hat da eben ein Mensch gesprochen? Ein Mensch in dieser Hölle? Ich bin nur noch halb bei Bewußtsein, als er mich in die Zelle schließt. Dann falle ich in einen totenähnlichen Schlaf.

Nach den wenigen verbliebenen Stunden Nachtruhe ist mir noch immer übel. Ich habe schreckliche Angst, daß ich beim Ruf: "Schlafengehen!" abermals geholt werde. Aber in dieser vierten Nacht geschieht nichts. Etwas später geht es wieder weiter, manchmal am Tage, meistens in der Nacht.

Unsere geplanten Aktivitäten beim Festival der Weltjugend im August in Berlin sind für sie von größtem Interesse und scheinen Besorgnis zu erregen. Der Vernehmer spricht das englische Wort "Festival" wie geschrieben aus, was mich, da ich kaum vertraut mit dem Parteideutsch bin, zur Aufklärung reizt, aber ich halte lieber den Mund. Immer wieder dieselben bohrenden Fragen. Stundenlanges Sitzen auf dem Hocker, penetrantes "Wir hahm Zeit!" Pfeiferauchen, Biertrinken, dazwischen alle möglichen Erpressungsversuche.

"Wenn Se reden, könn' Se ihre Lage sehr erleichtern! Sonst komm' Se hier überhaupt nich mehr raus. Wir lassen Se schmoren, bis Se schwarz wer'n!" und dergleichen mehr. Auch die Variante: "Wußten Se nich, mit wem Ihr Freund Muli alles ein Verhältnis hatte?" Beliebte Methode, auch Ehepaare gegeneinander auszuspielen, wie ich später erfahre.

Eines Nachts erzählt mir der Vernehmer genüßlich, wie Ulli und Eva Höfer verhaftet worden sind.

"Wir hahm se heiraten lassen, warn immer dabei und hahm se auch noch ihre Hochzeitsreise antreten lassen. Als se dann ankamen, hahm wir se an der Sperre in Empfang genommen; ihre Hochzeitsnacht hahm se dann bei uns verbracht. Allerdings in getrennten Zellen." Er feixt.

Ein andermal kriege ich serviert, wer Dr. Paul Lüth, der Frankfurter Leiter des Bundes Deutscher Jugend, unserer legalen westdeutschen Schwesterorganisation, in Wirklichkeit wäre. Man habe ihn gerade drüben wegen Führung falscher Titel verurteilt. Falsche Titel, das halte ich für möglich. Ebenso wegen Rauschgifthandels. Das allerdings kann ich mir nicht so leicht vorstellen. Aber es verfestigt sich das Gefühl, von Leuten vor den Karren gespannt worden zu sein, die Geldmittel für ihre Organisation beschafften, indem sie bei bestimmten Stellen und Firmen kundtaten: Seht, was wir im Osten tun! Auch daß die führenden Köpfe ehemalige HJ-Führer waren, wird gesagt. Das halte ich schon eher für wahrscheinlich, denn die Tendenz nach rechts hatte ja zum Bruch geführt. Bitter, denn nichts weniger als die Restaurierung des Vergangenen hatten wir gewollt. Wir hatten Politik zu machen versucht, ohne auch nur die geringste Ahnung davon zu haben. Das aber hatte nichts damit zu tun, daß wir diesen Staat ablehnten, und als Gegner behandelte man uns auch, ungeachtet der Tatsache, welchen Leuten wir aufgesessen waren.

Nach etwa zwei Wochen ergibt es sich, daß der angeforderte Läufer nicht kommt, und mein Vernehmer bringt mich selbst auf den Weg. Er geht mit mir zu einem Gitter, hinter dem Stufen nach unten führen. Wir wären hier falsch, erkläre ich ahnungslos. Verblüfft fragt er: "Wo liegen Sie denn?"

"Im ersten Stock."

"Was? Das wer'n wir aber ändern!"

So kommt das Ende der Zeit mit Frau Steeneberg auf der Krankenstation. Kurz darauf finde ich mich in einer Einzelzelle im Keller wieder, einer Dunkelzelle, ohne Fenster, nur mit einem kleinen Luftschacht, aus dem Kellermief dringt. Eine Holzpritsche, vorn mit Eisenkante versehen, und ein Kübel sind das ganze Mobiliar. Dazu Matratzenteile und zwei schrecklich schmutzige Decken. Tag und Nacht gleichen einander. Die Stunden schleichen dahin. Das Warten ist schrecklich. Warten auf das Essen, auf die Kommandos "Schlafengehen!" und "Aufstehen!", die die einzige Zeitmarkierung darstellen. Warten auf die Waschutensilien am Morgen: eine Blechschüssel, an der meist noch der Seifenschaum des Vorgängers klebt, ein Handtuch, ein Stück Tonseife, ein Zahnbecher, eine Holzzahnbürste, ein ebensolcher Kamm und ein rosa Zahnstein. Das Wasser zum Zähneputzen ist der Schüssel zu entnehmen. Dann kommt alles wieder raus. Händewaschen nach der Kübelbenutzung ist nicht möglich, ebenso wie das Haarekämmen vor nächtlichen Vernehmungen.

Morgens wird der Kübel vor die Tür gestellt und kommt entleert und gechlort, aber nicht sauber, wieder herein. Nach Benutzung stehen einem zwei kleine Blättchen Packpapier zur Verfügung.

Ich kriege meine Tage. Was nun? Mit hochrotem Kopf frage ich den nächsten Posten, der schließt, nach Watte. Er stellt sich erst dumm, dann verschwindet er, kommt zurück und hält mir eine Binde, am Bändchen baumelnd, vor die Nase. Jedes einzelne Stück muß ich extra anfordern. Mancher Wachmann grinst.

Das Nichtstun bringt mich um.

Beim Hinundhergehen - dreieinhalb Schritte vor, wenden, dreieinhalb Schritte zurück, wenden - fange ich an, mir alles in Erinnerung zu rufen, was ich je gelernt habe, von Gedichten angefangen über Länder, Städte, Gebirge, Flüsse der Welt. Ich löse Mathematikaufgaben, denke mir Geschichten aus, mache in der schlechten Luft Gymnastik. Selbst Vernehmungen, so schlimm sie sind, bedeuten eine Abwechslung. Alle paar Tage wird man für etwa zehn Minuten auf einen Freihof geführt, einzeln natürlich. Er ist ein gepflastertes Rechteck mit etwa drei Meter hohen Mauern, von einem höher angebrachten Postenhäuschen überwacht.

Drei Pappelspitzen kann man von dort aus sehen. Pappeln hat mein Großvater ihrer Geradheit wegen sehr geliebt und als Zeigefinger des lieben Gottes bezeichnet. An manchen Stellen keimt ein Gras aus einer Ritze; im Vorübergehen betrachte ich es andächtig. Stehenbleiben ist verboten. Ich sehe nach oben, bewundere die dahinziehenden Wolken und denke: Wenn du jemals nur immer den Himmel sehen kannst, dann reicht das aus, um glücklich zu sein.

Manchmal gibt es einen Eimer mit Wasser, um die Zelle zu wischen. Was ist das für eine wunderbare Tätigkeit! Sie wird ausgekostet.

Das erste Duschen findet nach etwa drei Wochen statt. Es gibt Waschpulver zum Haarewaschen. Nun bekomme ich auch endlich neue Unterwäsche, Männerunterhemd und -hose, wie gehabt. Drei Wochen habe ich Tag und Nacht dasselbe Zeug auf dem Leibe getragen.

Morgens und abends gibt es je zwei zusammengeklappte 2-3 cm dicke Brotscheiben mit Margarine dazwischen. In größeren Abständen wird eine Zwiebel oder eine Möhre dazu gereicht, die Möhre meist mit der Bemerkung, sie sei zum Essen da. Manche Posten sind Meister in Anzüglichkeiten.

Die Zutaten genieße ich wie ein Festmahl. Das Mittagessen besteht, außer sonntags, wo es Kartoffeln mit Kohl und einer kleinen Fleischscheibe oder Würstchen gibt, aus dünnen Suppen ohne Geschmack. Ich habe immerzu Hunger. Wie mag es erst den Männern ergehen?

Pellkartoffeln werden mit dem Löffelstiel geschält - Messer und Gabel gibt es nicht -, das habe ich schon von Frau Steeneberg gelernt. Sie sind begehrt, weil man sich eine oder zwei für die Nacht aufsparen kann, denn Hunger quält uns immer. Allerdings darf man sich nicht erwischen lassen.

Die Bewacher gucken alle zwei bis drei Minuten durch den Spion. Man hört sie nicht kommen, weil auf den Gängen Läufer liegen, die wir allerdings nicht betreten dürfen, wenn man uns zur Vernehmung holt. Offenbar ist es den Posten während ihrer Schicht nicht erlaubt, sich hinzusetzen. Sie müssen ständig auf und ab gehen.

Während einer der Vernehmungen klingelt das Telefon auf dem Schreibtisch. Mein Vernehmer hebt ab, wird vermutlich nach seinem Namen gefragt und antwortet darauf: "Das kann'ch jetzt nich sachen, ich hab jemanden hier. Aber nehmen Se mal 'nen Stift und schreim Se."

Er buchstabiert, aber ich kriege trotz gespannter Aufmerksamkeit kein sinnvolles Wort zusammen.

"Nun lesen Se das mal von hinten, dann wissen Se, wer'ch bin."

Wenige Wochen später wiederholt sich der Vorgang. Diesmal setze ich die Buchstaben gleich richtig zusammen und erfahre auf diese Weise, daß mein Vernehmer MUNSCHE heißt.

Immer wieder frage ich mich, was sie wissen, und gebe nur zu, was der Vernehmer mit wachsender Ungeduld an zunehmenden Kenntnissen offeriert. An den Namen, die fallen, kann ich mir ausrechnen, wie viele Leute im Keller sitzen. Es sind etwa dreißig, mitwissende Ehefrauen, Verlobte, Freundinnen eingerechnet. Was kann schon verborgen bleiben, wenn so viele Mitglieder und deren Angehörige, ohne die geringsten Verhaltensrichtlinien bekommen zu haben, in U-Haft sind? Es bleibt allein dem Verantwortungsgefühl des einzelnen und seiner physischen und psychischen Kraft überlassen, was er preisgibt oder verschweigt.

Ich schlage mich wochenlang mit der Frage herum, ob man um die Verbindung zu NTS, der russischen Emigrantengruppe, weiß. Bei einer Vernehmung läßt mein Quäler fast nebenbei fallen, daß ich diese Kontakte auch verschwiegen hätte. Er ist gut informiert, versucht aber, mehr zu erfahren. Er schreit mich an, ich sitze stundenlang auf dem Hocker und darf selten eine ganze Nacht schlafen, werde immer schwächer und habe Angst. Der Aufenthalt in der grauenhaften Dunkelzelle wird von Tag zu Tag unerträglicher.

Ein kleiner Lichtblick ist mein Nachbar. Er ist Student wie ich, 22 Jahre alt, heißt Stephan und ist aus Hohenneuendorf bei Berlin. Ich erfahre das, als er sich eines Tages mit Klopfen meldet. Wir müssen dabei äußerst vorsichtig sein, ständig das Ohr an der Tür haben und alle paar Minuten unterbrechen. Ich sitze auf der Pritsche mit verschränkten Armen in Wandnähe und versuche, ungesehen, mit einer Hand hinter meinem Rücken zu klopfen.

"Von der Wand weg!“ schreit der Posten. Also Pause einlegen und hin- und hergehen. Später setzen wir unsere "Unterhaltung“ fort.

Nach der Vernehmung empfängt mich besorgtes Klopfen: WAR ES SCHLIMM ? Es ist immer schlimm, aber das braucht man hier nicht hervorzuheben. Stephan will wissen, wie ich aussehe. Ich klopfe: HABE O-BEINE. Er antwortet: GLAUBE ICH NICHT BEI DER STIMME. Er hat gehört, wie ich etwas zum Posten sagte. So flirten wir ein bißchen durch die Wand und erwecken damit für kurze Zeit unsere Lebensgeister.

Plötzlich bekomme ich an einem unteren linken Backenzahn Schmerzen. Als sie zunehmen, klopfe ich und bitte um eine Schmerztablette. Der Posten bringt tatsächlich eine, aber sie hilft nicht.

Am Abend halte ich es nicht mehr aus und versuche, noch eine Tablette zu bekommen - ohne Erfolg.

Erst als die neue Schicht ihren Dienst nach dem Ruf "Schlafengehen!" antritt, habe ich noch einmal Glück. Der Wachmann holt seinen Offizier, der mir höchstpersönlich eine Tablette übergibt. Aber sie bringt keine Linderung. Ich bin wahnsinnig vor Schmerzen. Mein Herz rast, ich bekomme einen Krampf und kippe um.

Ich spüre noch in meiner Ohnmacht, daß ich aus der Zelle getragen werde, und höre aus der Ferne, wie einer sagt: "Ich kann keinen Puls mehr fühlen!"

Als ich wieder zu mir komme, blicke ich in das Gesicht eines höheren Offiziers, der erleichtert aufatmet.

"Na, da ist sie ja wieder!"

Ich liege auf einer erhöhten Trage wie auf einem Operationstisch, und mehrere Leute in Uniform stehen um mich herum. Sie haben besorgte Gesichter. Ich begreife nichts, habe aber auch keinerlei Schmerzen mehr.

"Ihr Herz ist nicht in Ordnung!" sagt einer, der offenbar etwas mit Medizin zu tun hat, vielleicht ein Sanitäter. "Die zweite Tablette haben Sie nicht vertragen."

Das glaube ich nicht.

Nach einer Weile darf ich mich aufrichten. Alle beobachten mich aufmerksam. Es geht. Dann kann ich die Beine herunterhängen lassen. Nach angemessener Pause darf ich, rechts und links gehalten, aufstehen. Schritt für Schritt führen sie mich aus dem Raum. Ich lande wieder auf der Krankenstation, aber in einer anderen Zelle. Ich sehe staunend, daß die Decken mit blaukarierter Bettwäsche überzogen sind.

"Jetzt schlafen Sie erst mal!" sagt der Offizier. "Morgen fahren wir Sie zum Zahnarzt."

Den Rest der Nacht schlafe ich gut in der gänzlich ungewohnten Sauberkeit.

Auch als ich aufwache, habe ich keine Zahnschmerzen.
Vormittags bringt man mir einen schwarzen Trainingsanzug, und etwas später steige ich wieder in eine Minna.

Nach kurzer Fahrt kommen wir im Hof eines Krankenhauses an. Der begleitende Wachmann führt mich in das Zimmer eines Zahnarztes; der ist jung und verhalten freundlich. Er wirft prüfende Blicke auf den Posten.

Diesem freien Mann gegenüber kriege ich vor Scham kaum ein Wort über die Lippen.

Der Arzt fragt, wo es wehtäte. Ich zeige auf die linke untere Zahnreihe, und er klopft die Zähne einzeln ab. Keine Reaktion. Ich bin wie gelähmt. Schließlich entdeckt er, daß unten ein Weisheitszahn Probleme mit dem Durchkommen hat, macht einen kleinen Schnitt und pinselt. Ja, das könne schon sehr schmerzen, sagt er zum Posten, der keinen Blick von uns läßt. Er gibt ihm den Auftrag, meine linke Gesichtshälfte mit Rotlicht zu bestrahlen. Ich quäle mir ein "Danke" ab, und zurück geht die Fahrt.

Man setzt mich in einem Sanitätsraum vor eine Rotlichtlampe. Immerhin gibt es hier so etwas. Ich sitze, die Lampe wärmt, und da fängt mein Zahn wieder an. Ich rücke instinktiv ab. Der Posten bringt mich in die Zelle zurück, und ich frage nach einer Tablette. Die vertrüge ich nicht, wird mir geantwortet. Bei jedem weiteren Versuch kriege ich immer dieselbe Antwort. Ich wandere wieder im Kreise herum. Bei der nächsten Bestrahlung wird mir so übel, daß ich fast umfalle.

Wenn ich etwas in den Mund nehme oder sprechen muß, erreichen die Schmerzen die Grenze des Erträglichen. Allmählich entwickelt sich das Ganze zu Schmerzanfällen, die ansteigen und erst nach Minuten wieder abschwellen. Währenddessen wird mir der linke Arm lahm, und ich muß mich sofort setzen, egal, wo ich gerade bin. Das passiert mir auch im Freihof. Als ich mich auf die Steine hocke, brüllt der Posten vom Turm. Ich kriege Angstzustände und kann kaum noch Luft holen. Ich kämpfe gegen die Schmerzen an mit dem Rest aller verbliebenen Energie. Ich kämpfe vielleicht um mein Leben. Ein Eiterherd hat sich gebildet, der streut.

Trotzdem werde ich weiter vernommen. Immer dieselben Fragen. Ich habe alles gesagt, was mich selbst betrifft, aber wo andere mitbetroffen sind, bleibe ich stur.

Das versetzt meinen Vernehmer endlich so in Wut, daß er mich zu einem seiner russischen Kollegen bringt.

"Werr hatt Sie angeworrben?" fragt dieser mit stechendem Blick aus kleinen schwarzen Augen.

"Niemand!" sage ich und blicke in sein feistes Gesicht. Ich habe große Angst, versuche es aber mit Höflichkeit.

"Mein Vetter hatte einen Freund ..."

"Werr hatt Sie angeworrben?" Die Stimme hebt sich.

"Als ich erfuhr, daß der Freund Leiter einer Widerstandsgruppe war ..."

"Hatt err Sie angeworrben?"

"Nein, ich habe selber gesagt, daß ich mitarbeiten will."

"Werr hatt Sie angeworrben?" Nun schreit er.

"Mich hat niemand angeworben!" versuche ich es noch einmal, zittere aber schon.

"Aufstehen!" brüllt er.

Ich stehe auf und knicke um. Mein rechter Fuß ist eingeschlafen. Ein irrer Schmerz durchzieht mein Bein, ich kann kaum gerade stehen. Gleichzeitig fängt mein Zahn wieder an. Der linke Arm wird lahm und ich greife zum Herzen.

"Was haben Sie?"

Er kommt auf mich zu, fühlt meinen Puls.

"Gett rregelmäßig, Sie sind ein Simulant!"

Er geht hinter seinen Schreibtisch zurück.

"Werr hatt Sie angeworrben?" Diesmal leise und gefährlich.

Ich wage es noch einmal: "Niemand!"

Da springt er auf, geht zum Fenster, greift die Kordel der Gardine, an der ein weißer Ring befestigt ist, und zielt damit auf mich. Der Ring fliegt haarscharf an meinem linken Ohr vorbei an die Wand und prallt zurück.

"Sie werrden sagen, werr Sie angeworrben hatt!"

Wieder fliegt die Kordel dicht vorbei, und noch einmal. Ich biege den Kopf zur Seite.

"Stehen Sie gerrade!"

Er zischt: "Wirr werrden Ihnen die Beine wegschlagen, daß Sie hierr vorr mirr auf dem Bauch liegen! Sie habben die Diktatur bekämpft, Sie werrden die Diktatur kennenlernen!"

Er greift zum Telefonhörer.

Was wird jetzt passieren? Ich habe Todesangst.

Der Läufer erscheint, ich hinke aus der Tür.

"Vorwärts!" sagt er, als ich hilflos stehenbleibe. Er zeigt nach links. Da geht es nicht zur Krankenstation. Es geht in den Keller.

O Gott, wo werde ich hinkommen? Was gibt es da noch für Räume?

Das Gitter vor dem Keller wird aufgeschlossen. Der Posten führt mich nach links, bleibt vor einer Zelle stehen, schließt auf... Ich trete in eine größere, auch fensterlose Zelle, deren ganze hintere Hälfte mit einer durchgehenden Holzpritsche ausgefüllt ist, die vier Leuten Platz bieten kann.

Ganz links an der Seite steht eine junge Frau und starrt mir entgegen. Ein Mensch, durchfährt es mich, nach Wochen wieder ein Mensch! Wir sagen uns unsere Namen und wie lange wir schon hier sind. Ich kauere mich auf die andere Seite der Pritsche und warte, daß Zahn- und Herzschmerzen nachlassen. Was geschieht, wenn sie mich wieder holen? Marianne sieht mich mitleidig an, und ich berichte ihr, was ich gerade erlebt habe.

"Diesen russischen Vernehmer nennen sie Satan, er soll Staatsanwalt sein."

Marianne weiß aus eigener Erfahrung, daß er schrecklich ist. Vielleicht habe er nur gedroht, meint sie. Allmählich klingen die Schmerzen wieder ab. Marianne sagt, sie hoffe, bald zum Prozeß zu kommen. Sie hat nur noch selten Vernehmungen. Ihr Chef sitzt hier auch irgendwo im Keller. Er hat versucht, im Westen eine Firma zu gründen, und sie sind dahintergekommen. Er hatte vor, Marianne, seine Sekretärin, mitzunehmen; nun wird sie der Mitwisserschaft beschuldigt.

Ich höre ihr nur halb zu.

'Werr hatt Sie angeworrben?'

* * *

"Wenn du nach Berlin gehst", sagt Peter und streicht mir übers Haar, "dann mußt du meinen Freund Wolfgang, genannt Muli, kennenlernen! Er ist ein prima Kerl. Er kann ein bißchen auf dich aufpassen!"

Peter, mein Vetter, ist verliebt in mich; auch ich mag ihn. Die Ferientage in Sarstedt auf dem Obstgut gehen zu Ende, herrliche Tage, an denen wir in den Bäumen hockten und uns satt aßen, abends mit Tante Thilde und ihrem Freund Karl, dem Großbauern, Skat spielten. Dieser kam nie ohne eine Tafel Schokolade für die Damen, und wir hatten unendlich viel Spaß. Manchmal ließen wir die beiden auch taktvoll allein, um dann selbst ein bißchen zu schmusen.

Am letzten Abend legt Tante Thilde wieder einmal die Karten, aus Spaß und ohne etwas davon zu verstehen. Da kommt der Pächter herein, ein Flüchtling aus Schlesien, der das Gut verwaltet, blickt auf die für mich ausgelegten Karten und sagt ernst: "Sie sollten damit nicht scherzen!"

Wir halten erstaunt inne.

"Ich habe mich früher mit Kartenlegen intensiv beschäftigt; jetzt will ich es nicht mehr." ergänzt der Mann.

Nun wird er natürlich von uns bestürmt. Wir sind sehr übermütig und hören nicht auf, ihn zu bitten, noch einmal seine Kunst zu zeigen.

Er gibt nach und sagt zu mir: "Sie werden in den Süden kommen."

"Ich will aber nach Berlin!" werfe ich ein.

Er schüttelt den Kopf. "Ich sehe ein großes Haus. Ein Gefängnis. Verzeihung!" und geht schnell hinaus.

Wir sehen uns verblüfft an.

Absurd, denke ich. Was habe ich mit dem Gefängnis zu tun? Ich habe doch nichts verbrochen!

Am nächsten Morgen mache ich mich mit Peter auf. Er will ein paar Tage mit nach Erfurt kommen und mich dann nach Berlin begleiten.

Wir müssen schwarz über die Grenze. Ich habe da meine Erfahrungen, allerdings bei Stapelburg, wo es immer glatt gegangen ist. Diesmal wollen wir es aber bei Benneckenstein versuchen, weil es näher ist. Peter glaubt, mit seinem Westpaß keine Schwierigkeiten zu bekommen. Ich aber habe meine Bedenken. Als wir uns dem Grenzbereich vorsichtig nähern, jedes Gebüsch zur Deckung nutzend, ertönt es: "Stoi!" Ein Gewehrlauf wird uns entgegengehalten. Wir heben die Hände und werden abgeführt. In einem kleinen Gebäude nimmt man uns die Ausweise ab, durchwühlt unsere Sachen, und wir werden in getrennte Räume eingeschlossen. Da sind schon mehrere, die geschnappt worden sind. Sie warten bereits Stunden.

Die Gefängnisprophezeihung fällt mir ein.

Als es schon dunkel ist, werden wir alle plötzlich unter unverständlichen Flüchen herausgelassen und weggeschickt. "Dawai, dawai!"

Schnell machen wir uns davon. Ich laufe mit Peter zur nächsten Bahnstation. Es fährt auch noch ein Zug.

Ganz spät in der Nacht sind wir in Erfurt. Natürlich gibt es keine Straßenbahn mehr, wir müssen laufen.

Am nächsten Vormittag treffen wir Frau Birenheide. Sie ist gealtert und sieht verhärmt aus. Ich frage, die Antwort schon ahnend, nach ihrem Sohn Kurt.

"Nichts", sagt sie, "keine Nachricht!"

Der Sohn, Regierungsrat, ist ihr ein und alles. Nachdem der Mann im ersten Weltkrieg gefallen war, zog sie den Sohn allein auf, lebte mit ihm von einer kleinen Witwenrente und ermöglichte ihm, indem sie auf alles verzichtete, das Studium. Kurt war häßlich und rothaarig, ein ungeliebter Einzelgänger, aber er tat keiner Fliege etwas zuleide. 1945 wurde er plötzlich abgeholt und blieb seitdem verschwunden.

Gegen Abend gehe ich noch einmal in meine geliebte Tanz- und Gymnastikschule. Annemarie Kohl empfängt mich bleich und elend.

"Nun ist Gerd auch noch gegangen", sagt sie.

Er ist der jüngere Bruder, ehemals Reserveoffizier, eigentlich der Erbe des väterlichen Restaurants und der Konditorei, die einst zu den führenden Häusern der Stadt gehörten, jetzt aber beschlagnahmt sind. Man hat ihn gewarnt. Er ist mit Frau und seinem kleinen Sohn unter Zurücklassung aller Habe nach Hannover geflüchtet, erfahre ich. Heinz, der am meisten geliebte ältere Bruder, war aus der Gefangenschaft nicht zurückgekehrt. Ein Heimkehrer hatte berichtet, daß er in einem russischen Bergwerk verhungert wäre. Und vom Mann der Schwester, den man als Wehrwirtschaftsführer 1945 abgeholt hatte, weiß man, daß er zum Tode verurteilt worden war.

Ich muß hier auch weg, denke ich, wie so oft schon in letzter Zeit. Viele meiner Mitschülerinnen und Freunde sind in den ersten Jahren nach Kriegsende in den Westen übergesiedelt, wie Benarys, die Besitzer einer der großen Gärtnereien der Stadt. Sie waren als Halbjuden nur mit viel Glück, aber unter unsäglichen Schikanen der Vernichtung im Dritten Reich entgangen. Noch in der Nacht vor ihrer wahrscheinlichen Verhaftung wegen angeblicher Steuerhinterziehung mußten sie flüchten.

Was ist von der Hoffnung, von dem Elan geblieben, die uns nach Kriegsende erfüllten? Jetzt wollten wir eine neue Welt bauen. Nie wieder sollte es Haß und Krieg geben. Wir wollten alles kennenlernen, was uns bisher an Kunst und Kultur vorenthalten wurde. Die Theater spielten wunderbare unbekannte Stücke, die bisher verboten waren, und wir ließen kein Konzert aus trotz ungeheizter Säle. Da saßen wir eben im Wintermantel, fuhren in Zügen mit zerbrochenen Scheiben, nahmen stundenlange Verspätungen in Kauf. Aber wir waren da, ausgehungert, aufnahmebegierig und bereit, uns selbst voll einzubringen. Ich las zum ersten Male Hemingway, auf den mich mein Lehrer aufmerksam gemacht hatte. Er las mir und den anderen Studenten vor und borgte uns die Bücher, die es nicht zu kaufen gab. Ich war tief berührt, war begeistert.

Der Schwung ist dahin. Vieles ist bereits wieder verpönt oder verboten. West und Ost befinden sich im kalten Krieg. Imperialismus heißt das Schreckgespenst. Die westliche Ideologie ist gefährlich und verwerflich. "Ex oriente lux" ist der Weisheit letzter Schluß. Alles nicht genau auf der kommunistischen Linie Liegende ist konterrevolutionär. Den Stempel des Fortschrittfeindes und des Friedensgegners bekommt man schnell. Wer nicht für uns ist, ist gegen uns. Keine Alternative. Dabei erlebten wir täglich, wie die Kulturbringer sich benahmen. Überfälle, Vergewaltigungen und Verwahrlosung der beschlagnahmten Häuser nahmen überhand.

Ich erinnere mich der letzten Studentenvollversammlung, an der ich teilnahm und die den letzten Anstoß gab, das unerträglich werdende Klima der Weimarer Hochschule endlich zu verlassen. Die FDJ führte das große

Wort. Es ging darum, eine Resolution zu beschließen.

"Wer ist dafür?" Die meisten Hände hoben sich.

"Wer dagegen?" Natürlich keiner.

"Wer enthält sich der Stimme?" Ein Dutzend Hände wagten sich in die Höhe.

"Moment! Die Namen wollen wir mal festhalten!" Die Masse grollte nur leise, und die Hände verschwanden schnell.

Ich sitze noch eine Weile bei Annemarie Kohl, dieser sensiblen Frau, die stets alles Leid ringsum als das ihre trug und die es schaffte, uns Schülerinnen trotz der Schrecken des Krieges eine Insel der Schönheit zu bewahren. Es fällt mir schwer, sehr schwer, dies hier aufzugeben.

In Berlin werde ich Gastschülerin bei Mary Wigman, der hochverehrten, sein dürfen. Sie hatte unter Hitler ihre Schule für modernen Ausdruckstanz in Dresden aufgrund des Verrats einer Schülerin verloren. Hermann Gördeler, der Oberbürgermeister von Leipzig, später in das Attentat am 20. Juli verstrickt, nahm sie in seiner Stadt auf, aus der sie die neuen Leute jetzt wieder vertrieben hatten, weil sie unter unzumutbaren Verhältnissen unterrichten mußte. Unvergeßliche Tanzschöpfungen waren mit ihrer kleinen Gruppe begeisterter Studentinnen entstanden, mit denen sie auf Fragen der Zeit antwortete, wie die chorischen Studien "Die Flucht", "Die Suchenden", "In liebendem Gedenken".

Als ich mich gerade in der Gymnastikschule verabschieden will, klingelt es, und vor mir steht überraschend der Mann, den ich Jahre geliebt habe, der mir alles bedeutete trotz der Problematik unserer Beziehung. Die Schwierigkeiten lagen weniger in seiner noch nicht geschiedenen Ehe - er lebte von seiner Frau getrennt -, vielmehr in den Wechselbädern von geschenkter und entzogener Liebe, die er, der mehr als 20 Jahre Ältere, mir zumutete und die ich schließlich nicht mehr ertrug. Ich schnitt mich von ihm los.

Er lebte in einem merkwürdigen Spannungsfeld von Leidenschaft und Verantwortungsgefühl der so viel jüngeren gegenüber.

“Dein Weg steigt an, meiner geht bereits abwärts - ich darf dich nicht an mich binden...”

Ich aber, an deren künstlerische Entfaltungsmöglichkeiten er glaubte, hätte um seinetwillen bereitwillig auf die eigene Karriere verzichtet, wohlwissend, daß an der Seite dieses Mannes, der alle Kraft für das eigene Schaffen aus dem Partner sog, nur begleitende Liebe lebbar war. Ich liebte ihn und litt bis zur Verzweiflung unter den Auswirkungen seiner Skrupel. Wie oft wartete ich vergeblich auf ihn, und dann konnte es geschehen, daß er hinterher sagte:

“Ich bin dreimal bei dir vorbeigegangen und habe dann doch nicht geklingelt!”

Vor einem seiner Konzerte verbrachte er den Tag bei mir, übte an meinem Flügel, ich kochte für ihn und bewachte seinen kurzen Schlaf. Ich wünschte mir, so möge es immer sein.

Als er zum Einspielen ging, bereits in der Tür noch die Frage: “Was wünschst du dir als Zugabe?”- Rückkehr an den Flügel, kurzes Repitieren der gewünschten Chopin-Mazurka. Und dann am Abend ein Konzert von großer Ausdruckskraft und -tiefe und von selten gehörter Ausgeglichenheit dieses unruhigen Geistes. Viel Applaus, schließlich die Zugabe. Das kleine melancholische Stück klang zart und verhalten, aber eindringlich und sehr zärtlich über all die Stuhlreihen hinweg bis zu mir. Kaum einer konnte ein solch tragendes und unter die Haut gehendes Pianissimo spielen wie er.

Aber solche Stunden waren seltene Höhepunkte.

Wir gehen ziellos durch die Straßen.

Er ist gerade geschieden worden, und ich soll die erste sein, die es erfährt. Ich spüre, daß er mich nicht verlieren möchte, und bin bereit, für eine Nacht mit ihm nach Weimar zu fahren.

Wir eilen zum Bahnhof. Als wir dort ankommen, sehen wir nur noch die Schlußlichter des letzten Zuges. Da wissen wir, daß es nicht sein soll, setzen uns in den Winzerkeller und reden, reden, reden. Ich sehe ihn an, während er spricht, und alles ist wieder da mit einer Stärke, die schmerzt. Ich kann ihm nicht vorschlagen mitzukommen, denn zu Hause schläft Peter. Er bringt mich noch bis vor die Tür, küßt mich leidenschaftlich wie einst, bis ich mich losreiße.

Nach ein paar schlaflos zugebrachten Nachtstunden fahre ich mit Peter nach Berlin. Wir werden von Evchen Feuerböther abgeholt, der Freundin von Wolfgang, und wohnen auch bei ihr.

Peter will nach wenigen Tagen heimfahren.

Am späten Nachmittag erscheint Wolfgang: Siegertyp, mittelgroß, schmale Augen, leichte Hakennase, dunkles, gewelltes Haar, charmant. Er erzählt uns, daß er eigentlich Architektur studiert, jedoch im Moment mit Wichtigerem beschäftigt ist. Mehr erfahre ich zunächst nicht. Wir gehen zum Oktoberfest und amüsieren uns auf allen möglichen Karussells wie die Kinder. Dann stehen wir vor der Tonne, die sich dreht und durch die man, egal wie, auf die andere Seite gelangen muß. Keiner traut sich. Nur ich muß es riskieren. Da ich Hosen trage, kann nicht viel passieren. Also hinein. Natürlich falle ich gleich um und werde mehr schlecht als recht hindurchbugsiert. Die drei anderen biegen sich vor Lachen und erwarten mich schon am anderen Ende. Wolfgang reicht mir die Hand und hat ein verräterisches Glitzern in den Augen.

Nanu, denke ich, und: Achtung! Wolfgang ist für den Rest des Abends an meiner Seite. Wie ihm das imponiert hätte, betont er mehrfach. Freundin Evchen muß mit Peter vorliebnehmen.

Ehe dieser wieder abreist, versuche ich rauszukriegen, womit Wolfgang eigentlich beschäftigt ist, wenn er fürs Studium keine Zeit hat. Peter druckst herum. Wolfgang würde mir das schon selber sagen, rückt dann aber doch mit der Sprache heraus: Er baut einen Widerstandskreis in der Ostzone auf.

"Hervorragend!“ bricht es aus mir hervor. "Da will ich mitmachen! Endlich die Gelegenheit, etwas gegen die Zustände dort zu tun.“

Ich erkläre Wolfgang beim nächsten Zusammentreffen, daß ich bei seiner Widerstandsgruppe mitmachen will. Er hat nichts dagegen, und ich bekomme auch gleich einen Auftrag. Im Oktober sind die ersten Wahlen in der DDR, und die müssen beobachtet werden. Ich fahre sowieso nach Erfurt, weil ich wählen muß.

Ich bin erst kurze Zeit zu Hause, da klingelt es, und ein Mann bringt ein Wahlplakat, was ich als Hausbesitzer im Flur anbringen soll. Darauf steht:

"Wir, die Bewohner des Hauses Milchinselstraße 4, wählen morgen, am 15. Oktober, mit Ja!“

Ich lehne das ab und sage, daß ich am morgigen Tage geheim zu wählen gedächte, wie das verfassungsmäßig zugesichert sei. Da sieht er mich scharf an: "Sie sind wohl gegen die DDR? Das kann Ihnen aber Schwierigkeiten machen! Ich möchte Sie warnen!“

Das Wahllokal in der Gaststätte "Flora“ besteht aus einigen Tischen, hinter denen Leute sitzen, die die Wähler offiziell registrieren. Ganz hinten befindet sich auf einem Tischchen ein offener Pappkarton, der dem, der sich dahinterstellt, um seine Stimme abzugeben, höchstens bis zum Hals reichen würde. Mehrere Männer stehen auffällig unauffällig im Raum herum, besonders in der Nähe des Kartons. Ich kriege einen Zettel mit Namen darauf, keinen Kreis für ein Ja oder Nein, keinen Briefumschlag.

"Was soll ich nun damit machen?" frage ich.

"Wenn Sie einverstanden sind, stecken Sie den Zettel drüben in die Urne."

Einverstanden womit? Wer sind denn die Leute, die da aufgeführt sind? Als ich zögernd stehenbleibe, merke ich, wie mich zwei von denen in Kartonnähe scharf ins Auge fassen. Wahlen, lachhaft, denke ich, und lasse das Blättchen in die Urne gleiten.

Am 16. Oktober, einen Tag nach der sogenannten Volkswahl, veranstalten wir in Berlin eine Pressekonferenz, um über den Verlauf der Wahlen zu berichten.

Vertreter der verschiedenen Westberliner Zeitungen und des RIAS sind eingeladen. Aus der Frankfurter BDJ-Zentrale sind Paul Lüth, Norbert Hamacher, Gerhart Bischoff anwesend, aus Westberlin Karl-Heinz Fechner und Wolfgang Kaufmann. Die Mitglieder des Widerstandskreises sitzen verdeckt hinter einem Vorhang, um nicht gefährdet zu werden, schildern den Verlauf der Wahl und beantworten Fragen der Journalisten.

Felicitas Hensel legt einen Stimmzettel vor. Sie war Wahlhelferin in Halle und kennt den Ablauf einschließlich Stimmenauszählung genau. Herbert Hubl hatte Paul Lüth die Skizze eines Wahllokales übergeben, die Paul vorzeigt. Ich berichte unter anderem über die Sache mit dem Wahlplakat.

So gelangen ganz schnell die Nachrichten über diese manipulierte Wahl in die Presse und den Rundfunk. Paul Lüth ist zufrieden mit dem Verlauf.

Ich lerne den Leiter des BDJ bei dieser Gelegenheit kennen. Der Eindruck bei dieser ersten Begegnung ist zwiespältig. Mir gefällt sein Engagement für unsere Ostprobleme, aber seine Art, über sie zu sprechen, ist mir zu vollmundig. Er erscheint mir überheblich.

Wolfgang schickt mich mit einer größeren Pralinenschachtel, auf deren Boden etwa 80 Klebezettel verpackt sind, welche sich gegen die FDJ richten und die Jugendlichen auffordern, ihre Stellungnahme an den Bund Deutscher Jugend in Westberlin zu senden, zu den Brüdern Ulli und Heinz Höfer nach Weißenfels, die zur Gruppe gehören, und wir verstehen uns gut. Bei ihren nächtlichen Aktionen helfen Ehefrau und Verlobte mit. Ich gerate in keine Zugkontrolle und kehre unangefochten nach Berlin zurück. Natürlich weiß ich, auf was ich mich einlasse und daß es lebensgefährlich ist.

Wolfgang, Muli, sucht meine Nähe; das ist nicht zu übersehen. Er lädt mich öfters abends in eine Berliner Eckkneipe zu einem Bier oder einem Glas Wein ein. Er flirtet. Ich spiele nur begrenzt mit, denn da ist Evchen, die ich als seine Freundin kennengelernt habe. Ich muß seinen Reden entnehmen, daß er die Beziehung leid ist, und halte mich dennoch zurück, obwohl er mir gefällt. Er ist klug, ein guter Gesellschafter, witzig. Was er tut, spricht für ihn.

Ich habe in Zehlendorf ein Zimmer in einem kleinen Haus gefunden. Es ist gleich unter dem Dach, eine steile Stiege führt hinauf. Und es ist billig, 25 Mark West. Die Hausbesitzerin, Ella Geitner, gibt sich übertrieben liebenswürdig. Ich habe ein ungutes Gefühl. Zu Recht, wie sich bald herausstellt, als die vielen kleinen täglichen Schikanen beginnen. Als es kälter wird, merke ich, daß die Bude nicht warm zu kriegen ist. Die Wände sind zu dünn, und der eiserne Ofen gibt nur Wärme ab, solange er geheizt wird. Aber ich kann mit meinem kleinen Währungsstipendium, 65 Mark West, natürlich keine großen Sprünge machen. Es geht überhaupt nur, weil ich wegen meines Erfurter Hauptwohnsitzes Lebensmittelmarken kriege. Also tausche ich einen Teil des Geldes in

Ost um und kaufe Brot, Zucker, Marmelade, Leberwurst auf der anderen Seite des Potsdamer Platzes, an dem ich täglich aussteige, um ins Konservatorium zu gelangen. Auf der westlichen Seite steht immer im Eingang eines fast zerstörten Gebäudes ein Käsehändler. Bei ihm bekommt man für 1 Mark West eine Tüte mit vier verschiedenen Käsesorten. Die reichen eine Weile. Sanella, die Margarine, kostet auch eine Mark West. Quark ist ebenfalls billig. Und die Bananenhändler, die vom Laster herunter ganze Hände dieser edlen Früchte marktschreierisch anpreisen - es handelt sich um den Marktüberschuß, der noch losgeschlagen werden muß -, gehen mit dem Preis immer mehr herunter, und ich kriege da sogar einmal zwanzig Stück für zwei Mark. Ein Reichtum!

Im Konservatorium bekommen wir gratis Schulspeisung. Manchmal wird auch ein Stück Butter mitgeliefert.

Die Monatskarte für alle Verkehrsmittel kostet fünf Mark, die Philharmoniker können wir Studenten für 50 Pfennige besuchen.

Bei sparsamster Lebensweise kann man auskommen.

Für den Rektor des Konservatoriums, Professor Moser, hege ich große Sympathie und Bewunderung. Er ist ein bedeutender Musikwissenschaftler, den man vor einiger Zeit aus Weimar wegen seiner Parteizugehörigkeit im Dritten Reich verdrängt hat.

Der Professor bittet mich, von der geliebten Stadt zu erzählen. Ich kenne Studenten, die seine Schüler waren. Unser Einverständnis wächst noch, als er erfährt, daß ich Gedichte und Prosa schreibe, denn auch er verfaßt neben den wissenschaftlichen Büchern Novellen über Musiker. Ich bringe ihm Kostproben mit, sie gefallen ihm, und er möchte mehr von meinen Sachen kennenlernen. Er gibt mir die Korrekturfahnen seiner nächsten Veröffentlichungen zum Durchsehen. Was ich stilistisch verändere, findet seine Billigung. Mit der Zeit sieht er sich nicht einmal mehr an, was ich an den Texten korrigiere.

Wir treffen uns regelmäßig in seinem Zimmer. Seine Sekretärin guckt zunehmend mißtrauisch und etwas feindselig. Ich aber fühle mich wunderbar geborgen bei ihm. Da ich meinen Vater nie als solchen empfunden habe, genieße ich seine väterliche Zuwendung sehr.

Eines Tages erklärt mir dieser Mann, daß er mich liebt. Ich sei gewiß nicht seine erste Liebe, aber bestimmt seine letzte; er ist Mitte Sechzig. Mich trifft diese Mitteilung völlig ahnungslos. Ich habe naiv nichts von der Entwicklung geahnt. Wie soll ich mich verhalten?

Inzwischen ist aus meiner Freundschaft zu Muli eine Liebesbeziehung geworden. Er hat sich von Evchen getrennt. Ich mag ihn, die gemeinsame Aufgabe, auch die Gefahr verbindet uns.

*

Im Dezember findet das "Erste Parlament der freien Jugend der Sowjetzone" in Berlin statt. Die bisherigen Mitglieder, etwa 30, werden persönlich dazu eingeladen. Ich bringe den Weißenfelsern auch das Geld für die Fahrt.

Paul Lüth kommt wieder mit seinen engsten Mitarbeitern, diesmal ist auch Egge Peters dabei. In einem Referat spricht Norbert Hamacher aus seiner Sicht über die Rolle der KPD und der Friedensbewegung in Westdeutschland. Paul Lüth entwickelt eine Theorie über die verschiedenen Aufgaben bei der Widerstandstätigkeit: Sammlung von Informationen über die Stimmung in der Bevölkerung, über Mängel und Mißstände, Fehlplanungen, Gewaltakte, Zwangsmaßnahmen, Einschränkung der Freiheit, manipulierte Zeitungsmeldungen und über die Bedrohung Andersdenkender; im persönlichen Gespräch, mit Schriften und Plakaten über Zusammenhänge und Hintergründe informieren; aus den Reihen der Funktionäre in Staat, Wirtschaft und Partei die Schwankenden herausfinden und für die Mitarbeit gewinnen; selbst, wenn nötig, zum Schein in Organisationen und Parteien, um des Einblicks und der bedingt möglichen Einflußnahme willen, mitarbeiten.

Es ist die Rede von der Gefahr des Tages X, des Übergangs des kalten Krieges in einen abermaligen heißen, unter dem Aspekt des weiteren Vordringens des Kommunismus und seiner Welteroberungsansprüche und der Wahrnehmung aller Möglichkeiten, das zu verhindern.

Es müsse auch darüber nachgedacht werden, wie eine deutsche Demokratie nach der Wiedervereinigung gestaltet werden und wie es zur Verständigung zwischen West und Ost kommen könne.

Am nächsten Tage bilden sich mehrere Arbeitsgruppen. Eine Resolution wird verfaßt, die fordert, der weiteren Ausbreitung der östlichen Ideologie in Westdeutschland den Kampf anzusagen, sich der Frage nach der Behandlung der politischen Flüchtlinge aus der Ostzone zuzuwenden, die Jugend im Osten ideell und materiell zu unterstützen, Informationen über die westdeutschen Sender zu geben, daß die Bevölkerung der Sowjetzone in ihrem Kampf gegen das Regime nicht allein sei, daß es Widerstand gebe und daß dieser die Sympathie und Unterstützung der gesamten freien Welt habe. Die intensive Beschäftigung mit dem Marxismus wird anempfohlen, um mit Gegenargumentationen die wirksame Entkräftung der Massenbeeinflussung zu erreichen. Der Stoff des Parteilehrjahres der SED sei dabei eine wichtige Hilfe.

Der Text der Resolution, so wird beschlossen, soll der Presse, Mitgliedern der Bonner Regierung, dem amerikanischen Präsidenten Truman, der mit seiner Doktrin der sowjetischen Expansion entgegenzutreten suchte, und dem Sekretär der Vereinten Nationen, Trygve Lie, übergeben werden.

Eine andere Arbeitsgruppe befaßt sich mit der Lage der Bevölkerung in der DDR unter besonderer Berücksichtigung der Jugend. Material über die Pionierorganisation und die Verhältnisse in den Schulen und Hochschulen wird zusammengetragen.

Meine Gruppe beschäftigt sich mit möglicher aktiver Hilfe für die Ostzone. Medikamente, Lebensmittel und Schuhe sollen geschickt werden. Wissenschaftliche Literatur für Studenten könnte eine Hilfe sein. Auch die Teilnahme an Sommerferienlagern in den Alpen und an der Nordsee wird vorgeschlagen, einschließlich Austauschlagern in Frankreich und Italien.

Eine weitere Gruppe erörtert die Situation der volkseigenen Betriebe und der Landwirtschaft.

Die Einrichtung eines ständigen Sekretariats wird beschlossen, das sowohl den Kontakt mit der Leitung des BDJ in Frankfurt als auch den zu den Mitgliedern des Widerstandskreises pflegt, Weisungen und Anregungen empfängt, vermittelt, Informationen weitergibt, die ganze Arbeit koordiniert. Das Sekretariat hat seinen Sitz in Wolfgangs Wohnung in der Joachim-Friedrich-Straße 3 in Halensee, aus Sicherheitsgründen bewußt getrennt vom Sitz des Westberliner Landesverbandes des BDJ in der Wildenowstraße. Außer Muli, der die Leitung hat, gehören Lothar Schädel, genannt "Bubi", Klaus Rost, Werner Brockmüller und ich dazu.

Als wieder ein Parlament einberufen wird, erscheint wenige Tage vorher in der Westberliner Presse die Mitteilung, daß sich die "Freie Jugend der Sowjetzone" am soundsovielten im Haus des Westberliner Bundes Deutscher Jugend in der Wildenowstraße trifft. Wir trauen unseren Augen nicht. Wie kommt die Meldung in die Zeitung? Fieberhaft beraten wir und fahren dann Hals über Kopf los, um den einzelnen Mitgliedern abzusagen.

Das Haus in der Wildenowstraße liegt genau gegenüber dem Botanischen Garten. Dort braucht nur jemand

Posten zu beziehen, um alle zu fotografieren, die das Haus betreten.

Als Paul Lüth nach Berlin kommt - immer per Flugzeug, um nicht durch die Zone zu müssen - stellen wir ihn scharf zur Rede. Aber er findet keine Erklärung dafür. Ich bin skeptisch. Zum ersten Mal kommt mir die Befürchtung, daß wir als Aushängeschilder mißbraucht werden.

Bei der nächsten Besprechung mit Paul treffen wir uns aus praktischen Gründen in einer Wohnung in Zehlendorf und erleben einen Skandal.

Wie wir sein Leben so gefährden könnten, empört sich unser Leiter, ein Treffen so dicht an der Zonengrenze! Nicht weit davon ist der Schlagbaum zu Kleinmachnow.

Er trifft bei uns auf völliges Unverständnis. Weiß der Mensch nicht, wie gefährlich wir leben und daß wir unsere Existenz tagtäglich aufs Spiel setzen? Er wird mir immer unsympathischer. Wir sprechen verschiedene Sprachen.

*

Inzwischen ist es Februar geworden, und die Faschingszeit kommt. Ich verbringe mit Muli eine ganze ausgelassene Nacht bis morgens um sieben beim Faschingsball der Technischen Universität. Es ist wunderbar, zu leben und jung zu sein! Alle Probleme werden für Stunden gegenstandslos.

Die ganze TU ist in Tanz- und Unterhaltungsräume verwandelt.

Wolfgang stellt mir einen charmanten Amerikaner vor, Mr. Sterling, Mitglied der Hochkommission.

Es gibt drei Kapellen und einen Leierkastenmann; eine Treppe hat man zur Rutschbahn gemacht, die mit großem "Hallo" benutzt wird.

Kurz darauf wird im Konservatorium gefeiert. Auch hier sind alle Räume karnevalistisch umgestaltet. Ich komme als Bajadere im enganliegenden schwarzen Trikot und einigen grünen Schleiern. Muli ist als Trapper verkleidet. Mein Professor erscheint schwarz geschminkt als Mohr von Venedig und verfolgt mich überallhin, ungeachtet des Umfeldes, in dem wir uns befinden.

"Was will nur der Mohr von dir?" fragt Muli. Natürlich weiß er nichts von dieser ganz besonderen Beziehung. Ich fürchte allmählich, daß das ganze Konservatorium merkt, was hier vor sich geht. Zum Glück sind alle mit sich selbst beschäftigt.

Der Professor schenkt mir eines seiner Bücher und schreibt eine Widmung in Noten hinein. Ich singe die Töne und erkenne die Arie des Wolfram aus dem "Tannhäuser": "So blick' ich auf zu einem nur der Sterne, der an dem Himmel, der mich blendet, steht..."

Ich bin viel zu jung, um die Gefühle dieses reifen Mannes nachvollziehen zu können. Ich verehre ihn und liebe ihn wie einen Vater. Erst viel später werde ich die Größe dieses Geschenks, dieser Liebe erkennen.

Er schreibt mir Gedichte, aber mich stört, daß er alles an mir wundervoll findet. Ich brauche seine Kritik beim Schreiben, um weiterzukommen.

*

Es gibt noch einmal ein Parlament am 1. April 1951. Paul kommt wieder mit seinem Stab. Es ist abermals die Rede von der Verstärkung der Widerstandsarbeit, von mehr Flugblatt- und Klebeaktionen, von der Unvermeidbarkeit des Tages X und der Vorbereitung darauf. Die Frankfurter gefallen mir immer weniger, weil sie mit großen Worten um sich werfen. Sie haben keine Ahnung, unter welchen Bedingungen wir arbeiten. Es wird uns empfohlen, das Buch von George Orwell "1984" zu lesen. Ein paar Exemplare sind da, und wir werden sie untereinander weitergeben. Das ist gefährlich, denn das Buch mit seiner schlimmen Zukunftsvision, die voraussagt, was geschehen wird, wenn Diktatoren die Persönlichkeiten der Menschen zerstören, beinhaltet Zündstoff, und es zu lesen und gar in der DDR zu verbreiten gilt als staatsfeindlich.

Ich frage Paul Lüth, aus welchen Quellen die Gelder für Flugblätter und Plakate kommen, wer überhaupt die ganze Arbeit finanziert. Aber er antwortet ausweichend, es gäbe Leute, die uns gerne unterstützen.

Klaus Rost teilt mit, daß in Zukunft monatliche Mitteilungen, sogenannte Rundbriefe, an die einzelnen Mitglieder weitergegeben würden. Die Aufteilung in einzelne Ländergruppen, die durch ein Kuriersystem mit Berlin verbunden werden, wird vorgeschlagen und beschlossen. Sachsen-Anhalt teilt sich sogar in zwei Gruppen, die in Weißenfels unter der Leitung von Ulli Höfer und die in Halle, koordiniert durch Otto Kruggel. Die Weißenfelser wollen selbst Flugblätter herstellen, weil sie im Besitz eines Vervielfältigungsapparates sind. Sie schreiben: "Wehrt Euch!" und "Unser Ja gegen die Volkspolizei!" und "Achtung! NKWD hört mit!" an Häuserwände und Litfaßsäulen. Ich schlage vor, Verbindungen zu den anderen Gruppen, die aktiv gegen das Unrechtsregime im Osten sind, aufzunehmen, zur "Kampfgruppe gegen Unmenschlichkeit", zur "Vereinigung freiheitlicher Juristen", zur russischen Emigrantenorganisation NTS. Der Kontakt zum Gesamtdeutschen Ministerium unter Jakob Kaiser besteht schon länger. Eine Resolution wird angenommen, in der die geplante Volksbefragung verurteilt wird, weil sie eine einseitige Wiederbewaffnung Westdeutschlands suggeriert, während im Osten längst die Kasernierte Volkspolizei Truppenstärke erreicht hat und immer weiter ausgebaut wird. Ein Flugblatt lautet sinngemäß: "Wenn ihr gegen die Remilitarisierung Westdeutschlands stimmt, dann bedenkt, daß durch unser Land die Marschtritte der Kasernierten Volkspolizei hallen."

Auch vom geplanten Mißbrauch der Weltjugendfestspiele als politische Propagandaveranstaltung für die kommunistische Ideologie wird gesprochen.

Einer von uns möchte wissen, wie wir uns verhalten sollen, falls wir auffliegen .

"Ich erwarte von euch, daß ihr zwei Tage schweigt. Länger haltet ihr das bei den bekannten Methoden des Staatssicherheitsdienstes sowieso nicht aus. Inzwischen haben wir alle anderen in Sicherheit gebracht, und bei meinen guten Beziehungen zur Stasi in Halle hole ich euch sowieso wieder raus." Soweit Paul Lüth. Keine Sicherheitsvorkehrungen. Nicht die geringste Beachtung von Voraussetzungen für konspirative Tätigkeit. Jeder kannte jeden.

Langsam habe ich eine ausgesprochene Antipathie gegen den Mann und sein Frankfurter Gefolge.

Ein wichtiges Thema ist unsere Teilnahme an den im August stattfindenden Weltfestspielen der Jugend mit dem Ziel, sie zu stören. Informationen über die geplante Durchführung müssen gesammelt werden, Stempel und Blanko-Mitgliedsbücher der FDJ sollen beschafft und Propagandamaterial und Flugblätter verteilt werden, auch in den Quartieren der ausländischen Delegationen. Die Möglichkeit, FDJler nach Westberlin einzuladen und für den Widerstandskreis zu werben, werden erörtert. Sichtpropaganda solle zerstört werden.

Lüths leitender Mitarbeiter Egge Peters schlägt vor:

"Ihr könntet Abführmittel in die Essenkübel schmuggeln, das hätte eine Wirkung!"

Ist der Mann verrückt oder bösartig oder beides zusammen? Er wird von allen Ostlern entschieden zurückgepfiffen, was er dumm und weltfremd findet.

Wir kommen mit den Frankfurtern nicht unter einen Hut. Die Stimmung ist schlecht. Ich bin verärgert und mache mir Luft bei Wolfgang. Der aber wehrt meine Vorwürfe lächend ab. Das bringt mich auch noch gegen ihn auf. Ich finde es verantwortungslos, wie man mit uns umgeht.

Wir kommen nicht mehr auf einen Nenner, und allmählich beginnt mein ohnehin nie sehr starkes Gefühl für ihn zu erkalten. Im Grunde war er Ersatz für meine zerbrochene große Weimarer Liebe, und so konnte nichts Ernsthaftes entstehen. Ich ziehe mich immer mehr von ihm zurück. Um mich zu treffen, erzählt er von einem Mädchen, das sich in ihn verliebt hätte, das er ebenfalls sehr nett fände und das er besuchen würde. Die Story verfehlt ihre Wirkung, aber es ist alles sehr unerfreulich.

*

Im Mai gibt es eine Tagung für moderne Musik und Musikerziehung in Darmstadt. Der Berliner Senat finanziert uns die Teilnahme, nur das Hinkommen müssen wir selbst organisieren. Ich gehe mit meinen beiden Kommilitoninnen Carola und Inge schwarz über die Grenze, auf wohlvertrautem Wege bei Stapelburg. Als wir jedoch zu früh in Richtung Grenze abschwenken, stellt uns ein russischer Posten mit Maschinenpistole und Hund. Zwischen ihm und uns liegt nur die knapp drei Meter breite Ecker, die wenig Wasser führt und die die Grenze darstellt. Wir stehen vor einer hohen Bretterwand und können weder vor noch zurück. Wir heben bittend die Hände. Als sich der Köter weigert, ins Wasser zu gehen, winkt der Soldat verächtlich ab und trollt sich mit seinem Hund. Wir sind gerettet.

Bei meiner Tante in Sarstedt machen wir Station. Peter ist verreist, und sie gibt uns etwas Geld für ein Stück

Bahnfahrt. Dann geht's per Anhalter weiter. Ein großer Bahlsen-Lieferwagen nimmt uns mit. Die Fahrt geht durch die Ausläufer des Thüringer Waldes und durch die Rhön. Rechts und links der Straßen stehen die Bäume in voller Blüte, eine wunderschöne Fahrt mit freundlichen Fahrern durch den Frühling. Ich nehme alles ganz tief in mich auf.

Die Tagung ist interessant und voller Anregungen.

Es werden von uns bisher nie gehörte Werke aufgeführt, die einen tiefen Eindruck hinterlassen, wie Fortners "Shakespeare-Songs", die "Gurre-Lieder" von Schönberg und das Oratorium "Dein Reich komme" von Johannes Driessler.

Auf der Rückfahrt beschließe ich, mit Inge über Frankfurt zu trampen und die dortige Zentrale des BDJ in der Feldbergstraße 13 in Augenschein zu nehmen.

Wir werden freundlich aufgenommen. Man zeigt uns die Paulskirche, den Römer und das uns schockierende Frankfurter Nachtleben. Wir sehen Nutten und Zuhälter; unsere Begleiter amüsieren sich köstlich über uns.

Am nächsten Tag geht es per PKW nach Bonn. Wir dürfen auf der Besucherempore an einer Plenarsitzung des Bundestages teilnehmen.

Der Finanzminister Schaeffer hält eine Rede vor weitgehend leeren Stühlen. Die meisten Abgeordneten, die anwesend sind, lesen Zeitung. Wir sind entsetzt. Sind das die Leute, die über Wohl und Wehe eines Volkes entscheiden?

Hinterher gibt es ein Treffen mit einem CDU-Abgeordneten. Wir können Fragen stellen. Er beruhigt uns wegen der abwesenden und desinteressierten Kollegen: Alle wichtigen Entscheidungen fielen in den Fraktionssitzungen.

Unterwegs frage ich Paul Lüth, der gerade Ärger wegen der von ihm herausgegeben Literaturgeschichte hat -

der ostdeutsche namhafte Kritiker Paul Rilla hatte ihm peinliche mangelnde Sachkenntnis bewiesen -, wie er denn so etwas schreiben könne und wie er sich nach solcher Kritik fühle.

"Das ist das beste Geschäft meines Lebens!" antwortet er lachend. "Wegen des Verrisses kaufen es die Leute nun erst recht."

Sachkundig oder nicht - Paul Lüth gibt sich vielseitig.

Das negative Bild dieses Mannes vervollständigt sich. Als Inge ihn etwas Medizinisches fragt, weiß er keine Antwort. Er hat doch den Dr. med.?

Wir fahren am letzten Tag in das BDJ-Heim in Laufach im Spessart. Welch eine Landschaft! Die Wiesen blühen, das Gras reicht uns bis zur Hüfte. Im Keller des Hauses ist ein Schießstand, zur sportlichen Übung, heißt es. Natürlich muß ich das Schießen probieren. Ich treffe sogar einmal ins Schwarze. Es macht Spaß.

Egge Peters läßt beim abendlichen Gespräch mit reichlich Alkohol verlauten, welch eine gute Kameradschaft sie hätten, daß sie freilich auch keine Verräter in ihren Reihen dulden würden. Es fällt das Wort Feme. Ist er aus dem Dritten Reich übriggeblieben? Ich bin angewidert.

Wir werden bis Hof gefahren, besichtigen unterwegs noch den Bamberger Dom, und man führt uns sicher über die Grenze. Wir machen in Erfurt Station und reisen unbehelligt wieder nach Berlin.

*

Es schlägt wie eine Bombe ein: Unser Kurier Eberhard Becker, Student in Westberlin, ist seit seiner Fahrt in die Zone verschwunden. Er hatte ca. 100 Flugblätter bei sich. Ist er erwischt worden, ist er untergetaucht?

Was sich kurz darauf in Halle abspielt, erfahren wir nur zum Teil. Felicitas Hensel bringt den Studenten Harry

Meyer mit falschem Ausweis nach Berlin; er konnte bei einer nächtlichen Flugblattaktion entkommen, bei der drei Kommilitonen verhaftet wurden. Otto Kruggel versteckte ihn eine Nacht in seiner Wohnung. Daß dieser dann am 1. Juni selbst abgeholt wurde, wird bei uns nicht bekannt.

Paul Lüth kommt Anfang Juni zu einer Beratung nach Berlin. Das Treffen soll im Haus in der Wildenowstraße stattfinden. Ich protestiere. Dort haben mehrere Flüchtlinge aus dem Osten Unterkunft gefunden. Man weiß nie, ob ein Spitzel darunter ist. Paul versichert, er würde das Haus räumen, ehe wir es betreten.

Der Tag kommt. Als ich an der Tür klingele, macht mir ein unbekannter junger Mann auf und bittet mich höflich, hereinzukommen. Ehe ich mich versehe, stehe ich in dem großen Aufenthaltsraum einer größeren Gruppe geflüchteter Jugendlicher gegenüber. Ich begrüße sie schnell, um nicht aufzufallen, und eile in den 1. Stock, wo sich, wie mir gesagt wird, unser Leiter befindet.

Ich bin wütend und mache Paul Lüth scharfe Vorwürfe, die er keineswegs ernst nimmt. Er, der nur in Grenznähe schon von Furcht befallen wurde!

Er offeriert ein Angebot des Kaiser-Ministeriums, für 60000 Mark West einen Film über die Zone zu drehen.

"Aber natürlich werden wir dabei unser kostbares Leben nicht aufs Spiel setzen. Wir kaufen uns dafür einen kleinen Gangster!"

Ich finde das unglaublich und widerspreche ihm.

"Typische Kunststudentenansichten!" fährt Paul Lüth auf. "Wenn ich etwas erreichen will, ist mir jedes Mittel recht!"

Da ist mein Maß voll.

"Das hat vor dir schon mal jemand gesagt, und das Ende waren Konzentrationslager!"

Ich stehe auf und nehme meine Tasche. Paul schlägt mit der Faust auf den Schreibtisch und schreit, während ich bereits aus dem Raum gehe: "Ich lasse die ganze Zone fallen und fange 1:1 wieder an!"

Die anwesenden Sekretariatsmitglieder folgen mir alle.

So kommt das Ende des Widerstandskreises der Jugend der Sowjetzone. Überlegungen, wie wir ohne den westdeutschen BDJ weitermachen könnten, scheitern an nicht vorhandenen Mitteln und Möglichkeiten. Die Mitglieder in der Zone werden über die Einstellung unserer Tätigkeit informiert. Muli hält sich aus allem raus. Es ist nicht klar, was er denkt oder will.

Meinen 23. Geburtstag feiere ich nur mit meinem Professor in einem hübschen Restaurant am Ku-Damm. Schöne, stimmungsvolle Stunden. Ich erzähle ihm erstmalig vom Widerstandskreis und seinem Scheitern. Er ist besorgt.

Die nächsten Wochen vergehen ohne jede politische Aktivität. Bis zum Semesterende bin ich nur mit meinem Studium beschäftigt. Der Italien-Trip muß vorbereitet werden, aber ich bin nicht wirklich fröhlich. Dann kommt am 23.7. die Fahrt nach Erfurt ...

* * *

Wir frieren in der Zelle. Es ist Oktober, und aus den Heizungsschächten kommt Kellermief, nichts Warmes. Die sommerliche Bekleidung, mit der wir verhaftet worden sind, ist viel zu dünn für dieses Gemäuer. Ich werde weiterhin von Schmerzanfällen gemartert. Unterhalb des Zahnes hat sich eine erbsengroße Beule gebildet, die bei der geringsten Berührung einen Schmerzanfall auslöst. Sprechen reicht schon, Essen ist eine Qual.

Ich bange Tage und Nächte. Bei jedem Schließen denke ich, jetzt ist es soweit. Sie werden dich zusammenschlagen, vielleicht bringen sie dich um. Aber sie holen mich nicht mehr.

Statt dessen kriegen wir eine dritte in unsere Zelle, ein Mädchen, jünger als wir. Forsch tritt sie auf, hat gleich ein paar ordinäre Ausdrücke parat und versucht sich anzubiedern. Wir weichen beide innerlich zurück und sind auf der Hut.

Sie habe einen russischen Soldaten zum Freund, der "es" ganz wunderbar könnte. Sie sei ganz heiß auf ihn und vermisse ihn sehr. Er wollte mit ihr türmen, denn so ein Verhältnis sei sowieso verboten, und da habe sie jemand verpfiffen. Der Ärmste käme nun vor's Militärtribunal, und sie würde von den blöden Deutschen schikaniert und mißhandelt, aber die könnten sie am Arsch lecken. Dann beginnt sie, uns unverhohlen auszufragen.

Marianne ist genauso zurückhaltend wie ich.

Sie wäre uns wohl nicht fein genug, meint Ilona, die Neue; wir hielten uns wohl für was Besseres.

"Dabei fickt ihr bestimmt genauso gerne wie ich!"

"Das halte ich nicht aus!" sagt Marianne, als Ilona, unser Blütchen, zur Vernehmung geholt wird. Aber wie sich wehren?

Ilona kommt strahlend zurück. Wir starren sie an.

Sie winkt uns in eine Ecke und flüstert: "Ihr habt ein Riesenglück, daß ihr mit mir zusammen seid. Wir werden in den nächsten Tagen befreit!"

Wir trauen unseren Ohren nicht.

"Wie denn das?" frage ich.

Ilona sendet verschwörerische Blicke, behält den Spion im Auge und erklärt leise, daß in den nächsten Tagen neue Posten in den Keller eingeschleust würden, die ihr bekannt seien. Wir würden von ihnen rausgebracht und mit einem Auto abgeholt werden.

Die spinnt, denke ich, gleichzeitig regt sich ein Schimmerchen Hoffnung.

"Das glaube ich dir nicht!" sagt Marianne laut.

"Was?" fährt Ilona auf, "Ich werde es euch beweisen!"

Als der Ruf: "Schlaaafengehen!" ertönt, kann ich keine

Ruhe finden. Sollte es so etwas geben? Oder ist es ein Trick, um uns mit dem Einverständnis zur Flucht ein neues Delikt anhängen zu können? Oder will sie sich in unser Vertrauen drängen?

In den nächsten Tagen wächst die Spannung in der Zelle bis an die Grenze des Erträglichen. Da spielt Ilona, nachdem sie von einer Vernehmung zurückgekommen ist, einen Trumpf aus:

"Paßt auf, der nächste Posten, der schließt, ist ein Neuer, und der gehört zu uns!"

Später steht tatsächlich ein unbekannter Mann vor der Tür.

Es reißt uns hin und her zwischen Zweifel und Hoffnung, daß doch etwas dran sein könnte an der Geschichte. Ilona ist uns jedoch so unsympathisch, daß wir nichts von unseren Fällen erzählen, weiterhin in ihr einen Spitzel vermutend. Sie führt noch weitere neue Posten nach Vorankündigung vor. Dann nennt sie einen konkreten Termin. Heute um Mitternacht; wenn es nicht klappt, dann morgen.

Es tut sich nichts in dieser Nacht; Ilona bekundet Sorge. Es wird doch nichts passiert sein? In der nächsten Nacht das gleiche. Ilona macht auf Panik. Es ist die Hölle in der Hölle.

Die Nerven sind zum Zerreißen gespannt. Als in der dritten Nacht wieder nichts passiert, explodieren wir und beschimpfen Ilona als gemeine Lügnerin. Sie reagiert mit Tränen.

"Wer weiß, was dazwischen gekommen ist!" schluchzt sie. Und was wird mit ihr nun passieren, weil sie mit drin hängt? Anstatt ihr dankbar zu sein, daß sie uns mitnehmen wollte, würden wir sie beleidigen und so weiter, und so weiter. Der Redestrom nimmt kein Ende.

Ich denke, ich werde wahnsinnig. Die nächste Zahn-Herz-Attacke überfällt mich, und ich könnte um mich schlagen. Marianne schreit Ilona an, sie solle endlich den Mund halten. Wir haben nächtelang nicht geschlafen und sind total am Ende.

Nach ein paar Tagen wird Ilona abermals geholt, und wir warten gespannt auf ihre Rückkehr. Aber sie kommt nicht wieder.

Merkwürdigerweise werde ich gar nicht mehr vernommen. Allmählich wage ich zu hoffen, daß das Zusammentreffen mit dem NKWD-Mann der stärkste Versuch war, mehr zu erfahren. Danach wurde das Mädchen, das zweifellos ein Spitzel war, angesetzt, jedoch ebenfalls ergebnislos.

Es wird immer kälter. Wir frieren und können uns auch mit Gymnastik nur für Minuten erwärmen. Dazu der Hunger. Als wir nach Wochen wieder einmal zum Duschen geführt werden, sehe ich die Knochen überall herausragen. Beim Blick über die Schulter finde ich, daß mein Po nur noch einem größeren Brötchen gleicht. Zum Haarewaschen gibt's wieder Waschpulver. Dann erhalte ich die neuen baumwollenen Männerunterhosen und das Hemd dazu. Die Hosenbeine rollen wir schon lange nicht mehr hoch, sie schützen minimal bis zum Knöchel. Dann kommen die Sandaletten, mit denen wir auf dem Steinfußboden stehen und gehen. Eigentlich kann man das alles gar nicht aushalten, aber wir müssen es, wenn wir lebendig aus diesem Keller herauskommen wollen.

Am 6. Dezember merke ich, wie beim Rundendrehen ein Hauch von Wärme aus den Schächten kommt. Wir stellen uns dicht davor. Das aber verwehrt uns gleich der nächste Posten, weil er uns nicht sehen kann, wenn er durch den Spion blickt.

Die Tage schleichen dahin, nichts geschieht. Morgens, wenn es durch den Keller hallt: "Aufstehen!" wünschen wir uns, daß es schon Abend wäre und wir wieder unter die schmutzigen Decken kriechen könnten, daß nicht sechzehn Stunden Frieren dazwischen lägen.

Am 21. Dezember befindet sich plötzlich zwischen unseren Brotscheiben keine Margarine, sondern Marmelade, rote Marmelade. Seit Monaten zum ersten Mal etwas Süßes! Wir genießen. Da fällt mir ein, daß heute Stalins Geburtstag ist. Wir können tatsächlich noch lachen trotz unserer Misere!

Weihnachten unterscheidet sich in nichts von den anderen Tagen, außer daß die Posten noch ungnädiger sind, weil sie Dienst tun müssen. Was hatten wir erwartet?

Die Decke darf man nicht über den Kopf ziehen, nachdem es endlich "Schlafengehen!" heißt. Gesicht und Hände müssen zu sehen sein. Warum eigentlich? Wollen sie verhindern, daß man mit sich selber spielt? Wer aber hat in dieser Situation noch Empfindungen? Ich fühle mich jedenfalls wie abgestorben. Doch vielleicht wollen sie auch Selbstmorde vermeiden. Es soll vorgekommen sein, daß sich Gefangene aus der Deckenumsäumung einen Faden herausgezogen und damit einen Finger abgeschnürt haben, bis er abstarb. Ein sicherer Weg zum Tode.

Ich muß an das Weihnachtsfest 1943 denken, als meiner Mutter drei Tage vorher die rechte Brust amputiert worden war. Der Arzt hatte ihr freigestellt, bis nach Weihnachten zu warten. Sie aber wußte, was auf dem Spiele stand, und wollte für mich leben. Sie lebte immer schon für mich, das Wunschkind, und nach der Scheidung einer Ehe, die von vornherein eine Fehlentscheidung war, und der Trennung von meinem Vater, zu dem ich nie einen richtigen Kontakt hatte, verstärkte sich ihr Gefühl der Verantwortung. So gab es zum ersten Mal keinen Weihnachtsbaum zu Hause und keine Bescherung. Die Fünfzehnjährige machte sich sehr stark und ging am Heiligabend ins Krankenhaus und saß am Bett der geliebten Mutter, die noch einmal davongekommen war. Nicht für lange allerdings. Anderthalb Jahre später fühlte sie einen Knoten in der anderen Brust und bekam gleichzeitig eine Gelbsucht; die Leber war angegangen. Trotz der ärztlichen Vorhersage, daß sie noch vier Wochen, maximal ein halbes Jahr, zu leben hätte, kämpfte sie noch zwei Jahre, begleitete mein Abitur und den Studienbeginn, bis im Juli 1947 die Kraft aufgebraucht war.

Wie gut, daß sie das alles nicht mehr miterlebt, muß ich denken. Oder wäre mein Leben mit ihr ganz anders verlaufen?

Gleich nach Weihnachten geht Marianne auf Transport, vermutlich ins Gerichtsgefängnis, und ich komme noch einmal in eine andere Zelle. Diesmal gibt es hinter der Pritsche ein Fenster mit undurchsichtigen Glasbausteinen, aber man kann wenigstens erkennen, ob es Tag oder Nacht ist, und ahnen, wenn draußen die Sonne scheint.

Mit den drei Frauen in der Zelle ist auszukommen. Alle warten auf ihren Prozeßbeginn, keine wird mehr vernommen.

Der Eiterherd in meinem Unterkiefer hat sich verkapselt, und die Schmerzanfälle lassen nach.

Wir erzählen uns alles, was in unserem bisherigen Leben berichtenswert ist. Viel ist von Liebe die Rede und all ihren Spielarten. Ich höre Überraschendes, nie Geahntes und registriere schweigend, lasse mir meine Unkenntnis aber nicht anmerken. Ich ahne, daß es weit mehr Möglichkeiten, sich zu lieben, gibt, als ich bisher kennengelernt habe.

Gerichte werden ausgemalt, anschaulich hergestellt und genossen, bis jemand sagt: ”Hört auf damit!“

Der Hunger wird noch schlimmer dadurch.

Wir sagen Gedichte auf und bringen uns Lieder bei. Ich lerne von Anne, die Lehrerin ist, französische Wörter, und wir singen leise ”Parlez-moi d’amour“ und ”Sur le pont d’Avignon“. Der Geist muß immer trainiert werden, und beim Singen löst sich ein wenig die innere Verkrampfung. Den Körper versuchen wir weiterhin mit Übungen fitzuhalten.

Eines Tages im Januar werde ich plötzlich wieder geholt und sehe nach langer Zeit meinen Vernehmer wieder. Die Pfeife ist wie immer in Aktion, aber der Schein der Gemütlichkeit trügt.

"Wir müssen wieder von vorne anfangen, Graul, Se hahm gelogen! Denken Se nach, ich lasse Se wieder holen!" Und er läßt mich durch den Läufer zurückbringen.

Ich bin unruhig, obwohl mir die anderen versichern, das sei bestimmt nur eine Finte, ich sollte mich nicht schocken lassen. Was von dem Verschwiegenen, frage ich mich, haben sie vielleicht doch herausbekommen? Haben sie noch jemanden verhaftet? Ich habe angeblich nicht einen Namen gekannt, nur Spitznamen, und dabei bin ich geblieben. Keiner ist durch mich in diesen Keller gekommen.

Der Vernehmer läßt mich drei Tage schmoren, dann bin ich wieder dran. Auf seinem Schreibtisch liegen viele Akten.

"Na, hahm Se nachgedacht über Ihre ganzen Lügen?"

"Ich habe nicht gelogen!" sage ich wider besseren Wissens und versuche, meine Unruhe zu verbergen.

Er schlägt einen Aktendeckel auf und beginnt vorzulesen.

"Stimmt das?" fragt er mich nach einer Weile.

"Ja!" antworte ich.

Er liest weiter. Ich merke, daß es eine Zusammenfassung der Vernehmungsprotokolle ist.

Dann kommt etwas, das ich nie ausgesagt habe. Ich widerspreche.

"Reden Se nich, wir wissen, daß das so war!"

Es kommt noch einiges Unbekannte:

Paul Lüth habe auf dem Zweiten Parlament von der Notwendigkeit gesprochen, im Falle eines Krieges bewaffnete Banden im Hinterland zu bilden. So etwas ist mir noch nie zu Ohren gekommen. Als ich immer wieder darauf hinweise, greift er zu anderen Heftern und liest daraus vor. Meine Mitgefangenen scheinen alle dasselbe ausgesagt zu haben, nur ich weiß nichts davon.

"Machen Se sich nich lächerlich!" wischt er alle Einwände vom Tisch. "Wenn Se meinen, was nich gewußt zu hahm, könn' Se das immer noch vor Gericht sagen!"

Allmählich begreife ich, daß es sich um das Abschlußprotokoll handelt. Sollte der Prozeß bevorstehen und das alles hier ein Ende haben?

"Aber Se könn' natürlich auch noch weiter hier schmorn, und wir fangen mit Ihnen noch mal an!"

Um Gottes Willen, denke ich, nur das nicht, es muß ein Ende haben. Also unterschreibe ich das Schriftstück. Es ist sowieso alles egal, was da steht und was nicht. Wir sind Feinde, und danach werden sie uns verurteilen.

"Na also," sagt der Vernehmer nach einer Pause, "hahm Se sich hier über irgendwas zu beschwern?"

Ich traue meinen Ohren nicht.

"Sind Se geschlagen worden?"

"Nein," antworte ich, "aber das hatten Sie bei Ihren psychologischen Methoden gar nicht nötig!"

Er schaut verblüfft. Weiß er nicht, was ich damit meine? Gleichzeitig greift er zum Taschentuch, beugt den Kopf nach hinten, weil er Nasenbluten bekommt. Nun glaube ich mich vor ihm sicher, halte ihn für aktionsunfähig und lege los: Ich erinnere ihn, daß ich am Anfang der U-Haft drei Tage und die dazwischenliegenden Nächte nicht schlafen durfte, bis ich zusammenbrach, daß man mich bedroht und in Ängsten gehalten hätte, daß ich monatelang in Dunkelzellen gesessen hätte, ohne zu wissen, ob Tag oder Nacht ist, daß ich unter wahnsinnigen Zahnschmerzen und Herzattacken leiden mußte, ohne daß mir geholfen wurde, daß ich gefroren und gehungert hätte.

"Kennen Sie eigentlich die Zustände in diesem Keller?" frage ich ihn und schildere die Bedingungen, unter denen wir gehalten wurden, den absoluten Mangel an Hygiene, den Schmutz, den Gestank, die Kälte, den Fraß, den man uns bot, das Benehmen der Posten und ihre Schikanen und die ganze auf Entwürdigung abzielende Behandlung.

Er muß sich das alles anhören und wird durch sein Nasenbluten an Kommentaren und Reaktionen gehindert. Ich sehe, wie schwer ihm das fällt. Dann läßt er mich abführen, und ich sehe ihn nie wieder.

*

Inzwischen ist die Benjamin bei der Vernehmung der einzelnen Angeklagten angekommen.

Vier von ihnen waren als Kinder von ihren Eltern auf die Adolf-Hitler-Schule, die Ordensburg Sonthofen, geschickt worden, wuchsen unter Drill auf und kamen dann noch kurz vor Ende des Krieges ehrenhalber in die Panzerdivision Großdeutschland.

Soweit ich die vier kannte, war ich ziemlich sicher, daß sie haßten, was sie viele Jahre in ihrer Jugend mitmachen mußten, und sich nichts weniger als eine Wiederholung dessen wünschten.

Ulli Höfer erklärt, er habe sich von seiner nationalsozialistischen Erziehung freigemacht und eine neue Orientierung gesucht. Diese Worte werden sofort für unwahr erklärt. Er sei ein Faschist geblieben und habe so gehandelt. Ihm wird zwischendurch schlecht, und die Verhandlung muß unterbrochen werden. Er wird hinausgeführt.

Sein Bruder Heinz wird ebenfalls als Faschist bezeichnet, obwohl er nicht auf der Ordensburg erzogen wurde. Die Behauptung, er habe während des Zweiten Parlaments erkannt, daß die Aufgabenstellungen der Frankfurter Leitung für den Widerstandskreis nicht mehr seine

Billigung finden konnten und er sich zurückziehen wollte, wird ebenfalls vom Tisch gewischt.

Auch Gerhard Kösterke wollte sich vom Widerstandskreis distanzieren, nachdem er von den Differenzen in der Berliner Leitung gehört hatte. Auch das ist nicht wahr.

Herbert Hubl, einer der Sonthofener, sagt, daß er sich nach dem zweiten Parlament nicht mehr mit der Zielsetzung des Widerstandskreises identifizieren konnte und sich lösen wollte. Auch das widerlegt die Benjamin.

Rolf Bimmermann spricht ebenfalls von seiner Abkehr nach dem Berliner Leitungseklat.

Die Benjamin läßt sich akribisch genau und stundenlang die Tagesabläufe, Gepflogenheiten, Vorschriften und dergleichen vom Leben auf der Ordensburg schildern und sorgt dafür, daß den jungen Männern der Wille zur Restaurierung des Faschismus untergeschoben wird.

Die Verhandlung schleppt sich hin. Der Posten zwischen Otto und mir schläft immer wieder ein. Es ist makaber. Und ich erfinde einen Kanon auf den Text: "Da könnte doch der Mensch nur 'Scheiße' schrein!"

Die Fragen nach den Motiven unserer Taten und nach diesen selbst nehmen einen wesentlich geringeren Zeitraum in Anspruch.

Otto Kruggel erklärt: "Ich bin der Meinung, daß man die Stärke eines Staates an drei Dingen erkennt: Wie viele Leute gehören zur Polizei, wie viele verlassen das Land und wie viele werden verhaftet?"

Wir halten alle den Atem an.

Die Benjamin bleibt ganz ruhig und fragt gefährlich leise, woher er denn die Zahlenstärke der Polizei gekannt habe. Otto entzieht sich geschickt der Gefahr, auch noch der Spionage bezichtigt zu werden, und antwortet, er stamme aus einem kleinen Ort, da habe er sich leicht prozentual ausrechnen können, wie die Dinge lägen.

Die Vorsitzende muß das schlucken. Doch als Otto

später leichtfertig etwas als Wortklauberei zurückweist, schlägt ihre kleine Hand auf den Richtertisch.

"Ich unterbreche die Sitzung! Angeklagter, wenn Sie sich nicht vor Beginn der Fortführung für Ihr Verhalten entschuldigen, lasse ich Sie von der Verhandlung ausschließen!" steht auf und verläßt mit ihrem Gefolge den Saal.

Keiner von uns weiß, was Ausschluß bedeutet. Wir vermuten aber Schlimmes und bangen um Otto - ihm wird von Verteidigerseite dringend zur Entschuldigung geraten. Also murmelt er nach der Pause etwas, das eigentlich schon wieder eine neue Frechheit ist, und entschuldigt sich nur für das Wort "Wortklauberei".

Als ich an der Reihe bin, geht es bei mir auch zunächst um meine nationalsozialisische Vergangenheit.

*Die Vorsitzende fragt:

"Welche Funktion hatten Sie beim BDM?"

"Keine! Und ich bin seit 1941 nicht mehr hingegangen!"

"Wie war das möglich?"

„Es wurde ein ärztliches Attest besorgt, um meine Eltern nicht zu gefährden."

Nach der Darlegung des Verlaufs meines Studiums muß ich schildern, wie ich zum Bund Deutscher Jugend kam. Ich erzähle, wie ich - durch meinen Vetter - Peter Wolfgang Kaufmann kennenlernte.

"Sie waren also durch ihren Vetter legitimiert. Gehörte er zum BDJ?"

"Nein !"

"War er auch Adolf-Hitler-Schüler?"

"Nein! Er hat während seiner Evakuierung Wolfgang Kaufmann kennengelernt und mit ihm zusammen gearbeitet."

"Sie konnten also gleich in die Sache einsteigen!"

"Ja. Ich habe auch meine ablehnende Haltung gegenüber der DDR geäußert."

*Das Folgende ist weitgehend dem Prozeßprotokoll entnommen.

"Wahrscheinlich ist es so gewesen, daß Ihr Vetter Sie als nächstes Opfer präsentiert hat! Wo wurzelte denn Ihre feindliche Einstellung? Eingepflanzt durch den BDM?"

"Nein!"

"Durch Ihre Eltern?"

"Auch das nicht, sondern ich hatte nach 1945 versucht, mir eine eigene Meinung über die Dinge zu bilden, und ich war zu dem Ergebnis gekommen, daß nicht recht war, was in der DDR geschah."

Die Benjamin lehnt sich zurück und fragt mit lauernder Stimme: "Jetzt wollen wir einmal von Ihnen hören: Wie wollten Sie die Dinge haben, wie sollte es nach Ihrer Meinung zugehen?"

"Ich wollte unbedingte Unabhängigkeit und Freiheit jedes einzelnen Menschen."

Höhnisch kommt die Erwiderung: "Unabhängigkeit und Freiheit wovon? Wodurch waren Sie persönlich behindert, Sie, die Musikstudentin in Erfurt und Weimar, Sie, die von ihrem Hausbesitz lebte? Dadurch, daß Ihr Haus zum Teil kaputtgegangen war? Das waren amerikanische Bomber!"

Wie primitiv, denke ich, und fahre fort: "Das war nicht der Grund. Ein wesentlicher Punkt für mich war zunächst, daß ich nach 1945 erleben mußte, wie wiederum Menschen verhaftet wurden, wie viele Menschen einfach verschwanden."

"Sind Sie verschwunden?"

"Nein, ich nicht." (Eigentlich ja!)

"Sind alle Ihre Mitangeklagten verschwunden?"

" - - - "

"Sie haben den RIAS gehört, täglich?"

"Nein! - Es gab Menschen, die verhaftet wurden -"

"Natürlich! Kriegsverbrecher, aktive Nazis wurden verhaftet!"

"Daß diese verhaftet wurden, mache ich nicht zum Vorwurf, aber daß ihre Angehörigen keine Nachricht über ihren Verbleib erhielten und nicht mit den *zum Teil* zu recht Verurteilten in Verbindung treten konnten."

Böse nimmt die Benjamin diesen Vorwurf hin und entgegnet: "Sie wußten ja gar nicht, wie es geschah. Sind Sie bei den Gerichtsverhandlungen dabeigewesen? Das hätte noch gefehlt, daß man nach jeder Verhaftung noch alle Spießgesellen gewarnt hätte! Gut, das war einer Ihrer Gründe, den man aber im wesentlichen aus dem RIAS hörte."

"Ich habe alle Rundfunksender gehört!"

"Das ist erfreulich, daß Sie jetzt zugeben, nicht nur den RIAS, sondern auch noch den Nordwestdeutschen Rundfunk gehört zu haben!"

"Auch," sage ich und denke, welche eine widerliche Logik! Wie gut, daß Ihr nicht wißt, daß ich sogar Kontakte zum NWDR ...

"Manchmal hatten Sie auch das Pech, Berlin hereinzukriegen?"

"Ich habe auch Leipzig und Berlin gehört."

"Das waren also Ihre Vorstellungen von Unfreiheit, und die wollten Sie eintauschen gegen Freiheit. Sie persönlich waren in nichts behindert!"

"Doch! Ich habe sowjetische Literatur gelesen, wünschte mir aber auch, englische, französische, amerikanische zu bekommen. Das sind Bücher, die man nicht kaufen kann. Ich wollte mir selbst ein Urteil bilden."

"Was wollten Sie denn haben, Sartre vielleicht?"

Das kommt zynisch.

"Sartre unter anderem auch!"

"Sie konnten Bach und Beethoven spielen. Sie haben das Bach-Jahr miterlebt!"

Das sind Argumente!

"Dann war noch ein weiterer Grund. Ich habe meine meisten Verwandten in Westdeutschland, und ich habe nicht die Möglichkeit, sie zu besuchen, weil ich keinen Interzonenpaß bekomme."

"Woran liegt denn das?"
"An der verhängnisvollen Zonengrenze!"
"Wer hat denn die Zonengrenze gezogen? Wer hat denn Deutschland gespalten?"
"Meiner Erinnerung nach alle vier Besatzungsmächte."
"Dann täuscht Sie aber Ihre Erinnerung sehr! Ich denke, Sie haben das Abitur gemacht, Sie waren ein Mensch, der sich allseitig orientieren wollte..."
Dann geht die Vorsitzende unmittelbar zu meinem Weggang nach West-Berlin über.
"Daß Sie mit Ihren hundert Mark, die Sie von Ihren Häusern hatten, in Berlin nicht weit kamen und nicht studieren konnten, war klar. Dazu mußten Sie andere Einnahmen haben. Daß man, wenn man als Erfurterin nach Berlin kommt, ohne als politischer Flüchtling anerkannt zu sein - und dafür hatten Sie ja zunächst keine Chance - kein Stipendium in Berlin bekommt, das war auch klar. Nebenher Staubsauger anbieten oder als Amüsiermädel für die Amerikaner gehen, wollten Sie vielleicht auch nicht, sonst wären Sie da vielleicht gelandet; aber das wollten Sie nicht. Da war eine wunderbare Chance zu verbinden: Freiheit der Musik in Berlin und Freiheit des Lebens beim BDJ. Das verband sich beides. Was für ein Gehalt haben Sie beim BDJ bekommen?"
"Keinen Pfennig!"
"Wie hat sich Ihre Arbeitszeit beim BDJ verteilt?"
"Ich habe keine Arbeitszeit gehabt."
"Sie waren Mitglied des Ständigen Sekretariats!"
Die Benjamin hakt sich an der Frage fest, welche Berichte ich geliefert, welche Aufträge ich von Wolfgang Kaufmann erhalten und was ich über die Volkspolizei und die Besatzungsmacht berichtet hätte. Ich habe es schwer, mich gegen die Unterstellungen zu wehren.
Dann sind die beiden Kurierfahrten nach Weißenfels und mein Bericht über die Wahlen auf der Pressekonferenz dran. Als ich erzähle, daß ich mich geweigert hätte,

das Plakat mit der Verpflichtung zum "Ja“ anzubringen, und mich der Mann gewarnt hatte, mir aber nichts geschehen wäre, wirft der Generalstaatsanwalt ein:

"Haben Sie das auch auf der Pressekonferenz gesagt? Nein, das konnten Sie nicht, weil es erst vorgestern war! Was Ihnen Furchtbares passieren konnte, geschah zum Schauder der Menschen, die Ihre Märchen hörten, erst später, nämlich als Sie im Juli 1951 in die DDR zurückkamen!“

Was für ein Widerling! Ich werfe ihm einen verächtlichen Blick zu. Die Vorsitzende hackt weiter auf der Sekretariatstätigkeit herum. Was auf den Sitzungen besprochen wurde, will sie wissen.

Die Parlamente seien geplant und die Teilnehmer ausgewählt worden.

"Es gingen doch dauernd Spionageberichte bei Ihnen ein, die Sie bearbeitet und nach Frankfurt weitergegeben haben!“

Ich weise das zurück. Sie bohrt weiter.

"In meinen Vernehmungen habe ich mehrfach betont, daß solche Berichte niemals durch meine Hand gegangen sind, daß ich auch keine Kenntnis davon hatte!“

"Das stimmt nicht!“

"Doch, das stimmt!“

Es ist schwer, sich gegen diese tückische Frau zu behaupten.Sie läßt keinen juristischen Kniff aus, um ihre Opfer zu überführen. Eine Woge von Haß kommt über den Richtertisch.

Dann ist die Rede von meinem Bruch mit Lüth.

"Sie sind sehr heilsam auf den Boden der Realität zurückgerissen worden. Zu welchen Folgerungen hat das geführt?“

"Zunächst zu meinem Austritt.“

"Nun wußten Sie, was Freiheit war!“

"Ja. Ich hatte mir damals geschworen, Feind jeder Diktatur zu sein, und als ich auch hier Diktatur entdeckte, war für mich der Entschluß gekommen."

Noch einmal kehrt die Benjamin zur Arbeit des Sekretariats zurück. Sie will Näheres über die Rundbriefe und das Kuriersystem wissen.

"Ich selbst habe bei den Briefen einmal mitgewirkt, indem ich Abschnitte des Westberliner Informationsdienstes ankreuzte."

"Wie sahen diese Briefe aus?"

"Diese Briefe trugen zunächst den Absender 'Deutsch-Sowjetische Freundschaft'. Später wurde von einer Westberliner Firma für uns ein FDJ-Stempel angefertigt, mit dem diese Briefe versehen wurden, und wiederum noch etwas später wurde ein Stempel des Verlags 'Volk und Wissen' hergestellt, damit diese Briefe gegen jede Zensur geschützt waren."

"Haben Sie solche Briefe gesehen?"

"Der Stempel vom Verlag Volk und Wissen ist meiner Meinung nach nicht verwendet worden. Den FDJ-Stempel habe ich gesehen."

"An wen haben Sie noch Material geschickt?"

"Wir haben bei einer Aktion meiner Erinnerung nach an Friedenskämpfer im Ostsektor Berlins Briefe verschickt. In diesen Briefen gaben wir uns als westdeutsche Friedenskämpfer aus und schilderten zunächst, wie schwer wir es in unserem Kampf in Westdeutschland hätten, und wir möchten doch in Verbindung mit Ihnen treten. Aus diesem Grunde sollten sie das beigelegte Material studieren."

"Was heißt dabei 'wir'? Das Sekretariat hat sich das gemeinsam ausgedacht?"

"Es war eine Idee von Klaus Rost, dem wir aber alle zustimmten."

"An welchen Parlamenten haben Sie teilgenommen?"

"An beiden."

"In welcher Form?"

"Ich habe beim ersten Parlament im vierten Ausschuß

mitgearbeitet. Das war der Ausschuß ´Aktive Hilfe für die Ostzone´."

"Worin bestand Ihre Mitarbeit?"

"Ich habe die Zusammenfassung und die Aufstellung der nötigen Hilfen vorgetragen."

"Bei der Schlußsitzung? Bei der Schlußzusammenkunft?"

"Ja, und ich habe auch bei wesentlichen Anregungen mitgewirkt."

"Auch Sie haben schon auf dem Ersten Parlament Äußerungen von Lüth in dem Sinne gehört, daß man den illegalen Kampf noch weiter verstärken müsse, um einen Krieg gegen die Deutsche Demokratische Republik zu entfesseln?"

"Dieses Referat von Paul Lüth hatte etwa den Titel: 'Theorien über den Widerstand gegen totalitäre Regierungen'. Dies war ein allgemein gefaßtes Thema, und Paul Lüth behandelte es auch sehr allgemein. Ich selbst habe diesen Vortrag damals abgelehnt, da er sich, wie gesagt, in Theorien erging."

"Sind in dem Vortrag solche Sätze gefallen wie der, den ich Ihnen eben vorhielt, und den andere Angeklagte schon bestätigt haben?"

"Meiner Erinnerung nach nicht."

Schließlich geht es um die Person Paul Lüths, den ich als Aufschneider bezeichnet habe. Der beisitzende Richter Rothschild fragt, was es mit Paul Lüths Literaturgeschichte auf sich habe.

Ich schildere ihm das zum Teil abgeschriebene und fehlerhafte Machwerk und Paul Rillas Kritik darüber.

"Da hatten Sie auch wieder einen Blick dafür bekommen, wer Paul Lüth ist!" bemerkt er abschließend, und ich entgegne: "Ich bin mir keinen Augenblick über die Person Paul Lüths im Zweifel gewesen, aber ich hatte anfangs gehofft, Person und Sache trennen zu können."

Die Vorsitzende geht zur Finanzierung des BDJ über,

und ich entlarve die Geschichte von den sieben Millionen, die uns die Firma Coca-Cola gestiftet haben soll, als eine Ente des "Neuen Deutschland“ und der "Täglichen Rundschau“.

Ganz schnell wechselt die Benjamin das Thema und will wissen, wieviel Tagegeld es bei den Parlamenten gab. Da auch einige andere Angeklagte, die sie befragt, übereinstimmend erklären, es wären 15 Westmark für zwei Tage gewesen, kommt sie auch in dem Punkt nicht weiter und geht zur Mitgliederwerbung über.

"Noch eine Frage zu dem Idealismus, den Sie gehabt haben wollen. Sie sagten: 'Er forderte uns auf, unter der Jugend auf dem Gebiet der Deutschen Demokratischen Republik neue Mitglieder zu werben, vor allem Offiziere der faschistischen Wehrmacht.‘ (Wann habe ich das gesagt?!) Hielten Sie die eigentlich für Jugend? Welche Kreise wollten Sie eigentlich werben?“

"Es war die Parole ausgegeben worden, jung seien alle die, die den Mut zum Handeln besitzen.“

"Diese Phrase haben Sie auch so hingenommen?“

"Es mag eine Phrase gewesen sein; ich habe mir darunter etwas vorstellen können.“

"Machte man eigentlich eine Altersgrenze nach oben oder unten bei der Werbetätigkeit?“

"Nein, das ist mir nicht bekannt.“

"So mißbrauchte man Schüler und entrüstete sich dann, daß Jugendliche verurteilt wurden!“(Ich weiß nichts davon, daß bei uns Jugendliche mitgearbeitet hätten!)

"Ich war der Meinung, daß die Wirksamkeit unserer Organisation am stärksten wäre, solange wir ein kleiner Kreis sind.“

"Ohne Mitglieder war eine Wirksamkeit nicht gut möglich!“

"Nein, aber eine wahllose Anwerbung, nur um die Mitgliederzahl zu erhöhen, lehnte ich ab.“

Weiter ist die Rede vom Zweiten Parlament und der

angeblichen Forderung Paul Lüths, im Falle des Tages X - dem Kriegsbeginn - Banden (Partisanengruppen) hinter der Front zu bilden, die aus der Luft mit Waffen versorgt werden sollten. Ich erkläre, daß ich schon bei meinen Vernehmungen darauf hingewiesen hätte, daß ich davon nichts wüßte.

Die Benjamin lacht: "Sie haben das diesbezügliche Protokoll unterschrieben, Angeklagte!"

Das nächste Thema sind die Weltfestspiele.

"Was wurde zur Vorbereitung der Weltfestspiele der Jugend besprochen? Das war doch auch etwas, das Sie sehr berührte, denn Sie warteten ja auf Weisungen aus Westdeutschland dazu. Darüber müssen Sie ja besonders Bescheid wissen!"

"Ja, es sollten alle möglichen Informationen gebracht werden: über die Marschblöcke, die Abfahrt der Züge, über die Größe der Transporte, über die Unterbringung der einzelnen Gruppen. Dann war geplant, Mitglieder der FDJ in das Haus des Westberliner Landesverbandes einzuladen, um sie mit unseren Ideen in Verbindung zu bringen, sie eventuell dafür zu gewinnen."

"Das haben Sie alles für reale Pläne gehalten? Das hielten Sie auch alles für realisierbar?!"

"Ja."

"Haben Sie die hübsche Idee mit der chemischen Flüssigkeit, die man auf Transparente und Plakate spritzen sollte, ernst genommen?"

"Ja."

"Nun interessiert mich noch, was Sie über die weiteren Verbindungen des BDJ wissen. Mit welchen Organisationen stand der BDJ noch in Verbindung?"

"Mit der russischen Emigrantenorganisation NTS."

"Worin bestand die Verbindung? Wie haben Sie davon Kenntnis erhalten?"

"Ich kam einmal zu Wolfgang Kaufmann, als ein Mitglied dieser Organisation bei ihm anwesend war. Da-

”Ich kam einmal zu Wolfgang Kaufmann, als ein Mitglied dieser Organisation bei ihm anwesend war. Dadurch erfuhr ich davon.“

”Sprach er deutsch?“

”Ja.“

”Was wurde gesprochen?“

”Während meiner Anwesenheit wurden keine Beschlüsse gefaßt. Von einer früheren Vereinbarung erfuhr ich erst später.“

”Worin bestand diese Vereinbarung?“

”Wir sollten Flugblätter von NTS beziehen und sie von uns. Außerdem sollten fünf Minuten Sendezeit beim fahrenden Sendewagen von NTS in Westdeutschland für uns zur Verfügung stehen.“

”Wozu gab es noch Verbindungen?“

”Zum Gesamtdeutschen Büro von Jacob Kaiser und zur ’Kampfgruppe gegen Unmenschlichkeit‘.“

”Worin drückten sich diese Verbindungen aus?“

”Wir bekamen Flugblätter und Broschüren von dort.“

”Sie haben auch gesagt, daß Sie etwas über die Fäden zur ’Vereinigung freiheitlicher Juristen‘ wissen.“

”Ja, angeregt wurde das zunächst auf dem Ersten Parlament, Verbindung zu allen Organisationen aufzunehmen.“

”Was heißt ’zu allen Organisationen‘ ?“

”Zu allen antikommunistischen Organisationen.“

”Von wem stammte diese Anregung?“

”Sie stammte von mir!“

Dr. Rothschild schaltet sich wieder ein.

”Haben Sie auch Kenntnis davon, daß die Spionageberichte, die nach Frankfurt gingen, weiter an die Regierung, weiter an das Kaiser-Ministerium gegeben wurden?“

”Das ist mir nicht bekannt.“

”Heute haben Sie es aber gehört! Ein Mitangeklagter hat es gesagt.“

O Gott, was habe ich heute alles hören müssen an Aussagen, die nur die Angst diktierte!

Die Benjamin setzt fort: "Daß Lüth die Spionageberichte nicht für sich behalten hat, war ja klar. Das ist ja keine Archivsache!"

"Es ist ihm sogar von seiten Wolfgang Kaufmanns der Vorwurf gemacht worden, daß die Dinge, die von uns nach Frankfurt geschickt wurden, dort herumlägen, und daß dort niemand wäre, der diese Sachen bearbeiten würde. Dieser Vorwurf ist ihm gemacht worden!"

Ich betone das, um den Verdacht der Spionage abermals zu entkräften.

"Was für Beziehungen gab es noch?"

"Ich weiß, daß Wolfgang Kaufmann Beziehungen zu einer amerikanischen Dienststelle hatte."

"Zu was für einer Dienststelle?"

"Wie diese Dienststelle beschaffen war, kann ich nicht sagen."

"Worin zeigten sich diese Verbindungen?"

"Ich habe auf dem Faschingsball der Kunstakademie durch Zufall den Mr. Sterling kennengelernt."

"Wer ist das?"

"Er ist ein Mitglied der Hochkommission."

"Das ist ein Bekannter von Kaufmann? Und worin äußerte sich diese Beziehung?"

"Ich weiß, daß er ihn öfter aufgesucht hat. Wolfgang Kaufmann bemühte sich, daß für unsere speziellen Besuche in Westdeutschland, vor allem in Frankfurt, Militärmaschinen zur Verfügung gestellt werden sollten, damit wir die hohen Flugkosten nicht bezahlen mußten. Ich weiß, daß er dazu alle möglichen Verbindungen geknüpft hat. Es ist ihm aber nur zum Teil gelungen. Er selbst ist wohl zweimal mit einer solchen Militärmaschine geflogen."

" 'Zwecks Besuchs' - das ist sehr fein ausgedrückt. Einer Ihrer Mitangeklagten äußerte sich etwas anders."

Noch einmal meldet sich Dr. Rothschild: "Sie haben auch noch die Verbindung zum Deutschen Jugendring erwähnt."

"Der Bund Deutscher Jugend ist nicht in den Jugendring aufgenommen worden. Er wurde in der ersten Zeit in Westdeutschland stark angefeindet, da man ihm unterstellte, eine kommunistische Tarnorganisation zu sein."

Die Benjamin beeilt sich zu sagen: "Das war aber doch nur kurze Zeit!"

Dr. Rothschild will wissen: "Auf dem Zweiten Parlament wurde noch von schwarzen Listen gesprochen. Jedes Mitglied des BDJ sollte Listen von SED-Funktionären mit Lebenslauf und Charakteristik für das Sekretariat anfertigen. Was war der Sinn der Sache?"

"Es hieß damals, die Namen sollten vermerkt werden, um jene Menschen eines Tages zur Rechenschaft zu ziehen, allerdings unter Vermeidung der Fehler der Entnazifizierung. Das wurde ausdrücklich betont!"

Plötzlich meldet sich der Generalstaatsanwalt zu Wort. "Sie haben doch verschiedene Kurierfahrten gemacht. Was haben Sie da an Tagegeldern bekommen?"

"Ich habe nichts an Geld bekommen. Lediglich die Reisekosten wurden ersetzt."

"Wie viele Reisen haben Sie gemacht?"

"Zwei."

"Wieviel Geld haben Sie etwa bekommen?"

"Vielleicht etwa 40 Mark."

"Sie haben in Berlin ein Zimmer gehabt. Was hat das gekostet?"

"25 Mark West."

"Wieviel Ostmark sind das nach dem Berliner Schwindelkurs?"

"Das sind ungefähr 120 Mark."

"Was haben Sie eingenommen? 100 Mark Ost, und Sie haben 120 Mark für das Zimmer bezahlt? Sie wollen uns hier weismachen, daß Sie sonst keine Einnahmen gehabt hätten! Sie haben allein am Zimmer zusetzen müssen! Wo haben Sie das andere Geld her?"

"Ich habe doch ein Stipendium von 65 Mark vom Westberliner Senat bekommen!"

"Wer bekommt das? Wieso haben Sie das bekommen?"

"Das bekommt jeder Oststudent!"

"Nein, jeder anerkannte! Von diesen 65 Mark haben Sie gelebt? Davon haben Sie Ihre ganzen Ausgaben bestritten? Was haben Sie von Kaufmann sonst noch erhalten?"

"Gar nichts."

"Sie haben also buchstäblich von dem Stipendium gelebt, das Ihnen als geflohener Agent aus der DDR in Westberlin gegeben wurde, und von den 100 Mark?"

"Ich bin nicht geflohen. Ich hatte weiter meinen Hauptwohnsitz in Erfurt!"

"Und Ihre Haupttätigkeit in Westberlin! Hat Kaufmann Sie ausgehalten?!"

Mir reicht es. "Ich habe mich nicht aushalten lassen!"

Da gibt er auf, meine Befragung endet abrupt.

Während der Verhandlung wird immer deutlicher, warum es nötig war, bei diesem Prozeß die Öffentlichkeit auszuschließen. Zu viele Peinlichkeiten mußten sich die Hüter des DDR-Rechts anhören. Mißstände in den Betrieben und in der Landwirtschaft, Willkür, Unterschlagungen durch Staatsfunktionäre, Berichte über die Verhetzung der Kinder schon in der Pionierorganisation, die Formierung einer Staatsjugend, genannt FDJ, Mißstimmung unter den Lehrern wegen der einseitig in Richtung Marxismus-Leninismus orientierten Lehr- und Erziehungsanforderungen. Pikant wird es dann schließlich, als Gudrun Ostermuth von dem Verschwinden eines Schülers berichtet, der sich widerspenstig gezeigt hatte, und dem Selbstmord einer 13jährigen Schülerin in Glauchau, die nicht verkraften konnte, was man ihr an täglichen Unaufrichtigkeiten bot und abverlangte.

Als es schließlich zum Plädoyer des Generalstaatsanwalts kommt, holt dieser sehr weit aus. Er beginnt mit der Niederlage Hitlerdeutschlands und dem Ausblick auf die Schaffung eines friedlichen und demokratischen Deutschlands. Mit Hilfe der Sowjetunion hätten sich die fortschrittlichen Kräfte wirklich entfalten können. Die Verwirklichung der Potsdamer Beschlüsse sei das Ziel. Ehemalige aktive Nationalsozialisten seien aus der Öffentlichkeit entfernt und die Kriegsverbrecher bestraft worden. Grundlegende gesellschaftliche Veränderungen hätten stattgefunden. Die Entwicklung in Westdeutschland hingegen sei gänzlich anders verlaufen. Die reaktionären Kräfte der ehemaligen Nazis und des angloamerikanischen Imperialismus wären weiter am Werke, hätten Deutschland gespalten, betrieben die Remilitarisierung. Monopolkapitalisten, Faschisten, Militaristen bereiteten einen Krieg gegen die Sowjetunion, die Volksdemokratien und die Deutsche Demokratische Republik vor. Der kalte Krieg würde im Sinne des faschistischen Antikommunismus angefacht. Begriffe wie Kampf für Demokratie, Freiheit, Europäertum, vereinigtes Europa wären nichts als Phraseologie, die dem Volksbetrug dienten. Hinzu komme Terror, Spionage hinter dem sogenannten Eisernen Vorhang, um den Umsturz der bestehenden Ordnung vorzubereiten. Im Dienst der Kriegstreiber stünden das Bonner Sicherheitsamt Blank, das Ministerium für Gesamtdeutsche Angelegenheiten, geleitet von Jakob Kaiser (hatte dieser "böse“ Mann nicht vorher ein hohes Amt in der sowjetischen Besatzungszone inne, bis er die Verhältnisse durchschaute und das Land verließ?), und die Bruderschaft der ehemaligen Generale von Manteuffel, Halder und Guderian.

Das Buch von Paul Lüth "Gespräche mit Halder“ sei der Versuch einer Reinwaschung des blutbefleckten deutschen Militarismus, wobei Herr Melsheimer zu erwähnen vergißt, daß General Halder sich seit Beginn des

Rußlandfeldzuges im Gegensatz zum Regime befand, aus dem Generalstab des Heeres 1942 entlassen wurde und nach dem Attentat auf Hitler im Konzentrationslager landete.

Zu den Organisationen mit verbrecherischen Zielen gehöre auch der Bund Deutscher Jugend, der sich als überparteilich, überkonfessionell und antitotalitär bezeichnet, in Wirklichkeit aber die Vernichtung der fortschrittlichen Kräfte anstrebte. Die Verbindung zu verbrecherischen Organisationen wie der "Kampfgruppe gegen Unmenschlichkeit", der "Vereinigung freiheitlicher Juristen", dem RIAS und der weißgardistischen Organisation NTS dokumentiere das. Und in diesen Kreis bezieht der Generalstaatsanwalt unseren Widerstandskreis ein. Unsere feindliche Tätigkeit habe sich auf Wochen, Monate, Jahre erstreckt.

(Jahre? Der Kreis bestand ein knappes Jahr!)

Wir hätten die Untergrabung und Beseitigung der DDR angestrebt, wobei es unwesentlich sei, was die einzelnen taten. Wir seien geradezu ein Vortrupp der Kriegsvorbereitung. Nur äußerlich hätten wir uns vom Faschismus distanziert, zum Zweck der Tarnung. Auf Kosten der Werktätigen hätten wir studiert, die Stellungen als Lehrer und in den Betrieben mißbraucht und uns am kostbarsten Gut der Gesellschaft, der Jugend, vergangen.

Bei der Darstellung der Persönlichkeitsbilder der einzelnen Angeklagten höre ich mit Staunen, wie er einiges durcheinanderbringt und dem einen Angeklagten die Taten des anderen anlastet. Nicht ich war es, die Sartre lesen wollte ...

Aus der Tatsache, daß die ehemaligen Sonthofen-Schüler in brieflicher Verbindung blieben, welche die gemeinsame Schulzeit zum Gegenstand hatte, schlußfolgert er, daß dies der Beweis für die nicht erfolgte Abwendung von der Vergangenheit sei.

Es fällt der Begriff "Spionage über die Stimmung der

Bevölkerung“; auch das Sammeln von Zeitungsausschnitten und deren Weiterleitung zwecks Überprüfung ihres Wahrheitsgehaltes fällt unter diesen Begriff. Besonders gut finde ich die weise Feststellung: ”Alle solchen Organisationen, die keine gerechten, moralischen Ziele verfolgen, tragen in sich bereits den Keim der Zersetzung.“

(Der Mann muß die Wende vorausgeahnt haben!)

Manchmal gibt er auch ungewollt die Wahrheit über die DDR-Realität preis, wenn er dem Angeklagten Schulz nachsagt, er habe gegen die Pionierorganisation gehetzt, indem er behauptet habe, es gäbe da ein Sportabzeichen für Leistungen, die auf Kriegsvorbereitungen hinausliefen.

So, als wäre das nicht durch die Befragung der Vorsitzenden geklärt, unterstellt er mir abermals entscheidende faschistische Beeinflussung durch den BDM und ich wäre nicht zum Zwecke künstlerischer Weiterbildung nach Berlin gegangen.

”Ihre erhebliche Intelligenz, Geschicklichkeit und Fähigkeit zu neofaschistischer Phraseologie, wie ihre ausgeprägte Feindseligkeit gegenüber der fortschrittlichen Entwicklung, machte sie zu einem bedeutsamen und anerkannten Faktor im Kreise der Angeklagten.“ (Zitat)

Das Gericht habe festgestellt, daß ich eigens, um an der Leitung des ”Widerstandskreises“ an der Seite Kaufmanns tätig zu werden, nach Westberlin übersiedelte. Den Wohnsitz in Erfurt hätte ich nur aus Gründen der Konspiration und wegen der Möglichkeit, mich unauffällig in der DDR bewegen zu können, behalten. Dabei vergißt er, daß der ”Wohnsitz“ das eigene Haus war. Das Nichterinnern an die von allen anderen Angeklagten bestätigte Tatsache der Bandenbildung (nein, Herr Generalstaatsanwalt: auch andere bestritten das) charakterisiere mich als ”Edelnazi“, der sich zu Untaten grober Art nicht bekennen will.

”Diese und alle festgestellten Umstände sprechen dafür, daß die Behauptung der Angeklagten, sie habe sich schließlich in einem Gegensatz zu Lüth befunden und sich von der Sache des BDJ abwenden wollen, im wesentlichen unwahr ist.“

Ohnehin ist alles egal, da die Urteile bestimmt längst feststehen.

Er beantragt, wegen fortgesetzten Verbrechens gegen Artikel 6 der Verfassung der Deutschen Demokratischen Republik und Abschnitt 2, Artikel III A III der Kontrollratsdirektive 38, gegen die Angeklagten

Karl-Heinz Fischer	- lebenslänglich Zuchthaus
Ulrich Höfer	- lebenslänglich Zuchthaus
Herbert Schulz	- lebenslänglich Zuchthaus
Elisabeth Graul	- 15 Jahre Zuchthaus
Otto Kruggel	- 15 Jahre Zuchthaus
Gudrun Ostermuth	- 15 Jahre Zuchthaus
Heinz Höfer	- 12 Jahre Zuchthaus
Helmut Hoffmann	- 12 Jahre Zuchthaus
Rolf Bimmermann	- 12 Jahre Zuchthaus
Gerhard Kösterke	- 10 Jahre Zuchthaus
Herbert Hubl	- 10 Jahre Zuchthaus
Felicitas Hensel	- 10 Jahre Zuchthaus

Eine saubere Verteilung: 3 x 3 x 3 x 3.

Dann sind die Pflichtverteidiger dran, und sie erweisen sich tatsächlich als Attrappen.

Rechtsanwalt Dr. Pein bittet bezüglich der Angeklagten Fischer und Bimmermann, den Anteil der gesellschaftlichen Schuld zu überprüfen und die Strafe nach dem Anteil der persönlichen Schuld zu bemessen. Seinem und den anderen Mandanten, die in Sonthofen erzogen worden wären, müsse es wie einem alten Schlachtroß ergangen sein, das wieder die Trompete hört...

Rechtsanwältin Frau Gentz bittet für den Angeklagten Schulz um eine zeitige Strafe, für Ostermuth und Kruggel um ein gerechtes Urteil.

Rechtsanwalt Dr. Büsing bittet für die Angeklagten Ulrich Höfer und Hensel um ein gerechtes Urteil.

Rechtsanwalt Jäger stellt die Strafen für die Angeklagten Kösterke und Hoffmann in das Ermessen des Gerichts (!)

Rechtsanwalt Dr. Hyckel stellt die Bestrafung der Angeklagten Graul - für mein Vergehen sei die beantragte Strafe in dieser Höhe vorgesehen! - Hubl und H. Höfer in das Ermessen des Gerichts und bittet in den Fällen Hubl und Höfer nicht über den Strafantrag des Generalstaatsanwaltes hinauszugehen.

Dann gewährt man uns noch ein letztes Wort. Was sollen wir sagen bei dieser Farce von Gerichtsverhandlung? Die meisten verzichten auf die Möglichkeit, Stellung zu nehmen.

Irgendwann während dieser Tage hatte die Benjamin verkündet, daß das, was wir getan hätten, schlimmer als Mord wäre.

Am dritten Tage des Prozesses werden die Urteile wie beantragt verkündet.

IM NAMEN DES VOLKES (!)

Nur drei Angeklagten wird die U-Haft angerechnet. Die anderen wären nicht aufgeschlossen genug während der Vernehmungen gewesen, so die Begründung durch die Vorsitzende. Die Angeklagten werden als Belastete eingestuft und den Sühnemaßnahmen des Artikels 9, Ziffer 3-9 der Kontrollratsdirektive 38, unterworfen, wobei die Dauer der Berufseinschränkung und der Verlust der bürgerlichen Ehrenrechte nach Ziffer 7 auf fünf Jahre festgesetzt wird. Das Vermögen der Angeklagten wird eingezogen.

Der Prozeß ist zu Ende. Wir verlassen mit je einem Posten an der Seite den Gerichtssaal. Am Ausgang müssen wir die Anklageschriften wieder abgeben. Ein schriftliches Urteil bekommen wir nicht in die Hand.

Es geht nicht zurück in die bisherige Zelle. Wir werden einen halbrund verlaufenden Gang entlanggeführt. Und dann sind wir drei weiblichen Verurteilten auf einmal gemeinsam in einer Zelle und fallen uns voller Freude um den Hals. Alles ist vorbei, und wir sind beieinander!

Es schließt, und ein älterer Hauptwachtmeister fragt uns: "Na, Mädchen, was habt ihr denn bekommen?“

"Fünfzehn Jahre, zehn Jahre, fünfzehn Jahre.“

Sein freundliches Gesicht erstarrt.

"Und da freut ihr euch so?!“

Dann bringt er uns eine Riesenschüssel Pellkartoffeln, dazu viel Rotkohl und eine Scheibe Fleisch. Wir essen, bis wir fast platzen, und heben noch einige Kartoffeln für die Nacht auf. Hier brauchen wir sie offenbar nicht zu verstecken.

Gudrun sagt: "Das war kein Prozeß, sondern eine Haßorgie!“ Womit sie recht hat. Ich bringe den anderen beiden meinen Kanon bei. Dann singen wir ihn zu dritt, und er zeigt wieder seine befreiende Wirkung.

Felicitas ist traurig, daß sie ihren Freund Horst, der genau wie sie Student in Halle war und mit dem sie zusammen verhaftet wurde, nicht beim Prozeß wiedersehen konnte. Wo mag er sein? Viele Wochen später erfährt sie, daß er mit all den anderen, die nicht zu den sogenannten Hauptangeklagten gehörten, in einem Extraprozeß verurteilt wurde. Da gab es Strafen unter zehn Jahren. Sie war die Aktivere von beiden bei der Widerstandsarbeit.

Unser Hauptwachtmeister kommt abermals und bringt ein Paar wollene Socken für Gudruns nackte Beine und schüttelt den Kopf über das zerfallene Kleid. Felicitas hat Kniestümpfe an, aber auch nur ein rotkariertes ausgeschnittenes Sommerkleid.

"Nicht verraten, wo die Socken her sind!“ warnt unser Helfer.

Als wir am übernächsten Tage, dem 22. Februar, auf Transport gehen, muß Gudrun sie wieder abgeben.

Wieder müssen wir in das blecherne Gehäuse einsteigen. Es ist Frost draußen, und der Wagen ist eiskalt. Wie lange werden wir fahren? Der harte Sitz, die beklemmende Enge; außer den Zehen kann man nichts bewegen. Auf, ab, auf, ab, unermüdlich tue ich das, damit sie nicht erstarren. Einzig der Atem wärmt die Kabine ein bißchen. Wir sind trainiert im Frieren und notgedrungen abgehärtet, aber diese Fahrt gehört wieder zu den besonderen Grausamkeiten. Nur geraucht wird diesmal nicht.

Ich weiß nicht, wie lange diesmal die Fahrt dauert, und versuche mich abzulenken, an dies und jenes zu denken, repitiere auf gewohnte Weise wieder alles mögliche. Aber die Kälte beißt unbarmherzig. Woher bloß die Kraft für immer neue Kämpfe nehmen? Irgendwoher kommt sie, man darf nicht fragen, man stemmt sich der ständig drohenden Vernichtung entgegen, man will ja überleben. Felicitas trägt Gelenkrheumatismus aus der Kellerzeit und dieser Fahrt davon, wir anderen überstehen sie sogar ohne Erkältung.

Die Widerstandskraft des Lebens gehört in den Bereich des Wunderbaren.

* * *

Ich habe das Wesentliche der 77 Seiten gelesen.

"Ich bin fertig," sage ich, "es reicht."

Der Staatsanwalt blickt auf und weiß nicht so recht, wie ich das meine. Aber ich mache ihm gleich klar, daß sich meine Feststellung auf Umfang und Inhalt bezieht.

"Ich habe dieses Machwerk heute zum ersten Mal vor Augen", fahre ich fort. "Damals hat man das Urteil nur verlesen. Es strotzt vor Unwahrheiten, vor Entstellungen der Tatsachen. Nicht einmal die Daten zur Person sind korrekt. Wir haben es auch nicht unterschrieben."

"Das ist auch nicht üblich!" wirft er ein.

"Wir alle haben nur unseren Entlassungsschein. Und auf dem ist noch nicht einmal vermerkt, warum wir gesessen haben. Alles, was sich damals abgespielt hat, spottet jeder Beschreibung."

"Es wurde nach den geltenden Gesetzen geurteilt!" sagt mein Gegenüber.

"Deshalb wird ja wohl aus Unrecht nicht Recht!"

Ich bin verärgert über diesen Mann, der auch heute offenbar noch zu verteidigen versucht, was alles andere als eine Rechtfertigung verdient.

"Ich sage Ihnen ganz offen", fährt er fort, "wir hier haben die Wende nicht mitvollzogen. Ich bin in einer heilen DDR-Welt aufgewachsen und habe immer versucht, nach bestem Wissen für das Recht einzutreten. Und nun bewirft man uns nicht nur mit Steinen, sondern mit Felsbrocken."

Immerhin ist er ehrlich. Das imponiert mir.

"Die Arbeit, die wir jetzt hier tun müssen, ist im höchsten Maße von der juristischen Seite her unbefriedigend. Eine Kassation der Urteile ist vom Zeitraum her im Grunde nicht möglich. Und eine Rehabilitierung? Was nützt die Ihnen im Grunde? Man kann Ihnen die verlorenen Jahre nicht wiedergeben!"

"Für mich waren das keine verlorenen Jahre!" sage ich.

Er sieht mich sehr erstaunt an.

"Es ist nie entscheidend, was man erlebt, sondern wie man es erlebt und was man daraus macht!"

"Wenn Sie das so sehen!" Sein Ton ist auf einmal verändert.

"Man hatte dort zwei Möglichkeiten", fahre ich fort, "zugrunde zu gehen oder stärker zu werden. Ich habe das zweite vorgezogen."

Er ist vollends irritiert.

"Es hat mir auch geholfen, daß ich immer jemanden unter meinen Flügeln hatte, der Schutz brauchte. Das lenkte zeitweilig von der eigenen Misere ab."

Er stellt Fragen, ich antworte. Es wird ein langes Gespräch. Auch ich will einiges von ihm wissen, unter anderem, wie es möglich war, hier zu leben und nach bestem Wissen Recht zu sprechen und nicht zu bemerken, was in diesem Lande Realität war.

"Ich bin hier erzogen worden, für die Verwirklichung der Idee des Sozialismus einzutreten. Das habe ich versucht, und ich habe es ehrlich gemeint. Blind für die Mängel war ich nicht, aber ich hoffte, sie mit Erfolg bekämpfen zu können. Das schien mir eine echte Aufgabe zu sein. Und nun stehe ich vor einem Trümmerfeld."

Ich glaube ihm das alles. "Sie können nur eins tun: Versuchen Sie, Ihr bisheriges Leben aufzuarbeiten und neu zu beginnen!"

Er nickt und sieht mich jetzt ganz offen an.

"Sie haben recht. Ich werde mich bemühen!"

Als ein Kollege von ihm den Raum betritt, verabschiede ich mich. Er springt auf und läßt es sich nicht nehmen, mich bis an die Treppe zu begleiten.

Wir wünschen uns noch gegenseitig alles Gute und geben uns die Hand.

Ich fahre mit dem Gefühl nach Hause, daß sich der Besuch gelohnt hat.

Vor allem wegen des Gesprächs.

Teil II

Seit der Wende setzt mir meine Klavierschülerin Wencke, die ich seit ihrem 6. Lebensjahr unterrichte - jetzt ist sie fünfzehn - beharrlich zu, ich sollte aufschreiben, was ich erlebt habe. Alle, vor allem die Jungen, müßten wissen, wie man mit Menschen in diesem Lande umgegangen ist. Ich habe ihr von meiner Vergangenheit erzählt; sie war entsetzt, als sie davon erfuhr, und dieses Wissen verband uns nur noch enger. Ich wehre ab. Es gäbe schon genügend Bücher über dieses Thema. Niemand hätte Lust, solches zu lesen.

Sie widerspricht, meine feinfühlige Wencke mit dem ausgeprägten Sinn für Recht und Unrecht. Sie hat aufrichtige Eltern, die pädagogische Naturtalente sind und die ihr eine Erziehung angedeihen lassen, mit der sie befähigt wird, ebenso geradlinig zu denken und zu handeln. Bald schon stellt sie ihren Lehrern unliebsame Fragen und läßt sich nicht einschüchtern. Sie ist beliebt bei ihren Mitschülern, weil sie mutig, aber bescheiden und kameradschaftlich ist, stets gute Einfälle hat und nie Langeweile aufkommen läßt. Sie hat Glück mit einigen Lehrern, die sie fördern und Verständnis für ihr musikalisches Engagement haben. Mit ihr und anderen meiner Schüler, auch mit ihren Eltern, sind wir ein gutes Team. Alle wußten, wie ich denke, so wie auch ich ihre Einstellung kannte, und unser gegenseitiges Vertrauen war jahrelang ein Kapital. Nun also bedrängt mich Wencke hartnäckig, mich des Erlebten zu erinnern und es zu Papier zu bringen. Sie tut es lange Zeit ohne Erfolg.

Eines Tages lädt mich Stefan, ein junger Freund, zu einer Demonstration vor dem Stasi-Untersuchungsgefängnis in Magdeburg ein mit anschließender Besichtigung der Räumlichkeiten. Ich gehe mit sehr gemischten Gefühlen, auch mit ein wenig Angst, hin. Dann wandern wir zusammen durch die Gänge, blicken in die Zellen und auf die mit Maschendraht bespannten winzigen Freihöfe, die Hundezwingern gleichen. Plötzlich denke ich: Wo sind sie alle geblieben, die Vernehmer, die Peiniger unter den Wachmannschaften, die hohen Stasi-Offiziere? Man hört nichts von einer Untersuchung der schrecklichen Praktiken der Täter. Auch für die Opfer scheinen sich nur wenige zu interessieren.

Ich fahre nach Hause und weiß, Wencke hat recht.

Im März fange ich an mit dem Schreiben einer Dokumentation, tue das wie im Fieber und bin im Mai fertig. Beinahe schlagartig sind meine Alpträume zu Ende. Ich erlebe nicht mehr meine eigene Hinrichtung, muß nicht mehr durch Gelände mit tödlicher Absturzgefahr klettern, und vor allem bleiben mir die entsetzlichen, bis an den oberen Rand gefüllten kübelähnlichen Klos erspart, die ich im Traum in höchster Not dennoch benutzen muß, und dabei vor Ekel verzweifle.

Der Unrechtsstaat ist zugrunde gegangen, die Idee der Verwirklichung des Sozialismus gescheitert. Was wir einmal anstrebten, als wir jung waren, könnte jetzt Gestalt annehmen. Wird es so sein? Aber wohin wendet sich die mit solchem Elan erkämpfte Wende? Lernt ein Volk wirklich aus seiner Geschichte? Die Hexenjagd auf die Mitglieder einer Partei, die an allem schuld war, hat bereits begonnen. Wieder müssen Andersdenkende büßen, während die eigentlichen Täter längst untergetaucht sind. Zum Teil werden sie bereits wieder gebraucht mit ihren gut geschulten Fähigkeiten. Stand da nicht neulich einer innerhalb der Sicherheitszone an ein Dienstfahrzeug gelehnt, als Helmut Kohl auf dem Domplatz sprach? Mein Nachbar erkannte den Mann. Ich riet ihm zu einem Foto mit Teleobjektiv, um es an die Zeitung zu schicken. Erschienen ist es da allerdings nicht.

Und all die Lauen, die sich geduckt haben, vierzig Jahre lang, wie vordem ihre Eltern unter Hitler? Sie sind auch jetzt wieder indifferent, wo es wachsam zu sein heißt, um die alten Fehler nicht zu wiederholen. Alles kaufen können und reisen, wenn man das Geld dazu hat, reicht nicht aus, um sich als freier Mensch zu fühlen. Zur Menschenwürde gehört mehr. Schon wieder haben viele Angst, ihre Meinung zu äußern, weil sie fürchten, ihren Arbeitsplatz zu verlieren. Immer noch sitzen die Bonzen von einst in leitenden Positionen. Die Kriminalität wächst wie nie zuvor. Was die Polizei früher zuviel präsent war, ist sie es jetzt zu wenig. Die Rechtsunsicherheit ist zu groß, und die Ratten kriechen aus allen Löchern. Wir hatten nicht viel Gutes in dieser DDR, aber das wenige wird auch noch zerstört. Was es im Westen nicht gibt, darf es auch hier nicht geben, obwohl doch manches erhaltenswert wäre. Uns wird ein Hut übergestülpt, der nicht paßt. Wir sind der willkommene Markt für den riesigen Produktionsüberschuß der westlichen Hälfte unseres nun vereinten Landes. Die Kosten steigen, die Gehälter nur wenig, die Arbeitslosenzahl wächst erschreckend. Wir sind auf dem Weg, das Armenland der Republik zu werden. Für Kunst interessieren sich die Leute im Moment nur wenig. Sie haben andere Sorgen, und die Kulturinstitute kämpfen um ihr Überleben.

Über all das gerate ich in heftigen Streit mit einer Bekannten, deren Mann sich bei der CDU engagiert. An allem ist die 40jährige SED-Herrschaft schuld, meint sie, und daher könnte es jetzt gar nicht anders sein. Aber ich wünsche mir einfach mehr Verantwortungsbewußtsein und Sachkenntnis bei allen Entscheidungen, dabei bemühe ich mich ständig, den Blick auf das Wunderbare dieser Wende nicht zu verlieren. Aber das Leben besteht aus Alltag, und der ist mühsam.

"Es ist schlimm," sage ich, "und so habe ich mir das alles nicht vorgestellt!"

"Aber wir haben doch jetzt die Freiheit!" erwidert sie.

"Freiheit?" Ich sehe sie an und weiß nicht, ob ich mehr dazu sagen soll. Da gibt sie mir das Stichwort.

"Wenn Sie zu den vielen Betroffenen gehören würden, die unter dem Regime leiden mußten oder in den Gefängnissen saßen, würden Sie sicher anders reden!"

"Ich gehöre zu den Betroffenen!"

* * *

Als die Minna, die uns aus Berlin gebracht hat, endlich hält und sich die Türen öffnen, steigen wir so, wie wir sind, in knöcheltiefen Schnee. Einer, der uns in Empfang nimmt, stellt verblüfft fest: "So hat man Sie in Berlin auf Transport geschickt?"

Wir stapfen mit unseren Sandaletten durch den Schnee. Links sehen wir ein hohes Backsteingebäude mit großen vergitterten Fenstern, rechts eine Mauer, mit Glasscherben bestückt und drei bis vier Meter hoch, im Anschluß daran niedrige Gebäude.

Man führt uns in die Effekten, die Kleiderkammer, wo die persönlichen Sachen aufbewahrt und die Anstaltskleidung ausgegeben wird.

Zwei Wachtmeisterinnen in blauen Uniformen erwarten uns. "Ausziehen!" sagt die eine in einer Art sächsischem Dialekt. Die andere amüsiert sich köstlich über Gudruns Kleid.

Wir entledigen uns mit klammen Händen unserer Kleidung, die mit spitzen Fingern in Empfang genommen wird. Mein Koffer ist plötzlich wieder da. Die Sachen werden alle einzeln aufgeführt. Eigentlich müßte man sie wegschmeißen, aber da zeigt sich die deutsche Ordnungsliebe.

Unsere neue Garderobe wird uns hingelegt, zwei Büstenhalter, wie sie unsere Großmütter getragen haben mögen, zwei ebensolche Schlüpfer und Hemden; Taschentücher, Fußlappen und Holzschuhe, zwei blaugestreifte Männerhemden, eine ausgediente VP-Drillichhose und ebensolche Jacke mit etwa 5 cm breiten grünen Streifen, die auf dem Rücken, längs der Hosenbeine und auf die Ärmel genäht sind; Schal und Kopftuch in derselben Farbe.

Ich habe mal von Fußlappen bei Soldaten im Kriege gehört. Nun muß ich selbst versuchen, die Dinger so um meine Füße zu wickeln, daß ich in die Holzschuhe hineinkomme. Wir bemühen uns alle drei redlich, aber in den Schuhen drücken die Falten. Wir bekommen noch eine Blechschüssel und einen ebensolchen Becher, ein Brettchen, einen Eßlöffel, Waschzeug und zwei Handtücher, Filzhausschuhe, alles in bekannter Berliner Qualität, Bettwäsche, zwei Decken, und alles wird zusammen in eine der Decken eingeknotet. Das Bündel ist schwer. Dann werden wir von einer Wachtmeisterin über den Außenhof, durch einen Gang des hohen Gebäudes geführt, kommen auf einen baumbestandenen Innenhof und betreten ein Zellenhaus mit mehreren Stockwerken, metallenen Treppen und Gängen, einem über die ganze Länge gespannten Drahtnetz und vielen Zellen. Im zweiten Stock öffnet sich eine für uns, an der ein grüngefärbter Bierdeckel hängt. Ab jetzt gehören wir zu den "Grünpunktisolierten".

Wir betreten mit unseren Deckenpaketen die Zelle. Vor uns in etwa zwei Meter Höhe liegt ein vergittertes Fenster, an dessen Überwölbung und den Wänden wir die immense Stärke der Mauern unserer Bleibe erkennen können. In der Zelle stehen drei Betten mit Strohsäcken, ein Holztisch, drei Hocker mit gespreizten Holzbeinen, ein kleines Wandregal, ein Kübel, eine Waschschüssel und zwei Tonkrüge für Wasser.

"Das ist ja geradezu ein Palast gegen den Keller!" bemerkt Gudrun. Natürlich müssen wir erst mal auf einen Hocker steigen und nach draußen sehen.

"Ist das schön!" ruft Felicitas. Ein wunderbarer Blick tut sich auf. Baumbestandene Hügel, weite Felder und Wiesen bis zum Horizont, im Tal ein Städtchen. Wo mögen wir sein?

Wir richten uns ein, so gut wir können. Dann öffnet sich die Zellentür, rasselndes Schlüsselbund, krachende Riegel, seit Monaten vertraute Geräusche, und ein Kalfaktorwagen wird herangeschoben. Darauf liegen Berge von Brotscheiben, und eine Gefangene, die den Kalfaktordienst versieht, wartet, daß wir uns bedienen.

"Wie viele dürfen wir denn?" frage ich zaghaft.

"So viele ihr wollt!" antwortet sie freundlich.

"Wo kommt ihr denn her?"

"Berlin-Hohenschönhausen!"

"Also politisch", registriert sie.

Wir nehmen uns jeder zwölf Scheiben Brot. Dazu gibt es ein Stückchen Margarine, eine dickere Scheibe Blutwurst und etwas Zucker. In unsere Becher wird Kaffeeersatz gefüllt.

Die Wachtmeisterin ist schon weitergegangen und schließt die nächsten Zellen auf. Ich frage den Kalfaktor leise, wo wir denn hier wären.

"In Hoheneck, im Erzgebirge!"

Hoheneck? Nie gehört.

Mit der Zeit erfährt man Näheres.

Im 13. Jahrhundert wurde eine Burg auf der Höhe über Stollberg errichtet, verfiel im Laufe der Zeit, bis Mitte des vorigen Jahrhunderts auf den Grundmauern des Schlosses Hoheneck ein Gefängnis errichtet wurde. Man benutzte es zu Kaisers Zeiten, im Dritten Reich und dann nach 1945. Wenn der ursprüngliche Bau noch eine

Raubritterburg war, wie die Rede geht, so hat sich im Laufe der Jahrhunderte wenig geändert, nur daß die heutigen Freibeuter in luftiger Höhe blaue Uniformen tragen.

"Ob's hier auch andere als Politische gibt?" fragt mich Felicitas.

"Sicher!" Ich überlege, mit wem wir hier wohl zusammenkommen könnten.

Als ich Kind war, sagte meine Mutter einmal, als wir am Erfurter Gefängnis vorübergingen: "Da sind Verbrecher drin, Menschen, die anderen Böses zugefügt haben!"

Seitdem habe ich immer scheue Blicke auf das Gemäuer geworfen ...

Wir zerteilen die Wurst mit dem Löffelstiel in dünne Streifen, kratzen die Margarine auf einige Schnitten und streuen auf die übrigen etwas Zucker. Wir essen jeder unsere zwölf Scheiben auf.

"Herrlich!" seufzt Gudrun. "Wo hat das bloß alles in unseren Mägen Platz?"

"Wir werden Magenerweiterung kriegen", sage ich, und Felicitas meint: "Egal, Hauptsache satt!"

Wir sind ausgehungert, und vor allem den Zucker, das monatelag entbehrte Süße, genießen wir als eine Köstlichkeit. Auch in dieser Zelle ist es nicht warm. Sie wird von oben nach unten von dicken Rohren durchlaufen, die wie Abflußrohre aussehen, und die fassen sich nur lauwarm an. Aber es ist kein Vergleich zum Keller. Es wird noch gekübelt, und wir bekommen Wasser in unsere Tonkrüge, natürlich kaltes. Wir ziehen uns aus und waschen uns; eins der Männerhemden muß als Nachtbekleidung dienen. Dann hören wir plötzlich ringsum Schlüssel rasseln und Riegel krachen.

"Menschenskinder, das ist bestimmt Zählappell!"

Gudrun springt als erste wieder vom Strohsack.

Wir stellen uns, so schnell wir nur können, auf. Zwei

Wachtmeisterinnen erscheinen, eine von der alten, die andere von der neuen Schicht. Sie akzeptieren unsere Halbbekleidung und erklären die Meldung: "Zelle soundsoviel, belegt mit drei Strafgefangenen, meldet Strafgefangene ..." Eine wird zur Zellenältesten bestimmt. Es trifft Gudrun, sie muß die Meldung machen. Dann kommt unsere Oberbekleidung im zusammengefalteten Zustand vor die Tür. Wir schütteln unsere Strohsäcke noch einmal zurecht, kriechen unter die bezogenen Decken und schlafen tief und fest in dieser ersten Nacht.

Morgens weckt uns wieder das vertraute Geräusch von Schlüsseln und Riegeln.

Als erstes werden die Hocker mit den Sachen hereingenommen, danach waschen wir uns, anschließend wird gekübelt. Zählappell wie gehabt, dann Frühstück. Statt der Wurst ein Klecks Marmelade. Wieder essen wir mit Heißhunger und größtem Appetit und trinken Malzkaffee.

Dann warten wir, was kommen wird.

Es erscheint eine korpulente Wachtmeisterin mit höherem Dienstgrad, der durch die Schulterklappen ausgewiesen wird, aber noch kennen wir die Ränge nicht. Sie wartet sichtlich auf unsere Meldung und hält Papier, ein Tintenfaß und Federhalter in der Hand. Wir dürfen unsere Eingangsbriefe schreiben, 15 Zeilen auf einem DIN A5-Blättchen, in Druckschrift, nichts über den Fall, nichts über die Anstalt. Das ist ein aufregendes Ereignis. Endlich dürfen wir unseren Angehörigen ein Lebenszeichen geben!

Ich richte den Brief an meine Pflegemutter, kaue an jeder Formulierung und schreibe ganz eng. Die anderen machen es ebenso und haben gleiche Ausdrucksschwierigkeiten. Selbst das Schreiben fällt schwer, weil es ungewohnt geworden ist.

Als meine jetzige Pflegemutter noch meine Klassenlehrerin war, die wir sehr verehrten und bei der wir Deutsch,

Erdkunde und Sport hatten, liebte ich es, Aufsätze zu schreiben, und erhielt dafür meistens gute bis sehr gute Zensuren. Sie verstand es, uns an die große Literatur der Welt heranzuführen. Wir lasen Dramen mit verteilten Rollen; ich begann, den „Faust“ auswendig zu lernen, und verfaßte mit etwa 14 Jahren die ersten Verse, schrieb viele Märchen, die wir dann einstudierten und aufführten. Zu meiner Konfirmation spielten wir ein Stück, in dem meine Freundin Anni das Schneeglöckchen war und ich der Frühling. Ihre Zwillingsbrüder gestalteten Dekoration und Beleuchtung, und meine Mutter spielte am Klavier das „Frühlingsrauschen“ von Sinding, ein virtuoses Stück. Diese Inszenierungen wurden mit tänzerischen Einschüben erweitert, und diese Bereicherung verdankten wir unserem aktiven Mittun in der Gymnastikschule von Annemarie Kohl, unserem geliebten „Schülchen“, in dem wir viele Stunden in der Woche zubrachten. Das war unsere Welt, inmitten des wahnsinnigen Krieges, mit der ständigen Furcht, daß der nächste Bombenangriff alles zerstören würde.

Dann kam die Krankheit meiner Mutter. Als klar war, daß sie tödlich enden würde, bestimmte sie mit meinem Einverständnis meine ehemalige Klassenlehrerin Eva Pohle zu meinem Vormund. Damals wurde man erst mit 21 mündig, und ich war gerade 19. Mein Vater wurde von vornherein ausgeschlossen, was ganz in meinem Sinne war. Eva Pohle, die von humanistischen und christlichen Idealen erfüllt war und uns nie etwas anderes nahegebracht hatte, brach 1945 erst einmal total zusammen, als offenbar wurde, was sich in Konzentrationslagern und Gaskammern abgespielt hatte. Sie war Mitglied der NSDAP und fühlte sich mitschuldig, tat nun die niedrigsten Arbeiten, war Reinigungskraft, klebte Lebensmittelmarken und litt aufrichtig, ohne sich von uns und anderen, die sie und ihre idealistische Einstellung kannten, beschwichtigen zu lassen. Erst 1947, im

Todesjahr meiner Mutter, folgte sie dem Ruf zur Katechetenausbildung, hörte aber später nie auf, sich mit der Vergangenheit auseinanderzusetzen.

Als meine Mutter im Juli starb, begleitete sie mit mir ihre letzten Stunden und war an meiner Seite, wann immer ich sie brauchte.

Schließlich ist der Brief fertig und wird abgegeben.

Wann wird Antwort kommen? Was mag inzwischen alles geschehen sein, wie geht es denen draußen? Sind sie gesund, sind sie noch alle am Leben?

Draußen erschallt der Ruf: "Fertigmachen zum Rundgang!" Wir wickeln wieder unsere Füße ein, schlüpfen in die Holzpantinen und ziehen unsere Jacken an.

Dann müssen wir raustreten. Scheue Blicke nach rechts und links. Neben jeder Zelle haben drei Häftlinge Aufstellung genommen. Wir setzen uns alle in Trab. Der metallene Gang dröhnt unter unseren Schritten. Abwärts geht's, in den Innenhof, dort im Kreis.

"Es wird nicht gesprochen!" verkündet die Aufsichtshabende. An den Fenstern des hohen Backsteingebäudes sehen wir viele Gesichter. Wie viele Frauen mögen hier sein?

"Gehen Sie von den Fenstern weg!" ruft unsere Wachtmeisterin. Das findet aber wenig Beachtung.

Vor mir geht die größte von unseren Nachbarinnen zur rechten Seite, eine starkknochige junge Frau. Sie fragt unauffällig über die Schulter zurück:

"Wieviel habt ihr?" Ich flüstere unsere Jahre, ohne den Mund zu bewegen.

"Das ist nicht viel!" gibt sie zur Antwort. "Und weshalb?"

"Artikel 6 und Kontrollratsdirektive. Und ihr?"

"Lebenslänglich."

O Gott, denke ich. "Wofür?"

"Das erzählen wir euch mal später!"

Es geht wieder hinauf. Uns ist kalt. Der Februar hat es in sich. Ich melde mich zum Zahnarzt wegen der Beule im Kiefer. Eine alte Ärztin, mit einer teilweise gelähmten Hand und selbst Gefangene, verurteilt vom sowjetischen Militärtribunal, quält mir eine Spritze ins überempfindliche Zahnfleisch. Mir bricht der Schweiß aus, und ich kralle mir vor Schmerz die Nägel in die Hände. Dann zieht sie den Zahn, und ein fürchterlicher Gestank kommt aus der Wunde. Die Beule schneidet sie mit einem Skalpell auf, auch darin sitzt der Eiter. Sie desinfiziert, so gut sie kann. Mit Tränen in den Augen verlasse ich das Revier und hoffe, daß nun alles ausgestanden ist. Mehrere Tage habe ich noch Schmerzen, aber allmählich nehmen sie ab, und die Wunde heilt langsam, nachdem noch mehrere Splitter des Kiefers herausgeeitert sind.

Wir machen uns Spielfiguren aus Brotkügelchen und spielen Dame, Mühle und anderes. Als wir wieder aus dem Fenster sehen, erkennen wir, daß gleich unterhalb der Mauer ein Kulturhaus liegt, in dem die VP fleißig ein- und ausgeht. Wir müssen aufpassen, daß uns die Posten in ihren Schwalbennestern auf der Mauer nicht sehen. Durch den Spion wird hier zwischendurch gar nicht geguckt, nur vor dem Aufschließen; wenn zum Beispiel jemand "die Klappe geworfen" hat. Die "Klappe" ist eine Art Winker, der, durch einen Mechanismus im Zelleninneren ausgelöst, neben der Zellentür herunterfällt. Wenn man Glück hat, kommt dann auch irgendwann jemand und fragt, was man will.

An einem der nächsten Tage geschieht etwas Unglaubliches. Unsere Nachbarinnen schmuggeln uns in einem unbeobachteten Augenblick während der Essenausgabe eine Nähnadel und eine Bleistiftmine herüber. Welch ein Reichtum! Während der Rundgänge lassen sie uns wissen, worauf man aufpassen muß, daß es Razzien gibt und welche von den "Wachteln" zu fürchten, welche umgänglich wären. Sie sind überhaupt prächtige Kameraden. Warum sie wohl hier sind?

Gudrun und Felicitas bekommen Post und sind glücklich. Keine negativen Nachrichten von zu Hause. Ich habe noch keinen Brief erhalten, als wir den nächsten, den Märzbrief, schreiben müssen. Was ist mit meiner Pflegemutter? Ich mache mir alle möglichen Gedanken und warte wieder.

Es wird Ostern. Draußen regt sich das erste Grün, und das Wetter ist schon etwas milder.

Am Ostersonntag stellt der Kalfaktor blitzschnell eine Torte auf unseren Tisch. "Frohe Ostern“ ist daraufgespritzt, ein Gruß unserer Nachbarinnen. Wir würden sie umarmen, wenn wir könnten. Sie sind einfach fabelhaft.

Die Torte ist aus Brot geknetet, die Füllung und Garnitur mit Marmelade geschlagene Margarine. Sie ist ein Genuß, und wir schlemmen.

Die Tage rinnen gleichförmig dahin. Zwischendurch kriegen wir Zellenarbeit. Wir müssen Filzhausschuhe mit Strohsohlen fertigen, wie wir sie in den Zellen tragen. Die Abwechslung ist wohltuend.

Abends liege ich auf meinem Strohsack und denke immer das gleiche: Fünfzehn Jahre, welch eine unendliche Zeit!

Auch auf den zweiten Brief, den ich an meinen Vater geschrieben habe, kriege ich keine Antwort.

* * *

Längere Zeit war nach dem Tode meiner Mutter bereits vergangen, da meldete sich mein Vater plötzlich wieder. Wir hatten etwa sieben Jahre nichts voneinander gehört, nachdem ich mich damals weigerte, ihn zu besuchen, weil er immer wieder versuchte, meine über alles geliebte Mutter schlechtzumachen, im Gegensatz zu ihr, die nie ein böses Wort über ihn fallen ließ.

Nun saß er bei meinen Nachbarn, als ich aus der Gymnastikschule nach Hause kam. Ich erschrak, als ich ihn sah. Er war liebenswürdig, fragte nach meinem Leben und erzählte von sich. Er hatte bald wieder geheiratet, eine Krankenschwester, und hatte eine sechsjährige Tochter. Ich sollte ihn und seine Familie doch mal in Bad Frankenhausen besuchen, wo er als Steuerberater tätig war.

Ich überlegte lange, entschloß mich aber doch nach einiger Zeit, einen Besuch zu wagen. Die kleine Sechsjährige hatte überall herumerzählt: "Unsere große Tochter kommt!“ Ein nettes Kind, meine Halbschwester, fand ich, und Else, die zweite Frau, war mir sofort sympathisch. Bald fand ich heraus, daß sie viel besser zu meinem Vater paßte als meine Mutter. Inzwischen war ich alt genug, um zu erkennen, daß am Scheitern der Ehe im eigentlichen Sinne keiner von beiden schuld war. Sie waren so grundverschieden, daß es auf die Dauer nicht gut gehen konnte. Meine Mutter war meinem Vater überlegen, was bei ihm ständige Komplexe hervorrief. Und ich wußte, daß die wirklich große Liebe meiner Mutter vorher an ihrer Prüderie, unaufgeklärt, wie man sie als junges Mädchen gelassen hatte, gescheitert war. Ob die Ehe dann eine Ersatzlösung war? Jedenfalls wollte sie unbedingt ein Kind, nannte es Elisabeth, die ihr von Gott Geschenkte.

Else freute sich, mich kennenzulernen. Sie hatte schon viel von mir und meiner Mutter gehört, hatte sich aber als kluge Frau selbst ein Bild gemacht.

Es ging auch alles gut bei diesem Besuch bis zu einem Spaziergang mit meinem Vater am letzten Tag, als er wieder versuchte, sich auf Kosten meiner Mutter zu rechtfertigen. Ich ließ das nicht zu, drohte, sofort abzureisen und nie wiederzukommen. Er lenkte ein. Else war lieb und auf Ausgleich bedacht, aber ich fuhr mit einem kalten Gefühl im Herzen wieder nach Hause.

Ich litt darunter, einen Vater zu haben und ihn nicht lieben zu können. Er wurde von vielen verehrt und hatte nach 1945 manchem mit seinen Beratungen und Berechnungen geholfen und vor Strafe wegen angeblicher Steuerhinterziehung bewahrt.

Auch in künstlerischen Fragen kamen wir nicht auf einen Nenner. Er war ein Natur- und Kunstliebhaber, besaß auf beiden Gebieten großes Wissen, doch schon als Kind hatte mich gestört, daß er alle Naturerscheinungen erklärte, während meine Mutter und ich lieber schauten und schwiegen. Und er war Wagnerianer. Er kannte jedes Leitmotiv aus jeder Oper. So weit hatte ich es nie gebracht. Vieles von Wagner war mir einfach zu laut und zu heldisch. Aber wie dem auch sei: Ich fühlte Kunst, er betrieb Anatomie.

Was seine Gefühle für mich betrafen, so waren sie rührend unkompliziert. Vater liebt Tochter, weil Tochter Tochter ist. Umgekehrt ging das bei mir nicht so einfach. Ich wollte ihm aber gerecht werden. Wir sahen uns dann noch öfter, aber an meinen Empfindungen ihm gegenüber änderte sich nichts.

* * *

Im April schreibe ich an Tante Thilde, eine Cousine meiner Mutter, nach Sarstedt, habe aber wenig Hoffnung, weil der Brief in den Westen geht.

Und ausgerechnet auf ihn erhalte ich Antwort!

Tante Thilde hat alle meine Lieben informiert. Es geht ihnen gut. Nur haben sie schon geglaubt, ich lebte nicht mehr nach 10 Monaten Ungewißheit und Schweigen.

Vertraute Schriftzüge, liebevolle Worte. Endlich! Ich heule vor Freude. Meine Pflegemutter will mich im Juni besuchen, wenn ich die erste Sprecherlaubnis bekomme.

Wo sind die beiden anderen Briefe geblieben? Hat man sie unterschlagen? Glaubte man, noch irgend etwas verborgen Gebliebenes daraus entnehmen zu können? Was sind das für gefühllose Kreaturen, die Schlimmes mit ihren Schikanen immer noch schlimmer machen!

Es kommt nun auch für mich das erste Paket. Bis dahin haben die anderen mit mir geteilt. Genau vorgeschriebener Inhalt: Wurst, Käse, Margarine, Zucker, Zwiebeln, Kekse, auch Zitronen, sofern draußen vorhanden. Gewicht 3 Kilogramm, kein bißchen mehr, sonst wird es zurückgeschickt.

Beim Empfang wird man nach vorn zur Poststelle geholt. Der Postbeamte packt das Paket aus und kontrolliert genau, schneidet durch und kippt alles zusammen in die mitgebrachte Schüssel. Traurig und zornig trägt man das alles in die Zelle.

Es wird langsam wärmer, und wir möchten gern die Fensterluken offenlassen. Aber das geht nicht, der Gestank des Schweinestalles, der sich unter dem Zellenhaus befindet, ist unerträglich, infolgedessen gibt es Schwärme von Wespen, vor denen wir uns kaum retten können.

Anfang Juli heißt es plötzlich: "Sachen packen!"

Was nun? Uns erfaßt Unruhe. Alles, was den Ablauf, an den man sich mühsam gewöhnt hat, stört, erschreckt. Gutes geschieht hier selten. Und so ist es auch diesmal. Wir werden alle in Einzelhaft verlegt, bekommen rote Streifen um Hosenbeine und Ärmel und an die Tür einen roten Bierdeckel. Das bedeutet absolute Isolierung. Und somit zählen wir zu den Schwerverbrechern, werden auch so behandelt, denn das Wachpersonal sieht nur den roten Punkt an der Zelle und weiß nichts von unseren Fällen.

Ich komme auf die Hofseite. Schräg vor meinem Fenster steht die riesige Linde, die ich sehen kann, wenn ich auf den Hocker steige. Sie blüht und versendet einen betäubenden Duft, besonders am Abend und nachts. Der Innenhof ist teilweise bepflanzt. Mehrere Katzen gehen da einher, liebevoll von den Gefangenen in den großen Sälen gegenüber gefüttert.

In dieser Zelle muß ich aufpassen, wie ich bald merke, denn hier wird öfter mal durch den Spion gesehen.

Alle drei Wochen bekomme ich ein Buch zum Lesen. Das ist immer schnell getan. Die Tage schleppen sich endlos dahin, und niemand darf mit mir sprechen. Wieder greife ich zu allen möglichen Hilfsmitteln, um die Zeit herumzukriegen. Ich mache einen Kult aus der Reinigung meiner Zelle. Tisch, Hocker und Holzfußboden werden täglich gescheuert, bis sie ganz hell sind. Ich mache Gymnastik, und eines Tages tut sich die Quelle wieder auf, ich verfasse Gedichte.

Nun lärmen die Grillen nicht mehr,
nun ist es still -
Die Pappeln rauschen nicht mehr,
die Pappeln beten.

Durch das Gitter fallen die Sterne herein,
und mein Herzschlag
teilt die Ewigkeit
in Endlichkeiten,
die mein Leben sind.

Abends und morgens singen die Vögel in der Linde. Ich liege auf meinem Strohsack und starre auf das Abbild des Fenstergitters, das die Hoflampe an die Wand wirft. Sie verdoppelt es.

*

Vor einigen Jahren, als es die großen Terroristenprozesse gab und als sich dann Andreas Baader, Ulrike Meinhof und Gudrun Ensslin das Leben nahmen, ging ein Aufschrei der Empörung durch die alternative Szene. Von der Isolationsfolter im Sicherheitstrakt von Stammheim war die Rede. Zellen wurden im Fernsehen gezeigt, und ich staunte. Da gab es Bücherregale, Schreibmaschine und Radio. Die sogenannte Isolationszelle machte überhaupt einen wohnlichen Eindruck. Unter welchen Bedingungen dagegen hielt die DDR ihre politischen Gefangenen, denen sie noch absprach, welche zu sein?

*

Die einzige wunderbare Unterbrechung dieser Zeit der absoluten Isolierung ist der erste Besuch meiner Pflegemutter. Vorher werde ich belehrt, daß ich nichts über das Leben in der Anstalt zu erzählen hätte, desgleichen nichts über meinen Fall. Nur ganz Privates dürfte geredet werden.(!) Umarmen und Händegeben wären verboten.

Und dann stehe ich meiner Pflegemutter gegenüber. Uns trennt ein hüfthohes Holzgitter und ein Tisch. Wir schauen uns an. Ich sehe, wie bewegt sie ist. Sie hat Blumen mitgebracht, die ich wie ein Wunder anstarre.

"Setzen Sie sich!" sagt die anwesende Wachtel.

Wir tun's. Die Blumen liegen auf dem Tisch.

"Wie geht es dir, Kind?"

"Es geht mir gut", sage ich entgegen der Wahrheit. Nur sich der Wachtel gegenüber keine Blöße geben!

Meine Pflegemutter erzählt von Verwandten und Freunden, berichtet, daß mein Vater die Wohnung aufgelöst hat, nachdem klar war, was ich behalten durfte. Das meiste, vor allem das Wertvolle, wurde beschlagnahmt, den Rest habe er untergestellt: ein paar Möbel in Erfurt auf dem Speicher, das andere bei sich in Bad Frankenhausen. Ludwigs, meine Nachbarn, wären als Zeugen bei den Hausdurchsuchungen ...

"Davon hahm Se nich zu reden!" gebietet unsere Aufpasserin.

"Bist du mit netten Menschen zusammen?" fragt meine Pflegemutter. "Nein, ich bin allein."

"Aber du mußt doch mal mit anderen zusammenkommen, wenn du zum Beispiel an die Luft gehst!"

Ich muß beinahe lachen.

"Da geht's im Kreis, Abstand halten und kein Wort reden!"

Die Wachtel wird böse. "Ich breche den Sprecher sofort ab!"

Meine Pflegemutter entschuldigt sich; sie habe doch durch ihre Unwissenheit meine Antwort provoziert. Aber unsere Beisitzerin ist schwer zu besänftigen.

"Über Anstaltsangelegenheiten wird nicht geredet!" betont sie erzürnt.

Wir versuchen, uns im neutralen zu halten, aber überall lauert die Gefahr, das einzig Wesentliche zu berühren.

Eine kostbare halbe Stunde.

In einem Vierteljahr wird sie wiederkommen, verspricht mir meine Pflegemutter, als sie zum Gehen aufgefordert wird. Die Blumen darf ich nicht mitnehmen, natürlich nicht. Wie betäubt lasse ich mich in meine Zelle zurückführen.

Später besucht mich auch mein Vater. Der Dialog zwischen uns ist spärlich, wir haben zu wenig Berührungspunkte und wissen nicht recht, worüber wir reden sollen. Familiäre Dinge sind schnell erzählt. Nach ein paar peinlichen Pausen beginnt dann mein Vater ein Gespräch mit dem beisitzenden Wachtmeister über die Perlmuttknöpfe-Produktion von Bad Frankenhausen.

Mir ist wieder so schrecklich kalt ums Herz, und ich könnte weinen um die vergeudete halbe Stunde. So bitte ich meine Pflegemutter im nächsten Brief, die Besuche allein zu übernehmen, obwohl sie für die kurze Besuchszeit zwei Tage unterwegs ist.

Während des Rundganges fällt mir eine junge Frau auf, die öfters am Fenster des großen Saales steht und mir zuwinkt. Schließlich warte ich schon immer darauf. Diese kleine Freundlichkeit ist wie ein wärmender Strahl. Eines Tages schauen wir wieder gleichzeitig aus unseren Fenstern. Ich winke. Sie winkt zurück. Dann fängt sie an, große Buchstaben in Spiegelschrift in die Luft zu malen. "ICH HEISSE ROSEMARIE. UND DU?"

Ich bemühe mich ebenfalls, umgekehrt zu "schreiben".

Sie fragt, warum ich hier bin. Ich sage es und frage zurück.

"ZEHN JAHRE. MILITÄRTRIBUNAL. SPIONAGE."

Ich erfahre, daß der Saal, die sogenannte Gemeinschaft I, aus 120 Frauen besteht. Alle sind vom Russen verurteilt, aber es gebe insgesamt über 1000 Häftlinge in Hoheneck. Sie wären nach der Auflösung des Lagers Sachsenhausen hierher verlegt worden. Sie erzählt mir mit der Zeit eine Menge, Spiegelschrift schreibend. Es läßt sich gut lesen, und allmählich kriegen wir Übung und zeichnen die Buchstaben immer schneller. Rosemaries Freund ist ein Russe. Wolodja heißt er, und wegen dieser Verbindung bekam sie Spionage angehängt. Das ist eine kleine Strafe, läßt sie mich wissen. Die meisten Frauen hätten 25 Jahre oder zweimal 25 oder dreimal 25. Ich bin fassungslos. Dann sind meine fünfzehn allerdings nichts. Man denkt hier in anderen Kategorien.

"WANN GEHT IHR DUSCHEN?" fragt Rosemarie. Das geschieht einmal die Woche, meistens am Ende.

"ICH PASSE AUF."

Als es zum Duschen geht, bin ich sehr aufgeregt. Wir müssen durch das Haus, in dem Rosemarie liegt, da steht sie auf einmal wie aus Versehen vor der Tür, entschuldigt sich, schlängelt sich vorbei und berührt dabei meine Hand. Ich empfinde es als Zärtlichkeit, und mir wird warm.

Wir schreiben, so oft es geht, und lernen uns immer

besser kennen. Das Einanderzugetansein wächst, und wir warten jede Woche auf den Gang zur Dusche.

Eines Tages gibt es einen Stau im Gang, und Rosemarie gelingt es, ein paar Momente neben mir zu bleiben. Sie drückt mir einen Kuß auf die Wange, und mich erfüllt ein starkes Glücksgefühl.

Allmählich werden die Wörter, die wir uns schreiben, immer liebevoller. Meine Fensterfreundschaft wird in meiner Isolierung zur Lebenshilfe.

Im Herbst bekomme ich Zellenarbeit. In FDJ-Blusen müssen Knopflöcher genäht werden, eine mühselige Stichelei, aber eine Beschäftigung.

Als ich eines Tages gerade wieder mit Rosemarie korrespondiere, bemerke ich plötzlich, wie eine Wachtel unter der inzwischen entlaubten Linde steht und mich beobachtet. Schnell springe ich vom Hocker. Der fällt hinter mir um und schlägt gegen meine Wade. Ich verbeiße mir noch den Schmerz, da schließt es auch schon, und die Wachtel steht vor mir.

"Komm' Se mit!"

Sie geht mit mir nach vorne in die Verwaltung und liefert mich bei einem älteren, bebrillten, bereits mit Stirnglatze versehenen Hauptwachtmeister ab.

Ich ahne nicht, daß ich mich bei dem gefürchteten Bunker-Neumann befinde, der die Strafen verteilt. In der Ecke an einer Schreibmaschine sitzt eine Wachtmeisterin. Ich grüße mit "Guten Tag" und überlege fieberhaft, was ich sagen werde.

Er blickt mich über die Brille hinweg an und fragt in schönstem Sächsisch:

"Wissen Se nich, daß Se sich melden müssen?"

Ich tue arglos und verweise darauf, daß ich noch nicht lange hier und in Einzelhaft wäre.

Er spricht mir die Meldeformel vor.

"Nu gähn Se noch mal vor de Dür und gommen wieder rein und mälden sich."
Ich gehorche, gehe raus, klopfe an, trete ein und verkünde vorschriftsmäßig: "Strafgefangene Graul meldet sich."
Das findet seine lobende Anerkennung, und ich wittere, daß dieser Mann vielleicht gar nicht so übel ist, wenn man ihm freundlich begegnet.
Ihm lägen drei Meldungen über mich vor. Er runzelt die Stirn und schüttelt den Kopf. Gleich drei, um Gottes willen! Mir schwimmen alle Felle weg.
Er liest: "Stäht am Fänstr und macht Zeichen wie eene Daubstumme." Das gleich zweimal! Blitzschnell reagiere ich und erkläre, ich hätte einen Lappen ausgeschüttelt und dabei eine mir bekannte Gefangene entdeckt, der ich zugewinkt hätte.
"Wie heeßdn die?"
Das weiß ich natürlich nicht. Sie habe mir eine Zeitlang die Zellenarbeit gebracht, und ich dürfe ja mit niemandem reden.
"Hat se zurückjewinkt?"
"Nein, sie hat sich gerade umgedreht."
"Se gönnen's rüch saren, der bassiert nischt."
Ich verneine abermals und gucke unschuldig. Er muß es glauben.
Dann kommt der dritte Anklagepunkt.
Bei meinem letzten Besuch hätte die anwesende Wachtmeisterin kein Wort von der Unterhaltung verstanden. Von wem ich denn Besuch bekäme und was wir geredet hätten.
Er stutzt, als ich sage, daß meine Pflegemutter Katechetin ist. "Was is'n das?"
Zuvorkommend erläutere ich ihre Tätigkeit.
Sein Gesicht leuchtet auf.
"Deswechen hat se wohl wie een Seelsorcher mit Ihnen gerädet?"

Das hatte sie zwar nicht, aber Neumann beginnt, das Protokoll, das Ich-Form haben muß, zu diktieren.

"Gameradin, schreiben Se!"

Die Wachtmeisterin an der Maschine nimmt folgenden Text auf: "Da meine Pflegemutter Katechetin ist, wunderte es mich nicht, daß sie wie ein Seelsorger mit mir sprach."

Bei dem Wort "Katechetin" hält er inne, schaut über die Brille und fragt: "Wie schreibt'n sich das?"

Ich buchstabiere, aber die Kameradin muß trotzdem im Duden nachsehen. Währenddessen erhellt sich sein Gesicht abermals, und er fragt:

"Saren Se mal, gommt das von Gadechismus?"

Befriedigt quittiert er meine Bestätigung.

Nachdem ich das Protokoll, das auch mein "Taubstummensprache-Vergehen" beinhaltet, unterschrieben habe, melde ich mich vorschriftsmäßig ab und habe das Gefühl, daß er mich nicht ohne Wohlwollen entläßt. Was wird er mir aufbrummen?

Nach ein paar Tagen verkündet mir Lene, die Kommandoleiterin, daß ich einmal Besuchsverbot hätte. Das ist zwar schmerzlich, aber wenigstens hat er keinen Arrest im Kellerbunker verhängt.

Die Zeichensprache mit Rosemarie geht natürlich weiter, mit noch größerer Vorsicht allerdings. Wir kommen uns immer näher und sind schon Freunde, ehe wir beieinander sein können. Die schreckliche Einsamkeit wird durch die Wärme und innere Nähe eines anderen Menschen durchbrochen, der teilnimmt, der schon morgens anfragt: "WIE GEHT ES DIR?" und sich abends verabschiedet: "ICH DENKE AN DICH!"

Ich bin nicht wie das Meer,
und doch erfüllt mich ganz
dies eine große, flutende Gefühl.
Ich habe nicht die Kraft,
die unerschöpfliche,
die Flut und Ebbe
Jahr um Jahr gebiert,
und dennoch brandet meine Seele
Stund' um Stunde
an den Fels der Not.

Und jeder Wogenprall ist ein Gebet,
zu sein wie Wasser,
das sich nicht am Stein zerschlägt.

Als es Winter und sehr kalt auf der Burg wird, friert das Wasser ein. Die Leitungen platzen, und alle Insassen müssen durch einen Wasserwagen versorgt werden, der den Berg heraufkommen muß. Es gibt zweimal einen Viertelliter Malzkaffee zum Trinken und einen Liter Wasser am Tage, mit dem man auch die Zelle und die Wäsche sauberhalten muß. Ich benutze einen Teil des Kaffees zum Zähneputzen, wasche mich, soweit das möglich ist, in dem Liter Wasser und reibe anschließend noch etwas notdürftig aus.

Dann platzen auch noch die Heizungsrohre. Eine eisige Kälte breitet sich aus. An den dicken Mauern an und über dem Fenster bildet sich eine 2-3 cm dicke Eisschicht. Es wird angeordnet, daß wir in den Betten zu verbleiben haben. Doch auch das hilft nicht gegen die Kälte. Dann bekommen wir noch einen Viertelliter Brühe am Tag.

Ich wünsche mir nur, einmal im Leben nicht mehr frieren zu müssen. Manchmal heule ich und glaube, ich schaffe es nicht mehr.

Silvester entstehen wieder Verse.

An Christus

Ich bin ein Mensch nur,
aber ich leide wie du.
Die Nägelmale in meinen Händen
brennen wie deine,
und aus der Wunde unter dem Herzen
quillt mein Blut wie deins.

Und Gott ist fern.
Durch seine Hände gleiten Sterne
wie früher weißer Sand durch meine Finger rann.
Ich habe seine Körner nie gezählt.
Man sagt: Gott zählt.
Gott schuf den Baum,
der Baum ward Kreuz durch Menschenhand.
Ich sterbe an diesem Kreuz,
ich sterbe vielleicht an Gott wie du,
wie tausend andre,
Menschen nur
wie ich.

Manchmal möchte ich aufgeben, aber Rosemarie malt in die Luft: ”DU KOMMST DA BESTIMMT BALD RAUS. VIELLEICHT LEGT MAN UNS DANN ZUSAMMEN!“ Und es geht wieder weiter.

Die Kübel können nicht mehr gereinigt werden. Sie werden nur ausgekippt und mit neuem Chlor versehen. Dann geht auch der noch aus.

Auf der Linde liegt dicker Schnee. Schön sieht das aus. So schön, daß es schmerzt.

Als es draußen langsam milder wird, merke ich, daß ich Schwierigkeiten mit dem Sprechen bekomme, wenn mich eine Wachtel was fragt. Ich stottere. Die Einzelhaft dauert nun schon neun Monate.

Im März funkt mir Rosemarie herüber, Stalin sei gestorben. Tiefe Trauer herrscht bei unseren Bewachern, und sie beobachten argwöhnisch die Reaktion der Gefangenen. In Rosemaries Gemeinschaft herrscht gehobene Stimmung, und Hoffnung regt sich, daß sich etwas ändern könnte.

Das geschieht auch, aber erst nach dem gescheiterten Aufstand vom 17. Juni, an dem, wie durchgesickert ist, die Arbeiter der Wismut schon im Anmarsch auf die Burg waren, um uns zu befreien. Das wurde mit Gewalt verhindert. Schüsse waren zu hören.

Die Regierung macht dem Volk Versprechungen, um es wieder für sich zu gewinnen. Ein schwacher Abglanz dieses verheißenen Morgenrots fällt auch auf uns. Die Briefe haben jetzt DIN A4-Format und dürfen mit 20 Zeilen beschrieben werden.

Plötzlich muß ich meine Sachen packen.

"Sie werden in Gemeinschaft verlegt!" verkündet die Wachtel gnädig.

Ich zittere und kann kaum die paar Dinge zusammenkriegen. Ein Jahr und zehn Tage war ich in dieser Isolierzelle. Die roten Ringel um Arm und Bein muß ich abmachen, dann werde ich über den Hof geführt.

Wo werde ich hinkommen? Die Wachtel öffnet Gemeinschaft I, Rosemaries Gemeinschaft.

Ich verharre unbeweglich in einem - so wirkt es auf mich - ohrenbetäubenden Stimmengewirr. Rosemarie steht vor mir. Ich kann nicht verstehen, was sie sagt. Sie nimmt mein Bündel in eine Hand und führt mich mit der anderen zu ihrem Tisch. Ich werde von mehreren Frauen begrüßt, die etwas zu mir sagen, aber ich bin wie betäubt. Schließlich setze ich mich auf eine Bank und halte mir die Ohren zu. Die anderen lachen und sehen mich an wie ein seltenes Tier. Rosemarie versteht, setzt sich neben mich und legt den Arm um mich.

Mein Kopf dröhnt und schmerzt, ich weiß nicht, wie ich mich wehren soll gegen den Krach in dieser Gemeinschaft von 120 Frauen nach der großen Stille, aus der ich komme. Rosemarie streichelt meine Hand. Dann holt sie mir etwas zu trinken aus dem großen Kaffeekübel, der am Eingang steht. Später macht sie mir eine Schnitte, die ich mit gutem Zureden herunterwürge. Aber mir ist noch nach Stunden ganz fürchterlich zumute. Mein Kopf ist wie in einen Schraubstock gepreßt.

Endlich kommt der Abend und die Schlafenszeit. Wir gehen in den großen Waschraum. Viele Wasserhähne sind über langen steinernen Becken angebracht. Das kalte Wasser tut gut. Endlich mal mehr als nur eine Schüssel davon! Dann geht's über den Innenhof und mehrere Treppen hoch bis auf den Dachboden über dem Zellenhaus. Das ist der Schlafsaal von Gemeinschaft I. Ich sehe eine große Anzahl von Doppelstockbetten. Rosemarie sorgt dafür, daß ich eins neben ihr bekomme.

Das Stimmengewirr wird allmählich leiser, das Licht wird gelöscht. Rosemarie zieht mich ein wenig zu sich herüber, bettet meinen Kopf an ihre Schulter und hält mich fest. Endlich kommt Entspannung über mich. Ohne daß ich es verhindern kann, rinnen die Tränen aus meinen Augen. Rosemarie wischt sie ab und streichelt ganz behutsam mein Gesicht.

Irgendwann schlafe ich ein.

Am Morgen habe ich immer noch Kopfschmerzen und behalte sie auch weiter in den nächsten Tagen. Dazu kommt das merkwürdige Gefühl, von einem Glasgehäuse umgeben zu sein. Alles ist unwirklich. Ich halte mich an Rosemaries Gegenwart fest wie an einem Stützpfeiler in all dem Gewoge um mich herum.

Beim Frühstück sagt Helga, eine untersetzte Dunkelhaarige, die mir gegenübersitzt: "Diese Typen haben dich wohl ganz schön fertiggemacht, was? Aber laß nur, wir kriegen dich schon wieder hin!"

Helga war draußen Verkäuferin in einem Russenmagazin, hat einem zudringlichen Russen eine gelangt und damit die Besatzungsmacht beleidigt.

Ich bin erst ein paar Tage in G I, da kommt die Mitteilung, daß ab jetzt die Türen tagsüber geöffnet bleiben. Eine Gefangenenselbstverwaltung soll eingeführt werden, und ein gänzlich anderes Leben beginnt.

Das Wachpersonal schließt am Morgen alles auf, verschwindet dann, und wir können uns innerhalb des Geländes frei bewegen. Die Arbeitseinsätze bleiben davon unberührt.

Ich bin mit Rosemarie in der Stoffnopperei beschäftigt. Sie befindet sich in einer Baracke unterhalb des Zellenhauses, nicht weit vom stacheldrahtbewehrten Sperrstreifen in Mauernähe. Es gibt eine Tag- und eine Nachtschicht. Wir ziehen Stoffballen über schräge Tischplatten und prüfen sie auf Webfehler. Doppelte Fäden müssen vorsichtig aus dem Leinen oder ähnlichen Geweben herausgezogen werden. Bei Möbelstoffen werden Nester gesucht und möglichst im Muster nachgearbeitet, was Geduld und Kunstfertigkeit verlangt.

Fünfzig Pfennige verdienen wir am Tag, von denen uns 30 gutgeschrieben werden. Die restlichen 20 behält die Anstalt ein, weil sie uns ja beherbergt und ernährt. Die Arbeit ist für die Augen anstrengend, und das Gewicht der Ballen muß bewältigt werden. Aber es gibt noch keine Norm. Manchmal singen wir bei der Arbeit.

Nachts kreisen die Scheinwerfer, die an dem Postenhäuschen auf der Mauer angebracht sind, über das Gelände. Ich liebe die Stunde vor Tagesbeginn während der Nachtschicht, wenn sich der Himmel hinter den Pappeln rötet und dann die Sonne aufgeht.

Draußen breiten sich die Felder hin
und warten -
Hinter fernen Wäldern

wächst das erste blasse Leuchten.
Auf der feuchten kalten Erde
bebt das Gras.
Und das Leuchten
flicht sich wie ein Netz
durch das Geäst der Bäume,
breitet sich und steigt
und füllt den Raum,
der zwischen Erde sich und Himmel dehnt.

Draußen wächst der Tag,
der Anbeginn.

Wir warten -

Eine Pappel beginnt abzusterben, und ich denke, daß sie nicht mehr atmen kann in der Not ringsum. Nur wenige fahle Blätter zittern noch an ihren Zweigen. Aber in der Nacht hängen die Sterne in ihrem Geäst.

Wenn wir Freizeit haben, nehmen wir Sonnenbäder auf den Höfen und sehen die VP den ganzen Tag nicht.
Meine knasterfahrenen Mitgefangenen wissen, wie man Kwaß, das russische Nationalgetränk, braut. Brot, Zucker und eine Zitrone werden mit Wasser in einem Topf zum Gären unter einem Strohsack im Schlafsaal angesetzt. Nach geschehener Umwandlung feiern wir nachts, wenn niemand vom Wachpersonal mehr in der Nähe ist, fröhliche Feste. Wir nutzen die uns gebotene relative Freiheit weidlich aus.

Ich treffe wieder mit Gudrun und Felicitas zusammen, die ebenso lange in Einzelhaft waren wie ich. Auch sie erholen sich langsam wieder. Aber ich suche ihre Nähe nicht. Meine Bezugsperson ist Rosemarie, die breiten Raum in meinem Leben einnimmt.

Als sie mich eines Tages küßt, wie mich bisher nur Männer geküßt haben, erschrecke ich zuerst ein wenig, überlasse mich dann aber ihren Zärtlichkeiten und erwidere sie. Das ist ganz natürlich und nur eine Folge unserer Übereinstimmung.

Es gibt viele Pärchen um uns herum, es gibt Eifersucht und Gezänk. Wie in der Freiheit sind auch hier die Menschen verschieden, was Charakter und Reaktionen betrifft. Einige sind ordinär, aber man kann ihnen nicht immer aus dem Wege gehen, sonst wird man ganz schnell für arrogant gehalten.

"Neid und Gehässigkeit sind die Haupttriebkräfte der Menschheit!“ sagt Rosemarie eines Tages. Ich weise das entrüstet zurück, werde aber beinahe täglich belehrt, daß sie eigentlich recht hat. Wir versuchen, unsere Beziehung so unauffällig wie möglich zu leben.

*

Nachdem dieses Geschehen fast vierzig Jahre zurückliegt, habe ich viele Bücher und Protokolle über Hafterlebnisse gelesen. In den meisten von ihnen wird über die Beziehungen von Frauen negativ bis abfällig berichtet, oder aber dieses Thema ist gänzlich tabu. Zu Unrecht, wie ich meine. Diejenigen, die davon sprechen, schildern kurzhaarige, mit männlichen oder zumindest herben Zügen ausgestattete Typen, die auf der Lauer nach Neuzugängen liegen, jedes ansehnliche weibliche Wesen anmachen, sich ordinär bewegen und die Freundinnen wechseln wie die Wäsche. Oder die Beziehungen werden mit Herablassung glossiert, als wäre das Bedürfnis nach Liebe nicht das natürlichste der Welt.

Es mag ja sein, daß in späteren Jahren in Hoheneck, als es überwiegend Kurzstrafer gab, die Beziehungen primitiver und flüchtiger geworden sind. In den Jahren, die ich hinter Zuchthausmauern verbrachte, unter Menschen, deren Strafende nicht abzusehen war, lagen die Dinge wesentlich komplizierter. Nicht die körperlichen Bedürfnisse - bei all ihrer Wichtigkeit - standen im Vordergrund. Es war die Sehnsucht, die eigene Verlassenheit zu durchbrechen, Wärme und Verständnis zu finden. Natürlich gab es Ausnahmen, gab es Frauen mit starker Triebhaftigkeit bis hin zu regelmäßig wiederkehrenden Tobsuchtsanfällen. Aber das war eine verschwindende Minderheit aus dem unteren sozialen Bereich. Die meisten Freundschaften waren ernst zu nehmen, bedeuteten Überlebenshilfe. Die wenigsten gaben ihre Rolle als Frau deswegen auf, und sie lebten nach ihrer Entlassung wieder ein sogenanntes "normales" Leben.

*

Ich erfahre viel in diesen ersten Monaten des Lebens in der Gemeinschaft.

Alle Frauen um mich herum sind vom sowjetischen Militärtribunal verurteilt. Sie waren alle schon in Sachsenhausen zusammen und wurden nach Auflösung des Lagers 1950 in Viehwagen, wie seinerzeit unter Hitler, nach Hoheneck überführt. Mit ihnen gingen Kinder auf Transport, die in den Jahren geboren worden waren. Zwar lebten Männer und Frauen dort getrennt, es fanden sich aber doch Wege zueinander. Die Kinder wurden von den russischen Bewachern akzeptiert, aber sie taten nicht das geringste dafür, sie am Leben zu erhalten. Die Wanzen krochen über die Babies, aber die Mütter schafften es irgendwie mit dem grauen Brei, den sie täglich als Nahrung erhielten, sie durchzubringen. In Hoheneck richteten die verblüfften Deutschen eine Mütterstube ein, bis schließlich doch ihr Ordnungssinn die Oberhand gewann. Kinder hinter Gefängnismauern? Nein, das ging nicht an! Sie nahmen den Frauen die Kinder weg - das älteste war damals schon sechs Jahre alt - und verteilten sie auf Heime. Die Mütter reagierten mit Verzweiflung, aber das interessierte die Ordnungshüter dann nicht mehr. Auch in Hoheneck wurden noch Kinder geboren, die dasselbe Schicksal ereilte.

Das Leben in Sachsenhausen unterschied sich sehr von dem in deutschen Gefängnissen. Zwar war der Hunger bei den spärlichen Brotrationen groß, viele starben an Entkräftung und Infektionskrankheiten, aber die Insassen waren sich weitgehend selbst überlassen. Gängelei kannten die Russen nicht, Organisation nur bedingt. Die Lagerleitung wünschte und gestattete Kultur. Es wurde von namhaften Künstlern und Laien hervorragend Theater gespielt. Heinrich George, der dann im Lager an einer Blinddarmvereiterung mit Durchbruch starb, führte Regie.

Frau Müller, eine blasse ältere Frau mit bescheidenem, freundlichem Wesen, kann sich an ein Gedicht von ihm erinnern und sagt es auf.

Wenn ich einmal frei sein werde,
frag' ich mich, wie wird das sein?
Ich grab' tief in deine Erde,
Heimatland, die Hände ein.

Ich geh' einsam durch die Straßen,
geh' ganz still als wie im Traum;
ich kann die Freiheit noch nicht fassen,
mein Kopf lehnt still an einem Baum.

Und wenn mich jemand fragen wollte,
wo ich so lang gewesen bin,
so werde ich als Antwort sagen:
ich war in Gottes Mühlen drin ...

"Wenn mal wieder eine neue Aufführung bevorstand", erzählt Rosemarie, "haben wir uns alle fein gemacht. Sogar Hüte haben wir uns zusammengebastelt, und dann gingen wir ins Theater."

"Unsere Klamotten wurden immer farbenfreudiger, weil sie bloß noch aus lauter zusammengesetzten Flicken bestanden", wirft Helga ein. Auch die russischen Offiziere erschienen mit ihren festlich gekleideten Frauen. Klassiker wurden gespielt, aber auch leichte Stücke, und das Orchester war hervorragend.

Wo hatten sie die Instrumente her?

"Die beschaffte der Russe!" Makaber, denke ich, die Leute verhungern, aber sie dürfen Geige spielen!

Dann ist von der Sargschreinerei die Rede. Jede Art von Arbeit war begehrt, weil es dann etwas größere Rationen gab.

"Aber diese Särge," lacht Helga, "sozusagen größere Holzkisten, sind erst mal zweckentfremdet worden. Da trafen sich nämlich die Pärchen, und..."

"Schon gut", unterbricht Rosemarie, "Elisabeth hat schon verstanden."

* * *

Als wir im Spätsommer 1964 nach einem wunderschönen gemeinsamen Urlaub im Gebiet um Rheinsberg die Rückfahrt antreten - Annelie, Gefährtin aus Hoheneck, ihr Mann, dessen Entlassung aus dem Zuchthaus Brandenburg noch nicht lange zurückliegt, die 11jährige Angela und ich -, überlege ich, während sich der Wartburg dem Ort Sachsenhausen nähert: Sollten wir nicht anhalten und das KZ besichtigen?

Als ich die Bitte äußere, ist Otto entsetzt: Haben wir nicht selbst genug mitgemacht? Außerdem ist Annelie im 3. Monat schwanger. Doch sie ist dafür. Wir steigen beide aus; Otto und Angela bleiben zurück.

Es ist ein harter Gang. Wir gehen ihn wegen aller Opfer, die dort gelitten haben und umgekommen sind, auch wegen der vielen zwischen 1945 und 1950, die keine Naziverbrecher waren.

Das Museum mit all den Objekten und Dokumentationen ist fürchterlich. Aber nichts läßt darauf schließen, daß es, nachdem die Nazis daraus vertrieben worden waren, vorher die sowjetische Kommandantur war.

Wir machen uns stark und besichtigen den Bau mit den Arrestzellen, den Hungerbunker; wir sehen den Galgen und die Erdlöcher, in denen die Häftlinge zur Strafe Tag und Nacht aufrecht stehen mußten bis zur Erschöpfung und noch darüber hinaus, und ich vergleiche bei allem Entsetzen die aufgrund der Erzählungen meiner Mitgefangenen entstandenen inneren Vorstellungen mit dem, was ich sehe. Es gibt keine Holzbaracken mehr, nur mit Gedenksteinen markierte Rasenflächen.

Wir beide wissen, warum man sie abreißen mußte: Wegen der Wanzen taugten sie nicht als Gedenkstätte. Unserem Führer eine diesbezügliche Frage zu stellen reizt, aber er hat seinen Text so gut gelernt, daß man ihn völlig aus dem Konzept bringen würde. Außerdem wäre es wahrscheinlich lebensgefährlich, unser Wissen preiszugeben.

An einem der Steine bleiben wir still stehen. Die Gedanken sind bei unseren ehemaligen Mitgefangenen und bei denen, die diesen Ort nie mehr verlassen durften. Wo sind ihre Gräber? Wann kommt der Tag, an dem dies alles beim Namen genannt wird?

Wir kehren still zurück, setzen uns wieder ins Auto. Otto guckt uns besorgt und ein wenig böse an. Mußten wir uns das antun?

Wir mußten.

Inzwischen hat man aufgrund von Hinweisen der Anwohner von Fünfeichen Massengräber entdeckt und Gedenkkreuze errichtet. Wie viele wird man noch finden, und wie lange wird es noch dauern, bis die Menschen bereit sind, auch die nach 1945 geschehenen Ungeheuerlichkeiten bewußt zur Kenntnis zu nehmen?

* * *

Wenn wir so zusammensitzen, wird auch manchmal etwas von den Gründen für die Verhaftung der Frauen erzählt.

Frau von Sidow, Gutsbesitzerin, aus Pommern geflüchtet, der Mann gefallen, war mit ihrem erwachsenen Sohn in einem Zimmer untergekommen, das unabhängig vom Eingang der betreffenden Wohnung zu betreten war. Eines Tages wurde die Tür aufgerissen, und ein russischer Soldat stürzte herein, sah den Mantel des Sohnes am Schrank hängen, riß ihn herunter und rannte wieder hinaus. Kurze Zeit darauf erschien eine Militärpatrouille, verhaftete Mutter und Sohn wegen Beihilfe zur Flucht. Der Deserteur war mit dem Mantel des Sohnes gefaßt worden.

Es gibt Tribunalverurteilte, die in Unkenntnis der russischen Sprache und Schrift Vernehmungsprotokolle unterschrieben hatten, ohne zu ahnen, wessen sie da beschuldigt wurden. Die Dolmetscher leisteten zum Teil mangelhafte Arbeit - unwissentlich oder mit Absicht? So setzte eine Mitgefangene ihren Namen unter ein Schriftstück, von dem ihr gesagt wurde, es handele sich um Angaben zur Person. Bei ihrem Prozeß erfuhr sie, sie habe zugegeben, hundert Russinnen erschossen zu haben. Damit hatte sie ihr Todesurteil unterschrieben. Nur durch glückliche Umstände entging sie der Erschießung, machte aber Furchtbares in der Todeszelle, in Bunkern und Isolierhaft durch, bis sie zu 25 Jahren "begnadigt" und nach 10jähriger Haft entlassen wurde.

An uns geht Friedchen vorbei, ein geistig leicht behindertes Mädchen. Jemand aus der Runde ruft:

"He, Friedchen, sag uns doch mal, warum du sitzt!"

"Wegen Spinage!" kommt prompt die erwartete Antwort, und alle lachen. Sie kann das Wort noch nicht mal aussprechen und hat irgendwo bei Russen in der Küche gearbeitet.

Immer, wenn sie ihre Tage bekommt, muß sie wie ein rohes Ei behandelt werden, sonst kriegt sie Tobsuchtanfälle. Dabei packte sie einmal eine Oberwachtmeisterin, wegen ihrer Haarfarbe die "Rote" genannt, bei den Haaren und riß ihr ein ganzes Büschel aus.

Und nun erfahre ich auch, warum unsere drei guten Kumpel aus der Nebenzelle zu Zeiten der Grünpunktisolierung sitzen. Sie sind alle wegen Mordes verurteilt, Anneliese, die Starkknochige, sogar wegen dreifachen.

Wir gehen eines Tages zusammen auf dem Hof spazieren, und sie erzählt mir ihre Geschichte.

Es beginnt wie bei Aschenputtel, ist aber grausame Wirklichkeit. Anneliese stammt von einem Bauernhof. Nach dem Tod der Mutter heiratete der Vater zum zweiten Mal. Die neue Frau brachte eine Tochter mit in die Ehe. Für Anneliese, das grobe, unansehnliche Mädchen, hatte sie nichts übrig. Sie bürdete ihr alle schweren Arbeiten auf, schikanierte sie auf Schritt und Tritt und machte sich noch über sie lustig. Dem Vater erzählte sie Schauermärchen, so daß Anneliese von ihm beschimpft und geschlagen wurde. Die Stiefschwester war bei alledem immer mit von der Partie. Als das Maß übervoll war, schlug Anneliese während eines Streites mit einer Hacke zu, die sie gerade in der Hand hielt. Die Schwester fiel um und war tot. Als der Vater die Scheune betrat, traf sie auch ihn in ihrer Rage tödlich, brachte dann in Panik noch die Stiefmutter um und versteckte alle drei Leichen in der Scheune.

"Für das, was ich getan habe, habe ich eine milde Strafe", schließt sie. Sie hat einmal 15 Jahre für die Affekthandlung an der Schwester und zweimal lebenslänglich für die anderen Morde. Eine irre Vorstellung: zweimal lebenslänglich und einmal fünfzehn Jahre. Wie viele

Leben hat der Mensch? Mit ”milde“ meint sie, daß sie nicht zum Tode verurteilt wurde.

Die anderen erklären mir dann, daß diese merkwürdigen Strafzumessungen mit möglichen Gnadenakten zu tun haben. Beim ersten genehmigten Gesuch werden die 15 Jahre erlassen. Wenn sie Glück hat, gibt es eine zweite Begnadigung, bleibt immer noch einmal lebenslänglich...

Mit Martchen, unserer zweiten Nachbarin, sieht es schon böser aus, was das Tatmotiv anbelangt. Sie hatte vier Kinder und lernte einen Freund kennen, der sie heiraten wollte, aber ohne Kinder. Da nahm sie die vier, ging an eine abgelegene Stelle, faßte die Kleinen nacheinander an den Füßen und schlug sie mit den Köpfen gegen einen Baum. Der Älteste rannte weg. Dreimal lebenslänglich.

Die Tat der dritten, Gertrud, ist wiederum nachzuvollziehen, denke ich, als ich ihre Geschichte erfahre. Sie lebte in Untermiete bei einer Wirtin, die ihr das Leben schwer machte in einem ständigen täglichen Kleinkrieg. Sie wurde verdächtigt, gestohlen zu haben, wurde beleidigt und gequält. Als Gertrud eines Morgens in ihrem Zimmer den Ofen anmachte, kam die Alte herein und beschimpfte sie wieder einmal auf so hinterhältige Weise, daß Gertrud mit dem Kohlenhaken, mit dem sie gerade hantierte, nach ihr schlug. Die Frau wich zurück, stürzte und schlug mit dem Hinterkopf auf die Kante eines Schrankes. Sie blieb reglos liegen. Gertrud wurde wegen Mordes und nicht wegen Totschlags verurteilt, weil sie vorher, wie man das so aus Ärger tut, zu Nachbarn gesagt hatte: Ich bringe die Alte noch um. Die Nachbarn sagten als Zeugen aus.

Ich begreife hier, daß der Mensch nicht mit seiner Tat gleichzusetzen ist, und werde ganz still vor solchen Schicksalen. Vielleicht hat unsereiner glücklicherweise nur eine stärkere Hemmschwelle.

Auch von den Lebenslänglichen sind fast alle miteinander liiert. Wie sollen sie auch sonst dieses Leben ertragen? Niemand kann ohne Verständnis, ohne Liebe existieren.

Es gibt nur wenige sogenannte Kurzstrafer in Hoheneck, das sind Frauen mit kriminellen Delikten, die mit weniger als 10 Jahren bestraft wurden. Sie sind für die Außenarbeiten zuständig. Sie verlassen morgens die Anstalt und arbeiten bis zum Abend in der Gärtnerei. Wir kommen kaum mit ihnen in Berührung, haben auch mit den "kleinen Krimis" wenig im Sinn.

Die notwendigsten Handwerksarbeiten im Haus werden von Tribunalverurteilten ausgeführt: Elektriker-, Tischler-, Schlosser-, Klempner-, Maler-, ja sogar Maurer- und Schachtarbeiten. Das Kulturhaus unmittelbar neben dem Zellentrakt verdankt seine Fundamente der Schufterei von Frauen.

Rosemarie erzählt auch von den ersten Zeiten nach der Ankunft in Hoheneck.

Das deutsche Personal, zwar schon geschult, aber noch ohne Erfahrung, machte im wesentlichen zwei Fehler: ein Teil von ihnen gebärdete sich als 150prozentig, die Gutwilligeren und Intelligenteren merkten jedoch bald, daß sie keine Verbrecher vor sich hatten, als die man ihnen vorher die Gefangenen dargestellt hatte. Es entstand Sympathie und Mitleid. Manche vom Wachpersonal freundeten sich heimlich mit den Frauen an, beförderten Post für sie, und einige hatten sogar intime Beziehungen mit ihnen.

Eines Tages kam die Katastrophe. Jemand hatte ein Gespräch belauscht. Fünf Wachtmeisterinnen wurden verhaftet, die mit ihnen vertrauten Frauen kamen in Kellerarrest. Eine von ihnen war den Verhören nicht gewachsen. Als man ihr drohte, auch noch ihre Eltern wegen der Korrespondenz und angeblicher Weitergabe von politischen Nachrichten zu verhaften, erhängte sie sich am Fenstergitter.

Danach verschärfte sich die Wachsamkeit, und kaum jemand von den Bewachern traute sich noch, freundlich zu sein.

Sie sind sehr verschieden, die für unsere "Verwahrung" Zuständigen. Spitznamen haben sie alle, bis auf die wenigen, deren Namen durchgesickert sind.

Da heißt eine schwarzhaarige "Krähe", wegen Aussehens und Stimme, eine besonders kleine "Einsfünfzig mit Hut", eine andere "Zicke", womit ihre Art, sich zu geben, gewürdigt wird, eine ältere wird "Muttchen" genannt, sie gebärdet sich meistens mütterlich besorgt, ist aber nicht ehrlich. Als eine jüngere, die immer freundlich und zugänglich ist, erfährt, daß wir sie "Sonnenschein" nennen, sagt sie zu mir: "Sie wissen gar nicht, wie Sie uns mit solchen guten Spitznamen schaden!" Und richtig, sie hält sich nicht lange bei uns.

Die jungen Dinger, die auf uns losgelassen werden, sind am schwersten zu ertragen, weil sie mit einer unverfrorenen Arroganz auftreten und uns wie den letzten Dreck behandeln. Man hat sie instruiert, daß wir die schlimmsten Schwerverbrecher sind, die es gibt, weil wir den Frieden mit unseren Untaten gefährdet haben. Sie sind kleine FDJlerinnen aus dem "Arzgebirch" und meistens ziemlich einfältig, aber wiederum auch nicht so dumm, daß sie nicht mit der Zeit merken, aus welchem Holz wir bösen Verbrecher geschnitzt sind.

Drei Monate lang, während der Gefangenenselbstverwaltung, haben wir jedenfalls fast nichts mit ihnen zu schaffen.

Dann wird uns bei einem Zählappell mitgeteilt, die Türen müßten leider wieder verschlossen werden; das läge nicht an uns. Alles hätte gut funktioniert, aber man wäre doch einen Schritt zu weit gegangen. Deutsche Logik! Wir hatten uns ein bißchen erholt in dieser Zeit. Nun werden die ein wenig gewachsenen Flügel abgeschnitten. Die Stimmung ist miserabel.

In diese angespannte Situation trifft die Zeitungsmeldung - wir dürfen seit einiger Zeit von unserem verdienten Geld die "Tägliche Rundschau", genannt "Klägliche Schundschau", halten -, daß Konrad Adenauer auf seiner Moskaureise die Freilassung der verbliebenen Kriegsgefangenen erreicht hat. Listen werden veröffentlicht, und die tribunalverurteilten Frauen lesen die Namen ihrer Hauptangeklagten, die zum Teil zwei- und dreimal 25 Jahre bekommen hatten und in Lager der Sowjetunion transportiert worden waren, die Namen ihrer Ehemänner, Söhne und Freunde. Sie aber sitzen hier, manche mit "nur" 10 Jahren.

Das ist nicht zu fassen! Unruhe bricht aus. Die Frauen wollen wissen, was mit ihnen geschehen wird.

Rosemarie sagt: "Ihr wißt doch, daß alles beim Russen ein Lotteriespiel ist, wieviel Jahre du bekommst und wann und ob du entlassen wirst!"

Es wird eine Kommission gebildet, die sich bei der Lehmann, der Politkommissarin, genannt "Opeuse", einem Ekel von Frau, zu einem Sprechtermin anmelden läßt. Sie wird sich nicht sprechen lassen, vermuten wir richtig.

"Hungerstreik ab morgen früh!" flüstert es, klopft es, wird es durch die Fallrohre der Gemeinschaftsklos gerufen.

Die Kaffeekübel bleiben am nächsten Morgen, dem 18. 10. 1953, unberührt stehen. Die Kaltverpflegung liegt auf den Brettern, so wie sie hereingetragen wird. Das fällt gar nicht gleich auf, aber im Laufe des Vormittags merken es die Wachteln doch und gucken ungläubig, als wir ihnen sagen, daß wir nicht essen würden.

Manche lachen: "So'n Quatsch!"

Als mittags die Essenkübel ebenfalls nicht angerührt werden, fängt man an, die Sache ernst zu nehmen. Meldung haben sie den Vorgesetzten zwar schon am Vormittag gemacht, aber nun erst erscheinen diese in unseren Gemeinschaften.

"Was soll das?" werden wir gefragt, und die Saalälteste gibt korrekt Auskunft.

Keine Aggressivitäten gegen das Personal, hatte es geheißen. Wir leisten diszipliniert passiven Widerstand. Sie sollen uns nicht ins Unrecht setzen können.

Jetzt ist die Lehmann auf einmal präsent.

"Schüsseln auf die Tische und füllen!" befiehlt sie.

Es geschieht, aber keiner nimmt den Löffel in die Hand. Sie schreit, wir würden das noch bereuen, verläßt dann aber, irritiert von so vielen Augen, die sie unbeweglich anstarren, den Saal.

Am Nachmittag bemerken wir bereits Panik bei unseren Bewachern. Es wird uns eine Verordnung aus uralten Zeiten vorgelesen, aus der unter anderem hervorgeht, daß wir in einem solchen Falle in die Schlafsäle zu verbringen wären und uns in die Betten zu begeben hätten. Genau das passiert auch. Seit mittags ist das Wasser abgestellt. Dem Streik soll schnell ein Ende bereitet werden, denn hungern kann der Mensch eine Weile, aber nicht dursten. Wir verständigen uns rufend von Schlafsaal zu Schlafsaal: "Wir essen nicht, wir halten durch!"

Auch das Zellenhaus macht mit. Nur das Krankenrevier wird laut Beschluß ausgespart, zu viele Lungen- und Bauch-TBC-Kranke liegen dort.

Ich gucke mit Rosemarie vom oberen Bett aus einem der Bodenfenster. Unten stehen etliche von der VP, reden heftig und werfen hilflos zornige Blicke zu uns herauf.

Mein Magen hat sich erstaunlicherweise schon beruhigt, aber das ist nicht bei allen so. Frau Müller, über sechzig und herzkrank, leidet unter dem Durst. Wir können ihr nicht helfen.

"Ob die merken, daß wir vom Deutschen Verurteilten auch mitmachen?" frage ich Rosemarie.

Eigentlich betrifft uns der Anlaß ja gar nicht. Wir sind nur drei Politische inmitten der vielen Tribunalverurteilten. Aber die VP ist so beschäftigt, daß sie unsere Solidarität gar nicht bemerkt.

In der Nacht unternehmen die Bewacher etwas: Sie veranstalten eine Riesenrazzia. Wir beobachten von oben, wie sie in den Gemeinschaften alles aus den Schränken zerren und in der Saalmitte auf einen Haufen schmeißen. Auch der Inhalt der Pakete ist dabei.

"Ein Mistverein!" bemerkt Helga, drastisch und zutreffend wie immer, "man sollte sie in die Eier treten!"

Frau Mutschmann, Gauleiterswitwe und eine der wenigen Nazifrauen, die die Russen bei der Auflösung des Lagers Sachsenhausen nicht entlassen haben, guckt pikiert und findet es wieder einmal empörend, mit welchem Volk sie zusammensein muß. Sie gehört zu einer kleinen Gruppe ewiggestriger, die sich von der Gemeinschaft absondern und es sogar fertigbekommen, am 20. April den Führergeburtstag zu feiern. Dann gibt es auch noch ein paar KZ-Aufseherinnen, die unsererseits ebenso wie von den Nazissen gemieden werden.

Der Schlaf, wenn auch nur kurz, läßt selbst den Durst vergessen.

Am Morgen erscheint, leicht schwankend und mit einer ungeheuren Alkoholfahne, ein Offizier vor den Lattenverschlägen des Schlafsaales. "Strafjefangene, Se machen da eenen jroßen Fehler! Wissen Se, wie man sowat nennt? Aufruhr nennt man det. Widerstand jejen de Staatsjewalt, und det wird teuer. Wat meinen Se, wenn Se alle noch een paar Jährchen dazu kriejen? Na, wollen Se nich endlich den Blödsinn lassen und wat essen?"

Wir lachen über die Unglücksfigur und spüren, daß wir trotz unseres Eingesperrtseins die eigentlich Freien und Überlegenen sind. ”Die haben doch nur Angst um ihre Pöstchen“, murmelt Helga und würde es dem Offizier lieber ins Gesicht sagen. ”Was meint ihr, was denen passiert, wenn die Russen erst erfahren, was hier los ist!“

Nachdem der traurige Agitator davongeschwankt ist, kommt wieder jemand die Treppe herauf. Diesmal ist es der Elektrikerhauptwachmeister, ein älterer ruhiger Mann. Ihm folgt eine Gefangene, die einen Eimer Wasser trägt. Er macht sich am Überlauf der Heizung zu schaffen, nickt uns aufmunternd zu und läßt den Eimer stehen. Er ist einer, der von allen geschätzt wird, da er manchmal Nachrichten von draußen mitbringt und immer freundlich ist. Ein Wunder, daß er noch nicht aufgeflogen ist.

Jeder darf ein paar Schlucke trinken, und der schlimmste Durst ist erst mal gelöscht.

Plötzlich werden wir zum Rundgang beordert. Auch Frau Müller muß aufstehen. Sie schwankt, und wir müssen sie stützen, aber sie wird durchhalten. Diszipliniert gehen wir hintereinander, schweigend. Ich habe so ein leichtes Schwebegefühl, hebe im Anblick unserer herumzeternden Bewacher den Kopf bewußt hoch. Oh, ihr armseligen Gestalten, wie steht's denn mit eurer Macht?!

Der zweite Tag vergeht. Trotz der Schwäche, die sich bemerkbar macht, fühlen wir uns stark. Natürlich ruht jegliche Arbeit.

”Die können uns alle mal!“ sagt Helga.

Am Ende des zweiten Tages trifft eine Delegation aus Berlin ein. Aus jedem Schlafsaal werden ein paar Leute geholt, die zuhören müssen, was die Herren zu sagen haben. Nachdem sie sich die Gründe für den Hungerstreik haben darlegen lassen, erklären sie, sie würden unter der Voraussetzung, daß die Aktion sofort abgebrochen würde, sich der Probleme der Frauen annehmen und mit den Vertretern der Besatzungsmacht sprechen.

"Allerdings können wir Sie auch truppweise bei Nacht über die Landstraße jagen!"

Unsere Saalälteste und die beiden anderen, die abgeordnet waren, kommen zurück und verkünden die Botschaft.

"Denen glaube ich doch kein Wort!" bemerkt Helga, und Frau Mutschmann mit ihrer Truppe ist ausnahmsweise derselben Meinung, schrickt aber gleich darauf zusammen, als Helga anfügt: "Arschlöcher!"

Einige im Saal, die sich offenbar schon recht mulmig fühlen, meinen zaghaft, vielleicht sollten wir doch aufhören, denn nun wäre ja das eingetreten, was wir gewollt hätten, nämlich, daß unsere Probleme vorgetragen würden.

"Spinnt nicht rum!" weist sie Rosemarie zurecht, ehe Helga, die sich gerade vollpumpt für eine Erwiderung, etwas sagen kann.

"Wie lange kennt ihr die Brüder schon?"

Also wird weitergestreikt. Wieder schallt es in der Nacht von Schlafsaal zu Schlafsaal:

"Wir halten durch, wir essen nicht!"

Die VP grölt von unten: "Von den Fenstern weg!"

Jemand schießt sogar in die Luft, und wir ziehen die Köpfe ein. Frau Müller geht es sehr schlecht. Sie ist bleich und japst nach Luft.

"Wir brauchen einen Arzt!" schreit Helga aus dem Fenster. Gelächter als Antwort.

"Wenn ihr eßt, könnt ihr auch einen Doktor kriegen!"

Am dritten Tag ist nicht nur Frau Müller mit ihrer ohnehin schwachen Kraft am Ende, sondern auch einige andere, wenig Widerstandsfähige, fühlen sich elend. Sie liegen bleich auf ihren Strohsäcken.

Der Rundgang fällt diesmal aus.

Gegen Mittag sagt Rosemarie, die am Fenster steht: "Ich rieche was!"

Dann schnuppern wir es auch: Aus dem Zellenhaus strömt Essensgeruch. Natürlich haben es die Frauen dort am schwersten, weil sie einzeln, zu zweit oder zu dritt sind und man ihnen sicher gehörig zugesetzt hat. Nach einiger Zeit ertönt aus einem der Schlafsäle der Ruf: "Wir brechen ab!"

Aus einem anderen kommt die Bestätigung: "Wir auch!"

Also entschließen auch wir uns zur Aufgabe. Wir können den Schlafsaal verlassen und werden wieder in unsere Gemeinschaften geschickt.

"Diese Schweine!" ruft nicht nur Helga. Mühsam suchen wir unsere Sachen heraus. Es gelingt nur teilweise. Vieles ist kaputt und verdorben. Die Paketinhalte können wir nur noch wegschmeißen.

Einige Frauen fehlen. Es sind hauptsächlich diejenigen, die oft als Wortführer aufgetreten sind, und solche, die mit ihrer Meinung nie hinter dem Berg gehalten haben. Man vermutet in ihnen die Initiatoren des Streiks. In der Tat weiß niemand, wer auf die Idee gekommen ist. Auch unsere Saalälteste ist in der Nacht nicht mehr zurückgekommen. Es spricht sich herum, daß ein Transport abgegangen ist. Wo mag man die Frauen hingebracht haben?

Der Hungerstreik kostet die "Opeuse", die gehaßte Politkommissarin, ihre Stellung; sie verschwindet aus Hoheneck. Man hätte sie degradiert, wird erzählt. Ihr Nachfolger ist Hauptmann Junghans, der bald den Namen "Makarenko" erhält.

Friedchen muß bei ihm in seinem Zimmer saubermachen.

Er ermahnt sie, auf keinen Fall auf seinem Schreibtsch etwas anzufassen, und sie hält sich strikt daran, indem sie um alle Gegenstände herumwischt. Allmählich werden die Staubkringel immer dicker, und Makarenko stellt seine Reinigungskraft zur Rede. Sie behauptet, sie hätte sich nur an seine Anweisungen gehalten.

Als Makarenko schon eine Weile da ist, erkundigt er sich bei Friedchen, ob er denn auch einen Spitznamen hätte.

"Sie heißen 'Makarenko'!" antwortet sie, ohne zu zögern. Er registriert das mit offensichtlichem Wohlwollen.

"Und warum, Strafgefangene, nennt man mich wohl so?"

"Weil Sie die Leute alle falsch erziehen!"

Da gefriert sein selbstgefälliges Lächeln. Natürlich ist der Spitzname als blanker Hohn gemeint.

Der Alltag kehrt wieder ein. Die meisten Wachteln sind noch unfreundlicher als vorher. Nur der Hauptwachtmeister läßt uns wissen: "Hättet ihr noch einen Tag länger durchgehalten, dann hätten sie euch alle entlassen müssen!" Wer weiß. Von ihm erfahren wir auch, daß man verstärkt Kasernierte Volkspolizei um die Burg zusammengezogen hatte.

"Welch ein Staat, der Angst vor seinen eigenen Gefangenen hat!" bemerke ich, und Helga ergänzt:

"Staat nennst du diesen Misthaufen?"

Rosemarie ist in der Schneiderei. Sie nähen dort an Maschinen Uniformen und quälen sich herum mit den schweren Stoffen und dem schlechten Garn, immer mit einer Wachtel im Rücken, die aufpaßt, daß die Maschinen pausenlos rattern.

Die Schneiderei befindet sich unter dem Kirchensaal.

Manchmal gibt es auch Gottesdienst. Als ich noch im Zellenhaus war, mußte ich die Klappe werfen, wenn er ausgerufen wurde. Aber ich wurde nur wenige Male zugelassen. Da saß man dann in den alten, hellblau gestrichenen Kirchenbänken, als Isolierte auf Abstand zur

Nachbarin, hoffte auf helfende Aussagen des Pfarrers, die aber als zensierte Predigten diesen Wunsch kaum erfüllen konnten.

Es habe anfangs einen alten evangelischen Pfarrer gegeben, dem man weisgemacht hatte, daß in Hoheneck nur lauter Mörder wären. Als er dann sah, wer ihm im Gottesdienst gegenübersaß, und hörte, wie der Gefangenenchor sang, hat er, als alle beim Vaterunser niederknieten, es auch getan, und die Tränen liefen ihm über das Gesicht. Er blieb nicht lange Anstaltspfarrer und wurde durch einen jüngeren ersetzt.

"Der neue Pastor ist 'ne Flasche", charakterisiert Helga den Mann, "der traut sich überhaupt nichts, und zu sprechen ist er auch kaum. Der katholische ist viel mehr auf dem Kien."

So bleibt es auch in den späteren Jahren.

Pfarrer Steiner aus Schneeberg kommt regelmäßig, obwohl er sich jedesmal peinlichen Kontrollen unterziehen muß. Seine Taschen mit den sakralen Gegenständen werden durchwühlt.

"Er ist eine Seele von Mensch!" sagen die Katholiken.

Mit der Zeit rücke ich innerlich immer mehr von der Institution Kirche ab. Der evangelische Gottesdienst schläft allmählich ein. Das ist ganz im Sinne der Anstaltsleitung, aber für die Kirche ist es ein Armutszeugnis. Sie läßt uns im Stich.

Mittlerweile sind schon mehrere vom Deutschen Verurteilte in Hoheneck eingetroffen. Eines Tages kommt ein ganzer Transport aus Halle. Dafür sollen einige von uns dorthin.

Rosemarie kommt aufgeregt von der Schicht. Sie hat erfahren, daß ich dabeisein soll.

"Du mußt krank werden, du mußt Fieber bekommen!" sagt sie.

Beim abendlichen Rauchen - drei Stück sind täglich

gestattet - heben wir die Kippen auf, und ich kaue sie. Ein alter Häftlingstrick, und er wirkt.

Am nächsten Morgen habe ich wirklich über 38°C, als der Transport zusammengestellt wird. Die Ärztin, eine mit Rosemarie gut vertraute Strafgefangene, bescheinigt, daß ich nicht transportfähig wäre, und ich kann hierbleiben. Rosemarie nimmt mich in ihre Arme, und ich fühle mich geborgen. Bloß nicht getrennt werden und die Wärme hergeben müssen!

Doch die Trennung kommt.

Eines Morgens verkündet Helga: "Ich habe von der Burgfrau geträumt! Sie kam aus der Wand auf mich zu, nahm ihren Schleier vom Gesicht, breitete die Arme aus und sagte: 'Euch wird Gutes geschehen!' Dann verschwand sie wieder in der Mauer."

"Was soll uns Gutes geschehen?" winkt Rosemarie ab. "Hör auf mit dem Schwachsinn!"

"Vielleicht kommen wir raus?" sagt Frau Müller leise. Ihre Kräfte haben sehr abgenommen; sie ist zusammengefallen und gealtert.

Rosemarie schluckt hinunter, was sie auf der Zunge hat, um diesen schwachen Hoffnungsschimmer in den traurigen Augen nicht zu zerstören.

Alle Gefangenen sind abergläubisch. Wenn man von Schnee träumt, gibt es eine Veränderung, eine Verlegung oder so etwas. Verliert man im Traum einen Zahn, so stirbt jemand. Die Burgfrau ist ein fester Begriff mit Tradition in Hoheneck. Wenn sie jemandem erscheint, bahnen sich immer große Ereignisse an. Es handelt sich nach der Sage um eine zur Strafe für ihre Untreue eingemauerte fürstliche Frau.

Wenige Tage später, Anfang des Jahres 1954, werden plötzlich schubweise Tribunalverurteilte aufgerufen. Viele müssen ihre Sachen packen und kommen in die Abgangszellen.

”Die haben wohl endlich von uns die Schnauze voll!“ kommentiert Helga und fügt hinzu: ”Also hat der Hungerstreik doch was bewirkt, na, sieh an!“

Die meisten werden entlassen, auch Rosemarie, Helga und Frau Müller. Rosemarie verspricht mir, meine Pflegemutter zu besuchen und von sich hören zu lassen. Ich wünsche ihr alles Gute, versuche mich zu beherrschen. Aber als sie weg ist, weine ich, weine und weine ...

Über die Dächer quält es sich hin wie Rauch,
zerstiebt an den Giebeln
und ballt sich von neuem,
tastet sich über das öde, verwinterte Land.
Äste ragen ins Fahle,
klammern sich fest am Nichts;
Zäune erstarren hilflos,
alles zerrinnt.

Da - eine schwarze Flamme
stürzt in das Grau,
hat eine Stimme, schreit -
reißt sich hinauf, hinab,
findet nicht, schreit -
Irr ist die Stimme,
ich bin die Stimme,
ich -

Zur inneren Kälte kommt wieder die äußere. Wir sind auch in diesem Winter ohne Wasser. Die Heizung fällt aus, und wir müssen abermals in den Betten bleiben. Die Frostbeulen an meinen Händen brechen wieder auf. Diesmal packt man sie mir drei Wochen in Lebertranverbände. Es stinkt ganz fürchterlich, und ich bin allein fast hilflos.

Nach dem Abgang der meisten vom Russen Verurteilten werden die Gemeinschaften aufgelöst, und wir

Übriggebliebenen werden wieder ins Zellenhaus verlegt.

Wir sind zu dritt: Gisela, sehr zart, Spionage,12 Jahre; Hanna, stabiler, Wirtschaftsvergehen, 8 Jahre; und ich. Zum Glück verstehen wir uns, und wir kommen wieder einmal irgendwie über den Winter. Gisela hat sich im Bett die Füße erfroren und wird nun auch mit Lebertran behandelt. Wir haben uns schon an den Geruch gewöhnt.

In der Schneiderei gibt es Veränderungen. In der ehemaligen Gemeinschaft II wird ein Band eingerichtet. Eine große Welle läuft durch den ganzen Saal, von einem Treibriemen bewegt. Von ihr gehen die einzelnen Antriebsriemen zu den Maschinen. Ich werde in der Schneiderei als Mechaniker angelernt. Zuerst laufe ich mit der Hauptmechanikerin mit und sehe zu, wie sie die Maschinen repariert. Dann wird in der Werkstatt eine alte Maschine auseinandergenommen, damit ich die Teile und ihre Funktion kennenlerne. Ich finde das ganz interessant, und allmählich wage ich mich an Reparaturen. Die Arbeit hat auch den Vorteil, daß man viel herumkommt und sich mit den Näherinnen unterhalten kann.

Eines Tages geschieht Furchtbares. Edeltraut Eckert, ein Mädchen mit langen Haaren, bückt sich, um unter dem Nähtisch eine Spule aufzuheben, gerät in die Welle und wird skalpiert. Sie taucht mit weit aufgerissenen Augen und ohne einen Laut mit blutigem Kopf auf. Die anderen schreien entsetzt auf. Erst dann fällt sie in Ohnmacht. Jemand rennt und stellt die Welle ab, die tuckernd zum Stehen kommt, umwickelt mit den Haaren. Edeltraut wird hinausgetragen. Ein Krankenwagen bringt sie ins Haftkrankenhaus Meusdorf.

Alle stehen verstört herum. Keiner vermag mehr zu arbeiten. Auch die Diensthabenden sind erschrocken. Am nächsten Tage wird das Tragen von Haarnetzen angeordnet - *nach* der Katastrophe.

Immer wieder fragen wir nach Edeltraut. Andere aus

Meusdorf zurückkehrende Geheilte berichten, man habe mehrere Transplantationen versucht, immer wieder sei das Gewebe abgeeitert. Eines Tages bringt jemand die Nachricht mit, Edeltraut ist tot, gestorben mit 25 Jahren.

Edeltraut, ein sensibles und begabtes Menschenkind, war als Studentin 1950 verhaftet und vom Militärtribunal zu 25 Jahren Arbeitslager verurteilt worden. Sie schrieb Gedichte, sprachlich und inhaltlich ausdrucksstarke Verse wie die 1953 in Waldheim entstandenen:

Ob ich vor vielen, vielen Jahren
wohl einmal eine Birke war?
So blütengläubig unerfahren
spür' ich wie leises Offenbaren
den Frühlingswind in meinem Haar.

Ob ich einmal vor langen Zeiten
als Schwalbe fremde Länder sah?
Noch ist das Sehnen nach den Weiten,
das Schweben und das Niedergleiten
und Wärmesuchen in mir da.

Ob ich in einem großen Meere
wohl einmal schon als Welle trieb?
Mitunter ist mir so, als wäre
ich losgelöst von aller Schwere
und nur das Rauschen und Verrinnen blieb.

Ob ich wohl zwischen Nacht und Träumen
einmal als leiser Wind geweht?
Mir blieb ein Duft von allen Bäumen,
die große Stille aus den Räumen,
die zitternd durch mein Leben geht.

Bereits in Potsdam 1950 schrieb sie das folgende Weihnachtsgedicht:

Ihr zündet daheim jetzt die Kerzen an,
ein flackernder Kranz kleiner Sonnen -
ein leises Duften von Weihrauch und Tann
hält euch so innig umsponnen.

Die Kerze vertropft auf dem dunklen Gestell,
malt Schatten in eure Gesichter.
Ich seh keine Kerzen, und doch ist es hell -
denn tiefes Sehnen brennt lichter.

Mein Herz ist daheim in der Heiligen Nacht
und atmet aus allen Dingen.
Zu euch hat ein gütiger Wind mich gebracht
auf meiner Sehnsucht Schwingen.

Von allen erwartet, von niemand erschaut,
tret ich zu euch, und ganz leise -
von alther gewohnt und so seltsam vertraut -
erklingt eine uralte Weise.

Mit heißen Augen schau ich ins Licht,
eh ich zum Gehen mich rüste;
denn mit euch singen kann ich jetzt nicht ...
weil ich dann weinen müßte.

Sie ist nicht die einzige, die aufgrund fehlender Arbeitsschutzbestimmungen stirbt.

Gerdi, im Malerkommando eingesetzt, wird mit Vergiftungserscheinungen in Meusdorf eingeliefert und stirbt daran.

Viele sterben in den ersten Hohenecker Jahren wegen der hygienischen Zustände an TBC. Die im Winter bei Wasserausfall nicht mehr gereinigten und ungechlorten Kübel sind eine Brutstätte für Erreger der Bauch-TBC, und die Gemeinschaftsklos sind es nicht weniger. Zwei Plumpsklos ohne Wasserspülung befinden sich nebeneinander. Aber die Fallrohre gehen nicht senkrecht nach unten, sondern schräg. Die benutzten Papiere sammeln sich an, und wenn es windig ist, werden einem die Stücke an den Po geweht. Aber Wasser ist knapp, und nur selten kann ein Eimer voll den ganzen Unrat wegspülen. Ich wundere mich, daß ich noch nicht krank geworden bin.

Gisela wird immer dünner und blasser, und eines Tages ist klar: Es hat sie auch erwischt, an der Lunge. Sie muß ins Revier und verabschiedet sich mit einem Lächeln, das uns durch und durch geht. Sie kommt nicht wieder.

Wie werden wir auch ernährt! Keinerlei Vitamine in Form von Obst. Das einzige ist eventuell die häusliche Zitrone im Paket. Butter gibt es nie, Schmalz selten, und das Mittagessen ist meistens gehaltlos. Viele Suppen gibt es, dünn, mit Nudeln oder Reis und etwas Gemüse. Die meisten schütteln sich, wenn es Flecke gibt: Das sind ausgewaschene Darmstücke in einer süßsauren Soße. Ich esse alles, um bei Kräften zu bleiben.

Meiner Mutter bin ich nachträglich dankbar für ihre liebevolle, aber strenge Erziehung. Es wurde grundsätzlich alles gegessen, nichts durfte auf dem Teller bleiben. Ich litt als Kind unter solchen Forderungen und darunter, daß ich manches im Vergleich zu meinen Klassenkameradinnen nicht bekam.

"Man muß nicht alles haben, was man sieht", befand meine Mutter.

Und mein sehr geliebter Großvater, Vorbild in allem, lebte nach dem Motto:

"Man muß alles können und alles lassen können!", wobei das Lassenkönnen wohl die größere Kunst ist.

Unter solchen Maximen aufgewachsen, wurde ich abgehärtet und kann in der Haftsituation leichter verzichten.

Manchmal gibt es Heringe und Pellkartoffeln. Das ist zwar beinahe ein Festessen, aber für beides nur einen Löffelstiel zur Verfügung zu haben ist ein Problem. Auch Hülsenfrüchte gibt es zuweilen.

Einmal ist der Kalfaktor gerade mit dem Austeilen beschäftigt, als der Anstaltsleiter auftaucht und wohlwollend fragt:

"Na, Strafgefangene, was gibt es denn heute?", antwortet sie erschrocken: "Erbsen mit Major, Herr Speck!"

Im Frühsommer, als sich unsere geliebte Linde gerade begrünt, ruft plötzlich jemand: "Kommt her und seht euch das an!"

Alle stürzen von den Maschinen weg ans Fenster.

Auf dem Hof schlagen sie mit Äxten auf den Stamm der Linde ein. Einige reißen das Fenster auf und schreien hinaus: "Aufhören!"

"Vom Fenster weg!" ist die Antwort.

Wir zucken unter den Schlägen zusammen. Die Linde bebt, aber leistet Widerstand, kämpft um ihr Leben. Da holen sie einen Traktor, binden ein starkes Seil um den Stamm, und das Fahrzeug zieht an. Langsam, ganz langsam neigt sich die Linde mit ihren zartgrünen Zweigen und kracht schließlich zu Boden. Ein vielstimmiger Aufschrei dringt aus den Fenstern.

"Das ist Mord!" brüllt jemand, und am liebsten würden wir in unserer Wut die Gitter herausreißen und die Türen eintreten, um uns auf die Baummörder zu stürzen.

Auch alles andere Grün verschwindet. Der Hof wird planiert und mit einem schwarzen Belag in eine Art Aschenbahn verwandelt.

"Die Katzen sind auch weg!" sagt Elfriede, meine Hauptmechanikerin. Ihr Chef, der uns so wohlgesonnene, hatte ihr erzählt, man habe die Tiere nachts eingefangen, alle in einen Sack gesteckt, wo sie in Panik schrieen und sich bissen, dann hätte einer so lange darauf geschlagen, bis sich nichts mehr rührte. Mir wird übel. Wenn sie uns schon schikanieren, was haben ihnen die Tiere getan? Ich verachte diese Typen aus tiefster Seele.

In einem der nächsten sehnsüchtig erwarteten Briefe teilt mir meine Pflegemutter mit, sie habe lieben Besuch gehabt, der mich grüßen ließe. Es ginge gut, ein Umzug sei erfolgt, und ich verstehe, daß Rosemarie in den Westen übergesiedelt ist. Sie hat auch meinen Professor besucht, der sich fortan an den Paketen beteiligen möchte.

Eines Nachmittags, die Schicht ist gerade zu Ende, erscheint der Posthauptwachtmeister, ein kleiner, dürrer Mann, den niemand leiden kann wegen des Umgangs mit der Post und den Paketen, vor meiner Zelle. Er hält einen Brief in der Hand, der außer der Reihe gekommen sein muß. Wer mir da denn schriebe mit dem Namen "Moser"? Ich sage schnell: "Das ist mein Onkel!"

"Den Brief gönnen Se aber nich kriejen. Gucken Se mal de Schrift an, die kann keener lesen!" Er hält mir den Brief kurz hin, und ich lese in den vertrauten Zügen: "Geliebteste ..."

Dann zieht er ihn wieder weg. Wie gut, daß ihr die Schrift nicht lesen könnt, denke ich. Bestimmt hättet ihr dann gewußt, daß da kein Onkel schreibt. Er denkt also weiter in Liebe an mich, und ein warmer Strom durchrinnt mich. Die Pakete, die ich dann immer im Wechsel mit denen von meiner Pflegemutter bekomme, zeichnen sich schon durch ihren Umfang aus. Immer sind sie schwerer, aber ich habe Glück. Der Postmensch, der sie austeilt und sich gerade vorher über ein schlecht eingepacktes Paket geärgert hat, weist auf den Inhalt des meinen, das lauter Westwaren enthält, und sagt begeistert: "Das is 'ne Verpackung, was?"

Er merkt gar nicht, daß er kapitalistische Erzeugnisse lobt!

In Hoheneck hält die preußische Ordnung immer mehr Einzug. Auf dem planierten Hof müssen wir jetzt in Dreierreihen marschieren, in gleichem Schritt und Tritt.

"Oh, Kameraden“, sage ich, "alles feiert fröhliche Urständ, was sie mal abschaffen wollten, die lieben Kommunisten!“

Recht oft finden wir unsere Betten eingerissen und die Wäsche aus den Fächern geworfen, wenn bei der Zellenkontrolle nicht alles auf Kante liegt.

"Man wird hier tatsächlich zu penibler Ordnung erzogen!“ seufzt Hanna, "Wenn nur alles andere auch danach wäre!“

Immerhin baut man jetzt eine Wasserleitung zur Talsperre, so daß wir im nächsten Winter vielleicht nicht mehr trockensitzen.

Die Schneiderei wird modernisiert. Aus den ehemaligen Gemeinschaften mit den Schlafsälen darüber werden Produktionsräume mit modernen Fließbändern gemacht, und der VEB "Planet“ mit seiner Nacht- und Bettwäscheherstellung etabliert sich bei uns als Werk IV. Wir Mechanikerfrauen richten die Bänder ein, was bedeutet, daß wir die etwa 40 Pfund schweren Maschinen die Treppe hinaufschleppen müssen. Manche tragen wir bis unter das Dach in den ehemaligen Schlafsaal von G II, wo zusätzlich Windeln genäht werden. Besonders schwer sind die Spezialmaschinen für Knopflöcher und das Knöpfeannähen.

"Mein Rücken“, sage ich zu Hanna, "was meinst du, wie mir der Rücken weh tut!“

Wir kriegen eine freie Produktionsleiterin, die sich als Maria Frohberg vorstellt. Sie ist schon älter und grauhaarig.

"Guck dir mal die Augen von der an!“ sagt Hanna.

Sie haben verschiedene Farben, stehen leicht vor, und die Iris ist merkwürdig umrändert.

"Wie bei einer Schlange", antworte ich.
"Na, das läßt ja hoffen!"

Die Frohberg, Mieze, wie wir sie nennen, ist nicht sehr intelligent, was wir bald bemerken, aber linientreu und mächtig hinter der Norm her. Die Näherinnen stehen jetzt in Leistung. Die Schicht- und Bandleiterinnen sind Strafgefangene, aber solche, die das Vertrauen der Leitung besitzen. Zum Teil sind sie ganz umgänglich. Andere treiben an, um gut dazustehen.

Der Betrieb zahlt uns normale Löhne. Davon stehen uns aber nur etwa 25 % zur Verfügung. Den größten Teil behält die Anstalt für Unterbringung und Verpflegung ein. Der Rest gliedert sich in drei Teile: Unterstützungs-, Rücklage- und Einkaufskonto. Vom ersten können wir nach Hause überweisen, aber auch Zeitungen bezahlen wir davon. Das zweite ist für den Tag der Entlassung als Starthilfe bestimmt, und vom dritten können wir am neuinstallierten Kiosk im Haus zusätzliche Lebensmittel kaufen. Diese letzte Summe schwankt je nach Leistung zwischen 15 und 30 Mark im Monat.

*

Als ich eines Tages im Jahre 1954 aus der Mechanikerwerkstatt in den Hof blicke, sehe ich dort eine schlanke Frau mit auf dem Rücken verschränkten Armen, sehr aufrecht gehend, beim Rundgang. Das bedeutet Isolierung. Sie ist ein Neuzugang. Ein ausdrucksvolles junges Gesicht hat sie und fast weiße Haare. Welch ein Kontrast! Ich beobachte sie interessiert. Was für eine stolze Frau!

Nach ein paar Tagen treffe ich sie zufällig im Krankenrevier, und als die sie begleitende Wachtmeisterin im Arztzimmer verschwunden ist, können wir einige Worte miteinander wechseln.

Sie kommt aus dem Zuchthaus Waldheim, hat lebenslänglich und heißt Margret Dreykorn. Von der ersten Begegnung an empfinde ich Sympathie für sie.

Einige Zeit später kommt sie in die Schneiderei an eine Maschine und hat zunächst große Probleme mit dem Nähen. Ich bin oft bei ihr und versuche zu helfen. Die Sympathie ist gegenseitig, merke ich bald. Mit der Zeit erfahre ich ihre Geschichte.

Bernhard Bechler, ihr Mann, aktiver Offizier, überzeugter Nationalsozialist mit Hitlerbild über dem Schreibtisch, geriet bei Stalingrad in Gefangenschaft, ließ sich beim Nationalkomitee "Freies Deutschland" umschulen und wurde in Abwesenheit als Hochverräter zum Tode verurteilt. Seine Frau, die eine Scheidung ablehnte, wurde zusammen mit ihren beiden drei- und vierjährigen Kindern von der Gestapo überwacht und als Frau eines Hochverräters behandelt. Sie glaubte nicht an den Sinneswandel ihres Mannes und vermutete, daß er gefallen war und ein anderer sich seiner Papiere bemächtigt hatte. Fragwürdige Personen tauchten bei ihr auf, die Grüße von ihrem Mann bestellten und sich in höchstem Maße gefährdend bewegten. Einer wurde gefaßt und zum Tode verurteilt. 1945 internierte man sie. Ihr Schicksal führte sie durch mehrere Lager, bis man ihr im Zuchthaus Waldheim 1950 den Prozeß machte: Todesurteil. Sie erfuhr, ihr Mann habe sich scheiden lassen. Den Namen Bechler zu führen wurde ihr untersagt, und so trug sie während ihrer Haft wieder ihren Mädchennamen Dreykorn. Drei Jahre Todeszelle, schließlich Umwandlung der Strafe in lebenslänglich. Während dieser Zeit war Bernhard Bechler zunächst Innenminister von Brandenburg, avancierte zum Generalmajor der Kasernierten Volkspolizei, die er mit aufbaute, heiratete ein zweites Mal, nachdem er seine Frau für tot hatte erklären lassen, war aktiv bei der Entnazifizierung der DDR und sagte sich endgültig von seiner rechtmäßigen Frau los, als er erfuhr, daß sie noch lebte. Er sorgte dafür, daß sie nichts über ihre Kinder erfahren durfte, die in seinem Haushalt aufwuchsen. Die Kasernierte Volkspolizei wurde zur Nationalen Volksarmee, der er führend diente; später ging er an die Militärakademie in Dresden. Er erhielt hohe Auszeichnungen, so auch den Vaterländischen Verdienstorden in Gold.

Margret geht nicht nur sehr aufrecht, sie ist es auch. Allein ihre stolze Haltung reizt schon die Wachteln, deshalb lassen sie keine Gelegenheit aus, sie zu schikanieren. Sie kennt keine Furcht und läßt sich nichts gefallen. Ihre Widersetzlichkeit bringt das Wachpersonal häufig in Rage. Nicht nur ich rate ihr immer wieder, sich nicht zu exponieren. Aber vergeblich. Wir haben Angst um sie.

Während der Nachtschicht in der Schneiderei, wenn die Bewachung geringer und obendrein müde ist, gibt es öfters Gelegenheit, sich zu unterhalten. Wenn ich mich zur Reparatur an eine Maschine setze, kann kein Mensch kontrollieren, ob diese wirklich kaputt ist.

Sie erzählt mir manche Einzelheit. Auch die von den beiden Posten, die sich in der Nacht vor ihrem Prozeß, durch den Spion sehend, unterhielten, in der Annahme, sie schliefe.

"Da liegt Se nun und schläft so ruhig, und weiß nich, daß Se sterben muß!"

Daß alle Frauen in Waldheim kahlgeschoren wurden, erfahre ich, und daß sie die Flöhe regelrecht überfielen, als sie eine Einzelzelle betrat.

Viel spricht sie von ihren Kindern, auch von dem Tag, an dem man sie einfach von ihnen weggeholt hat. Die Schwester ihres Mannes hält zu ihr, besucht sie auch, hat aber strenge Weisung, nichts über die Kinder zu berichten. Härter kann man wohl keine Mutter behandeln.

Wir sind uns sehr zugetan.

Als wir eines Tages nach Schichtende angetreten sind, um in die Zellen geführt zu werden, flüstert mir Hanna zu: "Heute war hier der Teufel los! Hast du nichts mitgekriegt?"

Eine gewisse Unruhe unter den Wachteln und ein zeitweiliges Hin- und Hergerenne ist mir schon aufgefallen. "Was war los?"

"Die Ilse Bauer wollte abhauen, aber es ist schiefgegangen!"

Abhauen? Ich traue meinen Ohren nicht. Von Hoheneck ist es noch keinem gelungen auszubrechen. In der frühen Zeit sollen es mal drei vom Außenkommando aus versucht haben, sie sind aber nicht weit gekommen. Die Burg ist zu gut gesichert und liegt zu exponiert auf dem Berg.

In der Zelle erzählt mir Hanna, was sie weiß.

Ilse Bauer ist in der Endauslieferung beschäftigt und auch verantwortlich dafür. Benachbart ist der in der ehemaligen G I etablierte Zuschnitt, in dem Hanna seit einiger Zeit arbeitet.

Es war offenbar für Ilse nicht schwierig, sich in den Lieferwagen zu schmuggeln, der Fertigware, Zuschnitt und Stoffballen abholte. Unkontrolliert gelangte der Laster aus dem Tor, aber unterwegs fing die Ladung an, in Richtung Fahrerkabine zu rutschen, und quetschte Ilse so ein, daß sie es nicht mehr aushielt. Sie mußte sich bemerkbar machen. Der Fahrer ließ sie nicht etwa laufen, sondern fuhr zurück und lieferte die Flüchtige wieder ab. Ilse verschwand im Arrest.

Als Margret eines Tages wieder wegen ihrer Aufsässigkeit in den Bunker gehen soll, packt mich die Wut, und ich sage der Wachtmeisterin, die sie abholt, so gründlich die Meinung, daß ich ebenfalls 21 Tage verschärften Arrest bekomme. Bunker-Neumann kriege ich gar nicht erst zu sehen; man bringt mich gleich in den Keller und teilt mir die Bestrafung später mit. Natürlich komme ich nicht in Margrets Nachbarzelle, Klopfen entfällt also.

Ich gucke mich um in dieser Gruft, bin immer noch wütend und finde außer dem Kübel und dem zusätzlichen Gitter, das die Tür von innen sichert, nichts, wogegen ich treten kann.

”Verbrecher, Mistbande!“ sage ich laut, aber ich habe auch ein befreites Gefühl ob der bewiesenen Solidarität.

Ich weiß, was auf mich zukommt. Geschlafen wird je zwei Nächte ohne Matratzen auf dem tagsüber angeketteten Eisenbett. In der dritten Nacht gibt es welche. Auch nur jeden dritten Tag bekommt man warmes Essen, sonst nur Trockenbrot und Malzkaffee. Wieder beginnt das lange geübte Geistestraining, um die endlosen Stunden zu füllen. Nicht mal einen Hocker gibt es in der Zelle. Will man sich setzen, muß man das auf dem Kellerboden, der eiskalt ist, tun. Und da steht man von allein bald wieder auf und wandert herum in diesem Bunker, dessen Wände ebenfalls Kälte abstrahlen.

An einer Stelle mache ich Striche. Jeder Tag wird abgehakt. So habe ich schon in der U-Haft und während der Einzelhaft die Tage gezählt.

Der Hunger nimmt einem fast den Verstand, und mein unterernährter Geist gaukelt mir Festtafeln vor. Bei der Vorstellung von Kartoffelsalat mit Rührei, meinem Lieblingsgericht von Kind an, ziehen sich Mund und Magen zusammen. Immer wieder sage ich den Momenten der Schwäche den Kampf an, aber es fällt mir von Tag zu Tag schwerer. Nach den Nächten auf dem Eisenbett bin ich wie zerschlagen. Die Kälte treibt mich sowieso immer wieder hoch.

Einundzwanzig Tage und Nächte...

Die Zeit ist reichlich zur Hälfte herum, da schließt es, und eine Kommission betritt die Zelle, an ihrer Spitze eine gutaussehende Frau mit einer so tadellos sitzenden Uniform, wie sie hier keiner trägt. Auf den Achselklappen sehe ich Gold. Sie ist im Rang eines Majors. Die anderen drei sind Offiziere von hier. Alle gucken mich streng an. Einer schlendert prüfend durch die Zelle.

"Warum sind Sie in Arrest, Strafgefangene?" fragt die Frau, sie spricht dialektfrei.

Ich sage es ihr.

"Wie lange?"

"Einundzwanzig Tage verschärfter Arrest."

Das quittiert sie mit der Bemerkung, hoffentlich hätte ich aus meinem Fehlverhalten inzwischen die richtigen Rückschlüsse gezogen.

"Was arbeiten Sie hier?"

"Ich bin Nähmaschinenmechaniker."

"Machen Sie die Arbeit gerne?"

Nanu, welch eine Anteilnahme, denke ich und bestätige es. Dann will sie noch wissen, ob ich gut arbeite, warum ich verurteilt worden bin und zu wieviel Jahren. Schließlich verläßt sie mit ihrem Stab wieder die Arrestzelle.

Was war denn das, frage ich mich, und habe für die nächsten Stunden etwas zum Grübeln. Sie war bestimmt aus Berlin, vermute ich. Aber warum war sie hier, was wollte sie? Ihr Auftreten und ihre Art, sich auszudrücken waren so grundverschieden von dem, was hier üblich ist. Sollte etwa eine Amnestie...? Ich denke den Gedanken gar nicht erst zu Ende. Bloß keine Illusionen, keine Hoffnungen solcher Art! Ich will ja noch meinen Verstand behalten.

Drei Tage später werden Tür und Eisengitter abermals außer der Zeit aufgeschlossen, ein Offizier steht draußen und sagt, ich solle mitkommen. Er fragt, wo ich liege, und geht mit mir zu meiner Zelle.

"Packen Sie Ihre Sachen!"

Sollte etwa...? Sollte dieser idiotische Gedanke, freizukommen...?

"Sie gehen auf Transport!" sagt der Mann.

"Wohin?"

"Nach Berlin."

Geschwächt, wie ich bin, wirft mich der Schreck beinahe um. Berlin, das kann nur abermalige U-Haft bedeuten. Haben sie noch jemanden geschnappt? Braucht man mich aufs neue für Aussagen?

In ganz fürchterlicher Verfassung besteige ich die Minna, die mich zum Bahnhof von Stollberg bringt. Dort werde ich hintenherum über die Gleise geführt, und ein Waggon, der aussieht, als würde er Post befördern, nimmt mich auf. Drin sind ein paar kleine Kabinen. In eine, etwa einen Quadratmeter groß und mit einer Sitzbank versehen, werde ich eingewiesen.

Ich habe Kaltverpflegung mitbekommen; und meine Gedichte, auf abgeschnittene Zeitungsränder in Minischrift gekritzelt, habe ich herausgeschmuggelt. Nun versuche ich, sie alle ganz sicher auswendig zu lernen, falls man sie am Zielort bei mir findet.

Der Zug rollt, steht, rollt, steht manchmal Stunden.

Dann merke ich, der Wagen wird abgekoppelt, steht lange, wird wieder woanders angekoppelt, fährt, steht.

Nach vielen Stunden, als es längst dunkel ist, werde ich zum Aussteigen aufgefordert. Ich bin wie gerädert.

Wir sind in Halle. Wieder geht es hintenherum über Gleise, eine Minna wartet.

"Einsteigen!"

Als es kurze Zeit darauf wieder heißt: "Aussteigen!", befinde ich mich auf dem Hof eines Gefängnisses. In der großen Zelle, in der sich viele Frauen aufhalten, klärt man mich auf, dies sei der "Rote Ochse", der Knast von Halle, nicht weit vom Marktplatz. Man hört auch das Schlagen der Stunden und das Läuten der Marktkirche.

* * *

Immer, wenn ich heute in Halle bin und über den Markt gehe, suche ich auch in Gedanken den "Roten Ochsen". Aber ich bin noch nicht wieder daran vorbeigegangen. Vielleicht werde ich es jetzt beim nächsten Mal tun, jetzt, da all dies niedergeschrieben und wenigstens zum Teil abgefallen ist.

Ich habe hin und wieder in Halle zu tun. Dort ist die Spezialschule für Musik. Seit ich wieder in meinem eigentlichen Beruf arbeite und Klavier unterrichte, gibt es mancherlei Beziehungen dahin. Eine meiner Schülerinnen wurde dort vor Jahren aufgenommen und beginnt noch im Herbst mit dem Studium in Leipzig. 1948 wollte ich keine Klavierlehrerin sein, heute liebe ich den Beruf und meine Schüler, zu denen ich eine enge und schöne Beziehung habe. Fast sind sie wie meine Kinder.

Es war ein weiter Weg bis dahin.

Nach meiner Heimkehr im Februar 1962 galt das Berufsverbot. Was tun? Die Abteilung Inneres, bei der ich mich melden mußte, hätte mich gerne in die Produktion gesteckt, zur "Bewährung". Aber da, ganz in der Nähe, wo ich nach langem Suchen ein Zimmer gefunden hatte, befand sich das Städtische Puppentheater, erst vor wenigen Jahren gegründet. Es war noch in der Pionierphase, und einsatzbereite Leute wurden gebraucht.

Das war ich.

Der Leiter des Theaters setzte sich sehr für mich ein, bis es erreicht war: Ich durfte als Puppenspielerin eingestellt werden, ohne einen Schimmer von der Sache zu haben, war aber von Aufführungen für Kinder, die ich gesehen hatte, hell begeistert. Im Atelier sah ich, wie Puppen hergestellt wurden, kaschierte Köpfe und lernte die Materie von der Pike auf kennen. Dann wurde ich auf der Bühne zu technischen Hilfeleistungen herangezogen, mußte Schiebewiderstände bedienen, den Vorhang ziehen, das Tonband, welches damals noch die Musik lieferte, ein- und ausschalten, mit umbauen und Requisiten zureichen.

Alles war fremd, war neu, und ich ging mit tausend Ängsten ans Werk, bemühte mich aber, mir das nicht anmerken zu lassen.

Die Arbeit begann schon sechs Wochen nach meiner Entlassung, ohne eine Erholungskur oder ähnliches gehabt zu haben. Ich erhielt einen Arbeitsvertrag mit einem Gehalt über 400 Mark brutto und fand, daß das enorm viel Geld wäre.

Es dauerte nicht lange, und es hieß, ich bekäme eine Rolle. Fast konnte ich es nicht glauben und fürchtete zu versagen. Es war die Frau Keifer in dem Märchen ”Wie die Bürger von Hadersdorf den Drachen besiegten“.

Ich schaffte es und hatte bei aller Unsicherheit und allem Lampenfieber große Freude am Spiel. Nebenbei erhielt ich Sprechunterricht bei Ilse Voigt, einer prominenten Magdeburger Schauspielerin, mit der ich als Rezitationsübung Ernst Tollers ”Schwalbenbuch“ erarbeitete:

”In meiner Zelle nisteten im Jahre 1922 zwei Schwalben ...“

Ich liebte diese Verse. Gustel Möller, der Leiter des Puppentheaters, hatte Weisung, meinen Namen nirgendwo erscheinen zu lassen, auch auf keinem Programmzettel. Er hielt sich von Anfang an nicht daran. Das Team war eine gute kameradschaftliche Truppe. Alle wußten, woher ich kam, und versuchten, mir nach Kräften zu helfen. Meinen ersten Freiheitsgeburtstag feierten wir alle zusammen in meinem neuen, eigenhändig gestrichenen Zimmer; die Einrichtung war ein Geschenk meiner Pflegemutter.

Die Arbeit war körperlich sehr anstrengend. Im Dezember spielten wir vier Vorstellungen am Tag, vormittags zwei für die Vorschulkinder und nachmittags zwei für die größeren, und bauten dazwischen noch um.

Weihnachten, nach der letzten Vorstellung, fiel ich völlig erschöpft in einen Sessel bei meiner Pflegemutter, kaum noch in der Lage, dieses erste Weihnachtsfest in der Freiheit zu begreifen und zu erleben.

Dann kamen im Puppentheater auch Inszenierungen, in denen ich musikalisch gebraucht wurde. Ich begleitete fast die ganze ”Hasenschule“ am Klavier. Mit wenig Hoffnung hatte ich wieder zu üben angefangen, aber mit der Zeit taten es die Finger wieder, zumal mein größter Schatz seit kurzer Zeit ein eigenes Klavier war, das mir von mehreren lieben Freunden gemeinsam geschenkt wurde. Für ein Kindergartenstück schrieb ich die Musik und kam so immer mehr zurück in die alten Bahnen.

Nach ein paar Jahren legten wir alle gemeinsam die Bühnenreifeprüfung ab und zählten von diesem Zeitpunkt an zu den Profis.

Später schrieb ich zwei Stücke für Vorschulkinder. Beim ersten führte ich selbst Regie.

Zu dieser Zeit aber waren die Schmerzen in meinem Rücken immer stärker geworden. Wozu die schwere Arbeit als Mechanikerin den Grundstock gelegt hatte, wurde durch die Technik des Puppenführens vollendet, die bei ausgestrecktem Arm die ganze Stütze des Rückens benötigte. Wir spielten vorwiegend mit Stabpuppen.

Ich bekam einen Bandscheibenvorfall, kurz darauf einen zweiten. Damit fand die Arbeit am Puppentheater ein Ende.

Viele Monate konnte ich nicht gehen und lag lange im Krankenhaus.

Mit einem Riesenaufwand an Mut wagte ich, nachdem ich einigermaßen wiederhergestellt war, die Rückkehr in den erlernten Beruf. Dazwischen lagen fast 11 Jahre Haft und 13 Jahre Puppentheater.

Und wieder fand ich Hilfe. Ein alter Freund und Mitstudent aus Weimarer Zeiten war an der dortigen Musikhochschule als Dozent tätig und gab mir wieder Unterricht. Trotz des Wissens um meine Vergangenheit bekam ich durch den Direktor der Magdeburger Musikschule, Günter Bust, eine Anstellung. Er wurde deshalb heftig angegriffen.

Nach meiner Genesung begann ich ein Fernstudium an der Weimarer Musikhochschule, traf dort einige alte Vertraute wieder und legte nach 1 1/4 Jahr noch einmal ein Staatsexamen ab. Somit war ein Teil der Voraussetzungen für eine gute Unterrichtstätigkeit gegeben. Die notwendigen Erfahrungen sammelte ich, wo ich nur konnte, fand auch da wieder viel Unterstützung und Beratung. Nach drei Jahren erhielt ich bereits einen Lehrauftrag von der Weimarer Hochschule für zwei meiner begabten Schüler, die eventuell für ein Studium in Frage kommen konnten, und die ersten Erfolge stellten sich ein.

Ohne meine permanente Lern- und Kampfhaltung wäre alles nicht möglich gewesen.

* * *

War nicht die Rede von Berlin gewesen? Jetzt bin ich in Halle. Was soll ich hier?

"Das hier ist eine Durchgangszelle“, erklärt mir eine Frau.

Ich verbringe dort zwei Nächte und einen Tag in Unruhe und Angst. Bei der Vorstellung, wieder in den Keller von Hohenschönhausen zu müssen, verläßt mich aller Mut.

Dann geht es am dritten Morgen wieder los. Ein Waggon wie gehabt, der fährt, viel öfter steht, wieder eine Strecke fährt. Immer wieder repetiere ich die Gedichte. Ich überlege, ob ich sie zwischen den Stullen verstecken kann - sie sind ein kleines Päckchen in dünner Folie - und lieber nichts esse, aber sie gucken an den Seiten heraus, so sehr ich das Brot auch zusammendrücke. Also verwahre ich sie erst mal weiter am Körper.

Die Stunden auf dieser Fahrt wollen kein Ende nehmen. Gegen Abend kann ich dann endlich das Gehäuse verlassen.

Wir sind in Berlin. Ein Wagen bringt mich in die Dircksenstraße, und wieder tut sich eine Auffangzelle auf. Es stinkt ganz schrecklich, und ich entdecke, daß die Wasserkrüge als Kübel benutzt worden sind. Ich hämmere an die Tür. Als endlich ein Posten kommt, zuckt der nur mit den Schultern. "Morgen kommen Sie sowieso hier weg. Sie sind hier nur auf Durchgang."

Ich muß also die Nacht in diesem stinkenden Loch verbringen, auf Matratzen und mit Decken, die mich anekeln. Was wird morgen sein? Muß ich wieder in den Keller?

Aber ich erfahre, als aufgeschlossen wird, daß ich jetzt ins Frauengefängnis Barnimstraße komme. Ich verstehe überhaupt nichts.

Als ich aus der Minna klettere, steht da eine korpulente Frau im Leutnantsrang und empfängt mich mit den Worten: "Ah, da kommt ja unser weiblicher Mechaniker!"

Mir fallen Zentner von der Seele! Der Besuch der gutaussehenden Majorin in meiner Arrestzelle fällt mir ein. Man braucht hier einen Nähmaschinenmechaniker!

Bald schon stehe ich der Majorin in ihrem Zimmer gegenüber und bemerke die geschmackvolle Einrichtung.

"Setzen Sie sich!" sagt sie und weist auf einen gepolsterten Stuhl. Dergleichen gab es in Hoheneck nicht.

"Ich habe Sie angefordert, um bei uns in der Schneiderei als Mechaniker zu arbeiten. Sie ist kleiner als die in Hoheneck. Bisher haben diese Arbeit zwei männliche Strafgefangene gemacht, aber sie suchten Kontakt zu den Frauen. Darum mußten wir das unterbinden und eine Änderung herbeiführen."

Nach einer Pause fragt sie plötzlich: "Waren Sie an dem Hungerstreik in Hoheneck beteiligt?"
"Ja!" sage ich.
"Wer waren die Rädelsführer?"
"Das weiß ich nicht", antworte ich wahrheitsgemäß.
"Ich warne Sie, den aufrührerischen Geist von Hoheneck hier hereinzutragen!"
Damit bin ich entlassen.

Meine neue Bleibe ist eine Einzelzelle. Steinfußboden, vergittertes Fenster in normaler Höhe, Eisenbett, mit einer Kette hochgeschlossen, Tisch, Hocker, Wandregal, aber Spülklosett, das erste wieder seit vier Jahren! Man darf ein eigenes Handtuch, Waschlappen und Taschentücher besitzen. Auch eigene Schuhe können getragen werden. Das ist natürlich etwas ganz Wichtiges.

Am nächsten Morgen führt man mich zu meiner Wirkungsstätte.
Ein größerer Raum wird aufgeschlossen, mit Tisch und einer Art Werkbank, eine Menge Werkzeuge liegen hier herum, auch Maschinenteile. Es gibt Eimer und Besen und andere Reinigungsgegenstände, sogar Bohnerwachs für den Steinholzfußboden.
Der Blick aus dem Fenster geht auf Hinterhöfe alter Berliner Häuser. Auch einzelne Bäume stehen da. Alles in dieser Werkstatt wirkt etwas verwahrlost.
Ich werde eingeschlossen, nachdem man mir mitgeteilt hat, ich würde geholt, wenn man mich brauche. Also darf ich mich hier nicht frei bewegen!
Ich sichte erst mal den Werkzeugbestand, aber alles liegt durcheinander. Männerwirtschaft, denke ich, und fange an zu sortieren. Dann mache ich sauber.
Es dauert, bis sich der Schlüssel wieder im Schloß dreht. Ich werde in die Schneiderei geführt, die sich auf derselben Etage in mehreren kleinen Räumen befindet

und in der lauter einzelne Maschinen stehen; es gibt kein Band wie in Hoheneck.

Mich treffen erstaunte und prüfende Blicke. Der Näherin ist bald geholfen, es hatte sich nur ein Faden im Greifer verklemmt. Die ganze Zeit bleibt die Hauptwachtmeisterin, eine kleine, bereits ergraute, energisch wirkende Frau, neben der Maschine stehen. Ich kann also nur Sachbezogenes mit der Näherin sprechen. Dabei hätte ich eine ganze Menge zu fragen.

Die Frau ist noch jung, an deren Maschine ich hantiere. Ich sehe mich um. Kaum eine Ältere ist darunter.

Als an einem der nächsten Tage die Wachtmeisterin, die mich geholt hat, doch mal während einer Reparatur verschwindet, erkunde ich, daß die meisten hier nur kurze Strafen haben, von sechs Monaten bis zu maximal drei Jahren. Und dann werden viele noch auf Bewährung vorzeitig entlassen. Als ich erwähne, daß ich 15 Jahre habe, werde ich erschrocken angesehen.

"Ich bin politisch“, sage ich vorsichtshalber.

Bis auf wenige Ausnahmen sind hier alle Kriminelle, von der kleinen Nutte über die Diebin bis zu denen, die ihre Kinder vernachlässigt haben. Einige haben Syphilis oder andere Geschlechtskrankheiten, und da bin ich froh, daß ich eine Einzelzelle habe. Die Frauen mit kleinen Wirtschaftsvergehen haben ein höheres Niveau, und einige sind wirklich nett.

Die meiste Zeit bin ich in meiner Werkstatt. Ich bastele Bretter mit Nägeln und Haken und hänge die Werkzeuge alle wohlgeordnet und griffbereit auf. Die Wachteln staunen. Um mich zu beschäftigen, wienere ich meinen Fußboden so, daß er ständig Hochglanz zeigt. In der ganzen Werkstatt gibt es kein Stäubchen.

Manchmal erscheint auf einem der Hinterhöfe ein typischer Berliner Leierkastenmann, mit Pauke auf dem Rücken und Schellenpyramide auf dem Kopf. Alte Berliner Lieder und Märsche klingen herüber, und ich verfolge den stimmungsvollen Auftritt mit Wehmut. Aber die Tage sind lang und ereignisarm, und abends in der Zelle - in der Barnimstraße gibt es nur Tagschicht - bin ich sehr allein.

Der Winter kommt. Und warm wird es auch hier nicht richtig. Sich am Tage in eine Decke zu hüllen ist streng untersagt. Am schlimmsten sind die Sonntage ohne jede Beschäftigung.

Es ist eine willkommende Unterbrechung der Eintönigkeit meiner Tage, als ich zur Oberaufsicht gerufen werde, jener Dame, die mich hier in Empfang genommen hat. Sie teilt mir mit, man hätte aus meinen Akten ersehen, daß ich Musik studiert hätte. Es gebe hier eine Kulturgruppe, und da ich gute Arbeit leisten würde, gestatte man mir, dort mitzuwirken.

"Das ist eine Auszeichnung, Strafgefangene, derer Sie sich würdig erweisen müssen!"

Das hat sie aber schön gesagt, denke ich, bin aber froh ob der in Aussicht gestellten Möglichkeit und bin sehr gespannt.

Es ist ein nettes Häuflein. Renate, die Leiterin, und Liesel, beide aus demselben Fall, Wirtschaftsvergehen, lassen sich eine Menge Lieder einfallen, und die Stimmen der anderen sind zum Teil recht gut. Ich kann bei der Mehrstimmigkeit helfen. Wir gestalten ein kleines Weihnachtsprogramm, und am Heiligen Abend darf ich sogar mit in eine Gemeinschaftszelle. Wir bekommen alle einen Beutel mit Pfefferkuchen und dürfen eine Kerze auf unserem Tisch anzünden.

Während einer Reparatur schiebt mir die Näherin ein kleines Briefchen, einen Kassiber, zu und bittet mich inständig, ihn in einem anderen Raum bei einem ihr befreundeten Mädchen abzuliefern. Mir gefällt das zwar nicht, aber ich stecke das Ding ein.

Ich komme an diesem Tag nicht mehr in den betreffenden Teil der Schneiderei und habe den Kassiber noch bei mir, als es zurück ins Zellenhaus geht. Und ich werde gefilzt; man findet ihn. Natürlich habe ich ihn nicht gelesen und bin ahnungslos in bezug auf seinen Inhalt.

Die Oberaufsicht sieht mich an, als hätte ich die Absicht gehabt, die Anstalt in die Luft zu sprengen, und gibt ihrer Empörung über meine enttäuschende Handlung deutlich Ausdruck. (Kaum hier und schon so ein schwerer Verstoß gegen die Anstaltsordnung!)

Ich werde in die Zelle geschlossen und harre meiner Bestrafung. Die kommt: Ausschluß von der Kulturarbeit bis auf weiteres. Abende und Wochenenden nehmen aufs neue kein Ende.

Nach einem Vierteljahr darf ich wieder.

Im Sommer kommt mir bei all der Langeweile, die ich in meiner Werkstatt habe, die Idee, meinen Näherinnen mal etwas über die Erfindung und die Funktion der Nähmaschine zu erzählen. Mein Vorschlag wird akzeptiert, ich erhalte ein Buch, aus dem ich die geschichtlichen Daten entnehmen kann, und dann beginnt ein Kurs, den ich so interessant wie möglich zu gestalten versuche. Für mich ist es eine Aufgabe, für die anderen eine Ablenkung, und sie lernen dabei, sich bei kleinen Defekten selbst zu helfen.

Außerdem bastele ich an einer technischen Veränderung für die Maschinen herum. Dies würdigt die Anstaltsleitung, indem sie mich zum "Bestarbeiter“ erklären läßt. Es erheitert mich, denn Konsequenzen oder gar Vorteile hat das keine.

Als Renate und Liesel schon bald entlassen werden, hält man mich für würdig, ab September die Leitung der Gruppe zu übernehmen. Nun bekomme ich direkte Berührung mit dem für die Kultur zuständigen Hauptmann.

Er verblüfft mich mit tadellosen Manieren, steht vor mir, der Strafgefangenen, auf und bietet mir Platz an. Dann erst setzt er sich wieder. Diese jahrelang entbehrte Achtungsbezeigung überwältigt mich nahezu.

Ich erfahre, daß er selbst in einem Chor singt. Er fragt, was ich an Noten und Material brauche, und schafft das Gewünschte auch heran.

"Wir sind daran interessiert, daß die Gefangenen an Festtagen nicht in ihren Zellen sitzen", sagt er, "sondern auf andere Gedanken kommen."

Alles ist hier anders als in Hoheneck. Der Strafvollzug, bin ich versucht zu sagen, hat ein höheres Niveau. Alles ist intelligent durchorganisiert. Unter den Wachteln sind kaum Dummchen. Die straffe Hand der Anstaltsleiterin ist überall zu spüren. Aber dieses gut durchdachte System hat auch zur Folge, daß nichts verborgen bleibt, was getan oder geäußert wird. Die Oberaufsicht ist ständig informiert.

Nicht immer wartet die diensthabende Wachtmeisterin, bis ich eine Maschine repariert habe. Manchmal bleibt auch etwas Zeit zum Erzählen.

Mir fällt eines Tages eine neu dazugekommene junge Frau auf, groß, schlank, mit einem ausdrucksvollen, leidgezeichneten Gesicht, die ihre Augen stets gesenkt hält, auch wenn man mit ihr spricht. Sie wirkt so schuldbeladen, daß mich ihr Schicksal zu interessieren beginnt.

Sie hat sechs Jahre, und somit geht ihr Strafmaß über das hier übliche hinaus.

Bald erfahre ich Näheres von anderen, die ihren Prozeß in der Zeitung verfolgt haben. Es klingt grauenhaft. Später erzählt sie mir das Ganze selbst mit schonungsloser Offenheit; es eröffnen sich Abgründe, und ich sehe mit Erschütterung in ein zerstörtes Leben.

Schon als ganz junges Mädchen wurde Marga, die früh und üppig entwickelt war, von ihrer Mutter gezwungen, deren diversen und ständig wechselnden Freiern als zusätzliches Lustobjekt gegen Bezahlung zu Willen zu sein. Das ging über Jahre, bis sich eines Tages einer dieser reiferen Männer ernsthaft in das Mädchen verliebte. Die Mutter kam dahinter, erfuhr von der Absicht, sich verloben zu wollen und natürlich auszuziehen, machte eine fürchterliche Szene und stürzte sich auf die Tochter. Diese griff, um sich der Wütenden zu erwehren, nach dem erstbesten Gegenstand und traf die Mutter tödlich.

Der heimkehrende Freund fand die Tote und die völlig verstörte Tochter und versuchte, die totale Katastrophe zu verhindern. Am nächsten Morgen beschaffte er, der Arzt war, ein Einbalsamierungsmittel. So präpariert wurde die Mutter im Bettkasten einer Couch verstaut. Dort blieb sie in einem abgelegenen Zimmer etwa ein Jahr. Das Leben von Tochter und Freund ging weiter, durch Schuld noch enger aneinandergekettet, immer am Rande der Verzweiflung. Schließlich hielten sie es nicht mehr aus und stellten sich.

Der Verteidiger verlangte wegen der vorangegangenen Ereignisse für die Tochter Freispruch, aber das Gericht erklärte die Notwehr für übersteigert. Dazu kam das Verbergen der Leiche. Auch der Freund mußte hinter Gitter und verlor seine Approbation.

Von Hoheneck her kenne ich mehrere Fälle von Totschlag und Mord und bin schon ziemlich abgehärtet, aber dieses Schicksal geht mir doch unter die Haut. Ich denke viel nach und versuche nachzuvollziehen, aber was dieses Mädchen durchlitten hat, ist unvorstellbar. Bei der nächsten Gelegenheit frage ich Marga, ob sie singen kann und ob sie in der Kulturgruppe mitwirken möchte. Zum ersten Mal sieht sie mich an, erstaunt und ungläubig.

"Ich?" fragt sie.

"Natürlich!" sage ich, "Warum nicht?"

"Aber die anderen ... " Sie vollendet den Satz nicht.

Die "anderen" sind zum Teil tatsächlich ein Problem,

vor allem Margas unmittelbares Umfeld in der Schneiderei. Daß sie selber ”Täter“ sind, vergessen sie beinahe ganz und blicken entrüstet auf die ”Mörderin“ herab. Eine geht sogar so weit, als sie meine Zuwendung und Freundlichkeit Marga gegenüber bemerkt, mich zu fragen, wie ich mich mit so einer abgeben könnte. Ich frage nur zurück, was ihr denn ihr Kind getan hätte, daß sie es vernachlässigen mußte? Da ist sie still.

Die Anstaltsleitung ist dafür, Marga in die Gruppe aufzunehmen, weil deren Maß an Selbstverachtung und Depression zur Beunruhigung Anlaß gibt. Ich spreche mit meinem Team, das aufgeschlossen reagiert, auch wenn ich merke, daß einige erst mal die Barriere des Schauderns überwinden müssen.

Ganz allmählich beginnt Marga aufzuleben und ein wenig Selbstvertrauen wiederzugewinnen. Und sie muß die Augen heben beim Singen, sonst sieht sie nicht, wie ich dirigiere ...

Der Freund schreibt regelmäßig. Nach seiner Entlassung setzt er alles daran, Marga freizubekommen, lebt in einem leeren Zimmer und spart jeden Pfennig.

Nach Margas Entlassung heiraten die beiden und beginnen ihr Leben neu, fest zusammenhaltend.

Sie besuchen mich später einmal, um Dank zu sagen für Verständnis und Hilfe, und ich bin beeindruckt von der Persönlichkeit des Mannes. Ich spüre, wie gut sie miteinander leben.

Durch die Hölle gegangen und sie hinter sich gelassen?

Im Kultursaal, wo wir auch proben, steht uns ein Klavier zur Verfügung. Ich kann, wenn man mich wirklich aus der Zelle ausschließt und nicht behauptet, es läge keine Genehmigung vor, was leider manchmal aus Mißgunst passiert, wieder üben, nur kurze Zeit und auch höchstens zweimal in der Woche.

Ich bereite eine Mozartfeier vor.

* * *

Im Februar 1991 bin ich mit drei Schülern in Zwickau zum letzten ”Zentralen Treffen der jungen Talente“. Ab 1992 sind wir in den bundesdeutschen Wettbewerb ”Jugend musiziert“ integriert.

Wencke hat zum zweiten Mal eine Goldmedaille erspielt. Christoph, der 14jährige, geht haarscharf an der Bronzemedaille vorbei und erhält ein Diplom. Die 12jährige Susi zeigt die beste Leistung, die ich je von ihr gehört habe. Wir sind ein glückliches und harmonisches Team, zusammen mit den begleitenden Müttern und Vätern. Ich bin tief berührt von dem Bemühen meiner drei, so gut wie möglich zu spielen. Sie sind einzig darauf orientiert und wissen, daß die Nominierung für eine so hoch angebundene Veranstaltung allein schon den ganzen Übungsaufwand lohnt. Sie haben sich viel Disziplin in den letzten Monaten abverlangen müssen und sind daran gewachsen.

”Ich habe nur Angst, daß ich Sie enttäusche!“ sagt Christoph, und ich erkläre ihm, daß er das nach so viel guter Arbeit in der Vorbereitungszeit gar nicht mehr kann, da meine Freude an seiner Entwicklung so groß ist.

”Nur an die Sache denken!“ gebe ich ihm mit auf den Weg, und das tut er dann auch mit voller Konzentration.

Als Susi trotz ihres guten Spiels nicht in die Endrunde kommt, weil die Konkurrenz in dieser Altersgruppe sehr stark ist, trägt sie das mit Würde. Und als ihre Mutter zaghaft meint: ”Das machen wir nicht wieder!“, sagt die kleine Große energisch: ”Doch!“

Sie sind schon die gleichen Kämpfernaturen wie ich, denke ich mit Freude und auch einem kleinen bißchen Stolz. Der Klavierunterricht ist eben nicht nur Unterricht am Klavier, wenn die Kommunikation lebendig ist, wenn auf alle außerklavieristischen Fragen eine Antwort gesucht wird, wenn Verständnis und Liebe dahinterstehen.

Am Abend vor dem Preisträgerkonzert gehen wir alle zusammen in die "Zauberflöte", ein schöner Einfall der Wettbewerbsveranstalter. Ich freue mich sehr, auch für die beiden Jüngeren, die noch keine Oper im Theater erlebt haben. Und dann gerade diese ...

Es ist eine ganz märchenhafte Inszenierung mit der schönsten Ausstattung, die ich je bei dieser Oper gesehen habe. Wehende Tücher in immer wechselnder Gestalt schaffen verzauberte Atmosphäre. Die Sänger sind gut, die Kostüme poetisch wie die Ausstattung. Und ich warte auf eine bestimmte Arie ...

"In diesen heil'gen Hallen kennt man die Rache nicht,
und ist ein Mensch gefallen, führt Liebe ihn zur Pflicht.
In diesen heil'gen Mauern, wo Mensch den Menschen liebt,
kann kein Verräter lauern, weil man dem Feind vergibt.
Wen solche Lehren nicht erfreuen,
verdienet nicht, ein Mensch zu sein."

* * *

Die Sarastro-Arie singt in unserer Mozartfeier in den Mauern des Gefängnisses Berlin-Barnimstraße eine junge Frau mit einer schönen Altstimme, und ich begleite sie am Klavier. Wir haben die Genehmigung dazu bekommen! Allerdings werde ich vorher zur Oberaufsicht gerufen.

"Sagen Sie mal, Strafgefangene Graul, stammt die Arie in Ihrem Programm nicht von Wagner?"

Ich kläre sie höflich auf, daß diese sehr wohl von Mozart sei, es aber in Wagners "Tannhäuser" eine gibt, die beginnt: "Dich, teure Halle, grüß' ich wieder..."

Sie nickt. Die Verwechslung ist ihr ein bißchen peinlich, aber immerhin! In Hoheneck hätte es solche Erörterungen wegen mangelnder Sachkenntnis erst gar nicht gegeben.

Ich spiele in diesem Programm aus Mozarts A-Dur-Sonate und bin sehr aufgeregt. Und wir singen vierstimmig: "Ave verum corpus“. Der Hauptmann hat eine ganze Menge an Noten und Texten beschafft. Ich erzähle auch aus Mozarts Leben, und das Programm kommt sehr gut an.

Als ich eines Vormittags wieder einmal zur Oberaufsicht bestellt werde, teilt sie mir mit, daß fünf Mandolinen eingetroffen wären. Sie stünden uns nun zur Verfügung.

Um Himmels willen, denke ich, wer soll die spielen? Keiner von uns kann das. Aber ich bedanke mich sehr und überlege, was zu tun sei.

Als ich in die Schneiderei zurückkomme, erzähle ich der Hauptwachtmeisterin davon, weil ich weiß, daß sie eine musikalische Ader hat.

"Kein Problem“, sagt sie, "ich spiele Zither und weiß auch ein bißchen auf der Mandoline Bescheid.“

Ab jetzt beginnt etwas Spannendes. Ich bringe eine Mandoline mit in die Werkstatt. Wenn die Hauptwachtmeisterin Dienst hat, kommt sie immer für eine Weile zu mir herein, läßt dabei aber die Tür angelehnt, falls jemand kommt, der uns nicht unbedingt bei unserem illegalen Unterricht überraschen muß. Sie zeigt mir die Saitenstimmung und bringt mir die Grundbegriffe bei, immer in Etappen. Wenn ich nicht reparieren muß, übe ich. Bei der nächsten Probe gebe ich meine frisch erworbenen Kenntnisse an meine Mitstreiterinnen weiter, und es dauert tatsächlich nicht lange, da spielen wir mehrstimmig. Ich lasse mir auch eine ganze Menge Lieder und Chorsätze einfallen, schreibe manches selbst. Es entstehen Programme, die fast immer genehmigt werden und Freude bereiten.

Zu Weihnachten macht man uns plötzlich einen Strich durch die Rechnung. Ich habe einen heiteren Sketch geschrieben, der Trübsal an diesen kritischen Tagen vertreiben soll. Er wird nicht gestattet. Ich melde mich zu meinem Hauptmann und beschwere mich. Der liest sich das Stück durch, sagt, daß er nichts dagegen einzuwenden hätte, und ordnet an, daß der Sketch in einem zusätzlichen Programm Silvester über die Bühne gehen soll. Natürlich macht er sich nicht beliebt bei den Zensoren, was er zu ertragen wisse, wie er lächelnd anmerkt. Aber unsere Zuschauer lachen Silvester so, daß man es unten auf der Straße gehört haben soll. Selbst die Wachtmeisterinnen können sich nicht beherrschen und lachen mit.

Zellenkontrollen und gelegentliche Leibesvisitationen gehören zum Gefängnisalltag. Immer hat man irgend etwas Verbotenes wie einen Bleistift, eine Spiegelscherbe oder etwas Selbstgebasteltes.

Was plötzlich für mich in dieser Anstalt beginnt, geht absolut über das Übliche hinaus. Immer, wenn eine bestimmte Wachtmeisterin, eine stattliche Frau mit üppiger Haarfülle, Dienst hat, kommt sie vor Arbeitsschluß in meine Zelle und verlangt, daß ich mich ausziehe. Dann durchwühlt sie meine Haare und läßt mich Kniebeugen machen. Tag für Tag geht das so. Ich bin zornig und fühle mich erniedrigt, frage sie, was sie eigentlich sucht. Die Feilen und ähnliches hingen, wie sie sehen könne, an den Werkzeugbrettern. Sie hätte schon ihre Gründe, sagt sie und setzt das Spiel fort. Eines Tages ziehe ich mich schon vorher aus und empfange sie nackt. Sie lächelt und tut so, als bemerke sie die Provokation nicht.

Ich bin verzweifelt und vertraue mich der Oberwachtmeisterin Koschwitz, die wir alle sehr schätzen, an. Sie strahlt etwas Mütterliches aus, und es scheint, sie leidet unter ihrem Dienst. Jedenfalls bringt sie uns immer Verständnis entgegen.

”Aber haben Sie denn keine Augen im Kopf?“ entgegnet sie. ”Die Frau ist in Sie verliebt und will etwas von Ihnen!“

Bei der nächsten Aufforderung, mich auszuziehen, weigere ich mich und erkläre, ich würde heute noch eine schriftliche Beschwerde abgeben. Die Dame räumt das Feld. Die Eingabe wirkt, und bald verschwindet sie ganz aus meinem Gesichtsfeld.

In diese Zeit fällt eine Veranstaltung, wo der Chor unter anderem singt:

”In einem kühlen Grunde, da geht ein Mühlenrad ...“

Bei der letzten Strophe verliere ich plötzlich total die Fassung. Alle sehen mir ins Gesicht, während ich dirigiere, und können gar nicht übersehen, wie mir die Tränen herunterlaufen, singen aber tapfer zu Ende:

”... ich möcht’ am liebsten sterben, dann wär ’s auf einmal still.“

Eines Morgens wache ich auf und sehe ich an meinem ganzen Körper rote Pünktchen. Ich melde mich und werde in die Ambulanz gebracht. Da sind sie gerade wieder einmal dabei, ein Mädchen, das einen abgebrochenen Löffelstiel verschluckt hat, für den Abtransport zur Operation fertigzumachen. Immer wieder versuchen bestimmte Gefangene auf diese blödsinnige Weise, einen Selbstmordversuch zu demonstrieren oder auch einfach nur Aufmerksamkeit auf sich zu lenken.

Es gibt welche, die nur noch einen Viertelmagen haben; sie haben sich Glasscherben ”einverleibt“, aber das Schlimme ist, sie tun es immer wieder.

Man betrachtet meinen Ausschlag, der eigentlich jucken müßte, wie sie meinen, es aber nicht tut, stellen mich auf ein großes Stück Packpapier, holen einen Malerpinsel und Schüttelmixtur. Dann streichen sie mich von oben bis unten weiß ein. Nur die Augen bleiben frei. Währenddessen wollen sich alle mit mir Beschäftigten vor Lachen ausschütten. Drei Tage muß das Zeug draufbleiben. Die Wäsche klebt darauf an. Ich kann mich nicht waschen und laufe zum Gespött aller als Clown herum. Dann werde ich in eine seit Jahren nicht mehr gesehene Badewanne gesteckt, muß abweichen und genieße das warme Wasser gründlich. Die weiße Schmiere ist beharrlich, eine mühsame Bürsterei beginnt, und ich habe noch tagelang Reste von dem Zeug an allen möglichen Stellen. Aber die roten Pünktchen sind weg.

Als mich meine Pflegemutter wieder einmal besucht und mir Stiefeletten für den Winter mitbringt, übergibt sie mir auch ein schönes Frottierhandtuch, das mir Margret Bechler schickt. Ich höre und freue mich sehr, daß sie im April 1956 plötzlich entlassen worden ist. Der Versuch, ihre Kinder wiederzusehen, sei gescheitert, und sie wäre nun zu ihrer Mutter nach Bremen gegangen. Also muß sie weiter warten ...

Sie trägt wieder ihren rechtmäßigen Namen.

Später studiert sie, wird Lehrerin, dann Schuldirektorin und schreibt ein Buch über ihr Leben. (*

Nach der Wende meldet sich der Sohn, er hat es gelesen, und nach 44 Jahren treffen beide zum ersten Mal wieder zusammen.

Die Tochter, Mitglied des ehemaligen ZK der SED, schweigt weiter, aber Bernhard Bechler, ihr ehemaliger Mann, wagt es, einen Brief zu schreiben, in dem er um Verzeihung bittet; er habe unter Druck gestanden ... (!)

Im März 1957 teilt man mir mit, daß meine Strafe von 15 auf 10 Jahre reduziert worden sei, weiterhin ohne Anrechnung der Untersuchungshaft. Ein Gnadenakt des Präsidenten Wilhelm Pieck, der auch meine Mitverurteilten betrifft. Das bedeutet Freiheit schon 1962. Ich bin dann dreiunddreißig Jahre alt ...

*Das Buch "Warten auf Antwort" erschien im Ullstein-Verlag 1984 (Red.)

Kurz vor Weihnachten heißt es plötzlich wieder einmal: Sachen packen, und ich gehe mit einigen anderen zusammen auf Transport zurück nach Hoheneck, diesmal auf direkterem Wege.

*

Als wir in Hoheneck ankommen, stelle ich einige Veränderungen fest. Man hat umgebaut und modernisiert.

In den oberen Etagen des Zellenhauses und im Seitenflügel hat man Gemeinschaftsräume eingerichtet. Die meisten sind mit sechs Doppelstockbetten ausgestattet und enthalten einen Waschraum. Im Zellenhaus befindet sich der jeweils zwischen zwei Gemeinschaften, muß also von vierundzwanzig Leuten benutzt werden. Zwei große steinerne Becken mit je drei Kaltwasserhähnen darüber und daneben zwei Toilettenbecken stehen zur Verfügung. Auf den über den Waschgelegenheiten angebrachten Konsolen müssen die Zahnbecher mit genau ausgerichteten Zahnbürsten stehen; Kämme und Seifenschalen haben einen festen Platz. Spiegel gibt es natürlich auch jetzt noch nicht. Die geöffneten Zellenfenster ersetzen sie.

Ich komme in eine Gemeinschaft im Seitenhaus. Ein Unterbett neben der Tür ist frei. Alle Altersgruppen sind vertreten, Politische und Kriminelle gemischt, längere und kürzere Strafen, aber keine Lebenslänglichen.

Die Schneiderei wird noch immer von Mieze Frohberg geleitet. Ich werde wieder als Mechanikerin eingesetzt, also komme ich viel herum an den Bändern, wo man Bett- oder Nachtwäsche und Kittel näht. Ich treffe auf alte Bekannte, aber auch auf Neuzugänge.

Beim Wachpersonal finden sich viele vertraute Gesichter: Makarenko ist noch da, der Lange, nach wie vor für die Schneiderei verantwortlich, Bunker-Neumann, der Hofhund (Offizier vom Dienst), Lene und die Bellmann, beide Kommandoleiterinnen, Brüllelse, Muttchen, Einsfuffzig, die Schwarze und die Rote, Seppl und Täve, dazu etliche neue Wachtmeisterinnen, manche ganz jung und noch ohne Namen.

Der Anstaltsleiter hat gewechselt, sein richtiger Name ist Schroetter, aber er wird "der liebe Gott" genannt, weil er durch die Anstalt wie über den Wolken schwebt und Unnahbarkeit an den Tag legt.

Auch eine weitere Kommandoleiterin gibt es, eine dunkle Frau mit auffallend großen schwarzen Augen, "Rebekka" wegen ihres jüdischen Aussehens genannt; sie ist sehr streng, aber korrekt und lebt die Disziplin vor, die sie verlangt. Das imponiert mir, weil es nicht das übliche ist.

Als wir einmal angetreten sind und eine von den jungen Wachteln mit einem Rock, dessen ausgelassener Saum nicht gebügelt ist, dasteht, wird sie von Rebekka angeherrscht: "Wie erscheinen Sie denn hier? Bringen Sie sofort Ihren Rock in Ordnung!"

Die Gerügte verschwindet mit hochrotem Kopf und ist wütend ob der Maßregelung vor unser aller Augen.

So macht sich Rebekka Feinde.

Wie ich schon gefürchtet hatte, ist es tatsächlich: Die Nachtruhe wird erheblich durch die älteren Schnarcher gestört. Manche werden regelrecht wütend, wenn man sie anstößt. Der Andrang beim morgendlichen Waschen ist verheerend. Zwischen Wecken und Raustreten zum Frühstück im Speisesaal bleibt wenig Zeit. Während sich die einen die Zähne putzen, sitzen die anderen auf dem Klo.

Manchmal stehe ich schon vor dem Wecken auf und treffe da auf Sigrid, die ebenfalls allergisch gegen die Rammelei und die verschiedenen Gerüche ist.

Sie gehört zu einem Prozeß, der viel Staub aufgewirbelt hat, weil es um ein größeres Wirtschaftsunternehmen ging, das den Vater Staat schwer geschädigt haben soll.

Dann sind da Hella, die sich auch ein bißchen von der

Masse fernhält, Gisa und Hilde, nette junge Frauen, alle politisch ebenso wie Adelheid - sie ist schon älter, hochgebildet und sensibel. Evelyn, in einen Raub verwickelt, Herta, Kindesmißhandlung, und Karina, Diebstahl, sind auch ganz umgänglich. Schwierig sind zwei ältere Frauen, zänkisch und mißgünstig, und ganz schlimm ist Edith, ein verschlagenes Mädchen, ordinär und bösartig, feige obendrein.

"Vorsicht, Spitzel!" warnt man mich.

Es dauert nicht lange, da werde ich zu Makarenko beordert. Ich überlege, was ich eventuell auf dem Kerbholz habe, und erwarte Ungutes.

Der Hauptmann empfängt mich mit einem maliziösen unangenehmen Lächeln.

"Strafgefangene Graul, Sie haben in Berlin eine Kulturgruppe geleitet, wie ich gehört habe. Wir möchten, daß Sie hier ebenfalls eine aufbauen! Zu einem Umerziehungsprozeß gehört auch die Beschäftigung mit Kultur!" doziert er. "Suchen Sie sich also Strafgefangene, die Sie für geeignet halten, mitzuwirken! Wir werden dann entscheiden. Und die Programmvorschläge selbstverständlich an mich!"

Da bin ich aber gespannt, denke ich, und melde mich ab. Jedenfalls war der Grund für diese Begegnung kein schlimmer.

Wie hatte der Hauptmann in Berlin gesagt:

"Wir sind nicht daran interessiert, daß die Strafgefangenen an Festtagen in ihren Zellen hocken, sondern auf andere Gedanken kommen!"

Von Umerziehung redet dieser hier, und seinen Spitznamen hat er nicht ohne Grund.

Die Auswahl für dieses Mittun in der Kulturgruppe zu treffen ist gar nicht so leicht; viele sind interessiert, aber sie müssen singen können. Notenkenntnisse sind nicht wichtig. Schließlich habe ich mein Häuflein zusammen -25 Frauen -, und es wird auch genehmigt. Also können wir anfangen.

In Hoheneck gibt es kein Klavier; das schränkt unsere Möglichkeiten ein, aber ein Akkordeon ist da. Gisa kann es spielen.

Alle sind der Meinung, als Klavierspieler müßte ich das auch können, und wollen sich ausschütten vor Lachen, als ich entweder das Ziehen oder das Spielen vergesse und Schwierigkeiten mit den senkrecht angeordneten Tasten und den Knöpfen habe.

Auch als noch drei Gitarren und drei Mandolinen dazukommen, ist die Versorgung mit Noten und anderen Materialien spärlich in dieser Anstalt.

Ich muß mir wieder fast alles aus den Fingern saugen. Wenigstens bekomme ich Notenpapier und Schreibzeug.

Aber auch meine Mitstreiterinnen sind aktiv, machen Vorschläge für die Programme und erinnern sich an Verse und Lieder, die sie einmal gelernt haben. Diese geistige Regsamkeit hat ihre positive Auswirkung und hilft gegen den Haftfrust.

Für die erste Veranstaltung zu Ostern erfinde ich eine Kantate, die den April und Österliches zum Inhalt hat. Es macht mir großen Spaß, und das Ganze klingt dann, mehrstimmig gesungen, sehr lustig. Frühlingsgedichte und -lieder gibt es die Fülle, und das Programm wird ein Erfolg.

Daß die aufsichtführenden Wachteln betont desinteressiert und schlüsselklappernd an den Seiten des Saales zusammenstehen, stört und ärgert uns. Ich beschwere mich bei Makarenko; der sagt was zum Personal, was mich nicht gerade beliebter macht.

Es ist merkwürdig: Man braucht weder etwas Unrechtes zu tun oder zu sagen - unsere Bewacher werden allein dadurch gereizt, daß man sich nicht unterwürfig zeigt; sie wittern die Verachtung, die wir für sie haben, und rächen sich mit vielen kleinen Schikanen, mit Zellenkontrollen, wo sie alles durcheinander wühlen; mit Leibesvisitationen, mit der Wegnahme aller Dinge, die das Leben auch nur etwas erleichtern oder schmücken, wie kleine Basteleien, mit denen wir uns gegenseitig beschenken.

Auch meine genehmigte Kulturgruppenarbeit wird von vielen scheel angesehen. Ich habe zuviel Freiheit, finden sie, und ich lasse mir nicht alles gefallen, kämpfe für meine Gruppe wie ein Löwe. Das bringt mir Ärger ein; ich werde als aufsässig, undiszipliniert und überheblich bezeichnet, und ich scheue mich auch nicht, eine Diskussion über unverständliche und schikanöse Anordnungen zu führen.

Lene, eine unserer Kommandoleiterinnen, liegt ständig auf der Lauer, mich bei irgendwelchen Regelwidrigkeiten zu erwischen. Das ist nicht schwer. Man muß sie einfach begehen, wenn man sich seine Individualität wenigstens teilweise bewahren und nicht zum Duckmäuser werden will.

Ein Disziplinverstoß ist in diesem Gemäuer schon ein offen gebliebener Knopf an der Jacke oder das Sprechen im Speisesaal und beim Antreten. Strafen gibt es die Fülle: Ausschluß von den nächsten Veranstaltungen, Rauchverbot, Einkaufssperre, Schreibverbot und Besuchsverbot, kein Paket, bis hin zum Arrest. Auch Strafverlegungen und -versetzungen sind möglich.

Im Spätsommer haben wir ein Erntefestprogramm fertig. Wo kriegen wir einen Erntekranz her? Ich stecke mich hinter unseren Elektriker-Hauptwachtmeister, und tatsächlich liegt bei der nächsten Probe eine ganze Menge Stroh auf der Bühne. Draht liefert er uns auch noch dazu, und der Kranz kann gebunden werden.

Wegen sommerlicher Kostüme rede ich mit dem Langen, und es wird uns genehmigt, aus Nachtwäschestoff bunte Röcke zu nähen. Auch die Bänder für den Kranz stammen aus der Schneiderei, illegal transferiert.

Es ist ein sehr fröhliches Programm. Gisas Akkordeon hat Hochsaison, die Gitarren und die Mandolinen ebenfalls. Das Lied ”Es hat ein Bauer ein schönes Weib“ stellen wir szenisch dar, und Volkstänze haben wir ebenfalls einstudiert.

Es ist sehr warm, und vor unseren vergitterten Fenstern breiten sich die reifen Felder aus. Die Spannung zwischen Schmerz und Freude ist an solchen Tagen besonders stark.

Erika, meine beste Sängerin, hat Besuchserlaubnis und erzählt hinterher, daß sie ihrer Mutter durch die Blume eine Nachricht für den ebenfalls inhaftierten Mann übermittelt hat. Sie leidet sehr unter der Trennung, denn beide wurden ganz kurz nach der Hochzeit verhaftet.

Es dauert nicht lange, da wird Erika nach vorne geholt und ihr wird vorgehalten, was sie bei ihrem Besuch gesagt hatte. Wer hat es verraten? Edith kann es nicht gewesen sein, denn sie war nicht bei dem Gespräch anwesend. Weitgehend wissen wir, vor wem wir auf der Hut sein müssen, aber diesmal sind wir uns nicht sicher.

Erika geht drei Tage in Arrest und wird aus dem Zuschnitt in die Heizung strafversetzt; für die Kulturgruppenarbeit und Kirchenbesuche wird sie gesperrt.

Wir sind empört, aber machtlos; Fürsprachen nützen nichts.

Die Arbeit in der Heizung verläuft im Schichtbetrieb und ist für Frauen ohnehin eine Zumutung.

Erika ist nur noch erschöpft und kommt auch am Tage kaum zur Ruhe, wenn sie Nachtschicht hat. Das Schicksal teilen wir allerdings mit ihr, da wir weiter in der Schneiderei in drei Schichten beschäftigt sind.

Kommen wir morgens von der Arbeit, gibt es nach einer Stunde erst mal die Kaltverpflegung und den Zählappell. Dann, kaum eingeschlafen, folgt der Rundgang, später das Mittagessen im Speisesaal.

Sollte danach nichts anliegen, macht man den Versuch zu schlafen, aber bestimmt wird wieder geschlossen, weil jemand aus der Gemeinschaft Post oder ein Paket bekommt; vielleicht wird auch einer in die Ambulanz oder sonst wohin geholt. Selbst wenn das nicht der Fall ist, gibt es auf den Fluren so viele Geräusche, daß kaum Schlaf möglich ist. Die Nachtschicht, die man dann antritt, ist nur schwer durchzustehen. Manchmal ist mir ganz übel vor Müdigkeit.

Nur einen Vorteil hat die nächtliche Arbeit: Die Bewachung ist reduziert, Mieze Frohberg ist nicht da. Allerdings reicht die Aufsichtsintensität unserer eigenen Leute völlig aus. Führend ist dabei die Hauptschichtführerin Ulla Miethge, eine attraktive Frau, deren Auftreten so dominierend ist, daß sich selbst Mieze unterordnet. Sie kann sich solches erlauben, weil sie die ganze Schneiderei mit eiserner Hand führt und eiskalt ihren Vorteil wahrnimmt, ohne jede Rücksicht auf andere.

Die Schichtführerinnen und Bandleiterinnen verhalten sich sehr unterschiedlich. Einige treiben an, um ja gut dazustehen mit hohen Normerfüllungen. Halte ich mich bei einer Reparatur zu lange an einer Maschine auf, kann mir passieren, daß mich eine solche anraunzt.

Besonders muß ich aufpassen, wenn ich an eine Maschine der "Zeugen Jehovas" gerufen werde, die an einem Extraband arbeiten, hier ebenso isoliert wie in ihren Zellen. Sie, die sich vor nichts fürchten in der Gewißheit, am Jüngsten Tag als einzige zu überleben, werden von seiten unserer Bewacher gefürchtet, zumal sie auch keine Gelegenheit auslassen, ungeachtet aller Bestrafungen, andere für ihren Glauben zu werben. Sie dürfen keine Bibeln in die Hände bekommen, aber sie sind so sattelfest im Text, daß sie auch ohne auskommen. Sie imponieren uns mit ihrer Haltung, aber in ihre Fänge geraten möchte dennoch keiner.

Eines Tages ist an Gisas Band der Teufel los: Alle Ärmel sind falsch herum in die Kittel eingenäht worden, und es muß getrennt werden. Ergebnis: 3 % Normerfüllung! Der Lange beruft eine Versammlung ein und macht alle ganz fürchterlich fertig. Das Wort "Sabotage" schwebt im Raum. Es gibt Abzüge und Einkaufsverbot; Schlimmeres bleibt dem Band noch erspart.

Bei meinen Reparaturen erfahre ich wieder einiges über verschiedene Fälle.

Therese hatte einem gefährdeten Kollegen die Flucht nach Westberlin ermöglicht. Sie traf ihn, der der "Kampfgruppe gegen Unmenschlichkeit" angehörte, was sie aber nicht wußte, beim Katholikentag 1952 wieder. Er, der Versicherungsvertreter war, bat sie, ihn die Namen von geflüchteten Geschäftsleuten aus der gemeinsamen Heimatstadt wissen zu lassen, und gab ihr zu diesem Zweck ein Fläschchen unsichtbare Tinte mit. Sie meinte, er wolle sich um die Versicherungen der Geflüchteten kümmern, und schrieb ihm wie verabredet. Nicht lange allerdings, dann flog sie auf. Das brachte ihr sechs Jahre Zuchthaus wegen Spionage ein. Auch sie bekam wie wir seinerzeit zu hören, daß es nicht darauf ankomme, *was* man schriebe, sondern an *wen* das geschähe.

Adelheid, deren Mann in Bautzen inhaftiert gewesen und nach seiner Entlassung nach Westberlin geflüchtet war, wollte ihre wichtige Stellung an einem Jenaer Institut nicht illegal verlassen und fuhr zum "Untersuchungsausschuß freiheitlicher Juristen" nach Berlin-Zehlendorf, um zu erfragen, was sie unternehmen könnte, um legal aus der DDR-Staatsbürgerschaft entlassen zu werden. Man forderte sie dort auf, gleich dazubleiben, weil zu befürchten stand, daß sich die DDR für die Flucht des

Mannes rächen würde, aber sie kehrte gewissenhaft nach Hause zurück. Als sie wieder einmal ihren Mann besuchte, wurde sie auf der Rückfahrt gründlich kontrolliert, und man fand in ihrem Notizbuch die Abkürzung "UfJ", etwa einen Quadratzentimeter groß. Das reichte aus, um sie auf der Stelle zu verhaften. Nach vierzehn Wochen Untersuchungshaft wurde sie zu drei Jahren Gefängnis wegen Verbindung zu einer feindlichen Organisation plus neun Monaten wegen des Verdachts auf Republikflucht verurteilt.

Adelheid hat alte Eltern. Der Vater ist eine imponierende Persönlichkeit und macht aus seinem Herzen keine Mördergrube. Die Briefe bekommt sie selten ausgehändigt, aber bei Besuchen kann ihn keiner bremsen, wenn er ungeschminkt die DDR-Realität darstellt. Wir freuen uns diebisch mit an Adelheids Berichten.

Eines Tages bekommt sie eine große Geschwulst am Oberschenkel, die ihr große Schmerzen beim Sitzen auf den Schneidereihockern bereitet. Sie besorgt sich Stoffreste und näht sich eine Art Kissen, das sie ausstopft. Auch andere versuchen das immer wieder, weil sie Schwielen auf ihren Gesäßbacken haben, und mit schöner Regelmäßigkeit werden diese Sitzschoner weggenommen. Adelheid muß nach Meusdorf, wo man ihr eine inzwischen tennisballgroße Geschwulst herausoperiert. Als sie wiederkommt, erzählt sie mit Schaudern, wie schlimm die hygienischen Verhältnisse in diesem Haftkrankenhaus sind.

Daß wir in Hoheneck bessere haben, ist allein uns selbst zu verdanken. Alle Langstrafer sind penibel auf Sauberkeit bedacht, und jeder Neuankömmling lernt ganz schnell, sich im Waschraum ganz auszuziehen und von oben bis unten zu waschen, ungeachtet des kalten Wassers, das uns einzig zur Verfügung steht, vom spärlichen lauwarmen abgesehen, das beim wöchentlichen Duschen aus den Brausen kommt.

Mit der Hygiene wird es jedoch immer schwieriger, je mehr Kurzstrafer aus asozialem Bereich dazukommen.

Plötzlich tauchen in der Nachbarschaft Filzläuse auf. Die Alteingesessenen sind wütend, das neu dazugekommene kleine Ferkel wird beinahe gelyncht. Wie sollen sich die anderen schützen, wenn sie alle dieselben zwei Toiletten benutzen müssen? Die betroffene Gemeinschaft macht einen regelrechten Aufstand und klagt die Verantwortlichen, welche die Eingangsuntersuchungen durchführen, der Nachlässigkeit an. Anstatt daraus die richtigen Schlußfolgerungen zu ziehen und die Neuankömmlinge genauer unter die Lupe zu nehmen, wird angeordnet, daß wir alle drei bis vier Wochen die peinlichsten Untersuchungen über uns ergehen lassen müssen. Nach Beendigung der Schicht haben wir anzutreten und werden verschwitzt und ungewaschen ins Revier geführt. Zunächst werden die Kopfhaare untersucht, dann kommen die Schamhaare dran; ohne Rücksicht darauf, ob eine Frau ihre Tage hat, wird sie befingert. Unter VP-Aufsicht müssen die in der Ambulanz beschäftigten strafgefangenen Schwestern diese ekelhafte Prozedur ausführen. Protest und Beschwerden bewirken nichts: Wir müssen uns diese entwürdigende Behandlung gefallen lassen.

Etwa alle Dreivierteljahre hat unsere Kulturgruppe ein Programm fertig. Eines beschäftigt sich mit deutschen Landschaften, andere sind mit den Jahreszeiten verbunden, in denen sie stattfinden. Für ein solches versuchen wir mangels Textvorlage Oscar Wildes "Nachtigall und die Rose" möglichst genau aus dem Gedächtnis zu rekonstruieren. Viele unserer Zuhörer haben noch nie solche wunderbaren Volkslieder gehört wie: "All meine Gedanken, die ich hab' ", "Innsbruck, ich muß dich lassen" oder "Kume, kum, Geselle min". Ich habe zu tun, alles mehrstimmig zu setzen. Im Rahmen des Erlaubten versuchen wir auch, aktuelle Schlager, die von Neuankömmlingen gesungen werden, mit einzubauen - mit dem entsprechenden Erfolg.

Bei alledem kriege ich wieder Schwierigkeiten mit meinen Zähnen und werde zeitweise verrückt vor Schmerzen. Vermutlich ist die Mangelernährung eine Ursache, eine andere sind unsaubere Instrumente. Sie haben eine Zahntascheninfektion ausgelöst. Ich kriege immerzu Fisteln, und schließlich muß der betreffende Zahn nach mehreren vergeblichen Versuchen, ihn zu retten, gezogen werden.

Der Zahnarzt kommt aus Stollberg; wenn er mich immer wieder in der Tür stehen sieht, macht er keinen Hehl aus seinem Erschrecken. Er bohrt auf, macht eine Einlage - Schmerzen; er wechselt die Einlage, schließt endlich den Zahn - Schmerzen; er muß ziehen. Mehrmals läuft das so ab, und ich verliere Zahn um Zahn.

Als ich einen Mandelabszeß kriege, muß ich ins Revier. Bei den zur Verfügung stehenden Mitteln wächst er weiter, und ich kann kaum noch schlucken. Kaffee geht fast gar nicht mehr runter, und ich habe über 40° Fieber. Am nächsten Tag soll ich zum Schneiden nach Meusdorf.

Plötzlich kriege ich es so mit der Angst zu tun, weil ich Atemnot habe, daß ich aus dem Bett springe. Ich klammere mich am Pfosten fest, da rinnt es warm und übelschmeckend durch meine Kehle; der Abszeß ist geplatzt.

Habe ich wieder einmal einen Schutzengel gehabt?

Als ich Jahre später auf der Intensivstation des Herz-Kreislauf-Zentrums in Berlin-Buch wegen schwerer Herzrhythmusstörungen liege, lautet die Diagnose "Toxische Schädigung des Herzens“. Welche Infektion, welcher Eiterherd die Ursache war, kann nicht mehr bewiesen werden ...

*

"Was laden Sie denn da ab?"

Steffi, meine Mitmechanikerin, beobachtet aus dem Fenster unserer Werkstatt, welche Stoffballen aus dem Laster auf dem Hof gezogen werden: schwarze, rote, gelbe.

"Wozu sollen die gut sein?"

"Rote Nachthemden, schwarze Bettwäsche", antworte ich, "und vielleicht gelbe Windeln?"

Es dauert nur wenige Tage, da wissen wir, was auf uns zukommt.

"Wir schneiden Fahnen zu!" sagt Hella, die im Zuschnitt arbeitet. "Und Embleme sind auch mitgeliefert worden!"

Wir sehen uns an.

"Das darf nicht wahr sein!" Adelheid schüttelt den Kopf. "Die DDR kann sich doch nicht ausgerechnet von uns die Fahnen nähen lassen!"

"Warum nicht?" entgegnet Therese. "Haben wir nicht auch schon die Uniformen genäht?"

Sie war einige Jahre zuvor in Halle damit beschäftigt gewesen, und mir fällt ein, daß auch die Tribunalverurteilten anfangs Uniformen fertigen mußten.

Es ist wahr. Die Bett- und Nachtwäscheproduktion wird ausgesetzt, und rote Streifen werden an schwarze und gelbe an rote genäht, und alle müssen höllisch aufpassen, daß sie die Reihenfolge nicht verwechseln. Dann werden die Fahnen gesäumt. Der schwierigste Arbeitsgang ist das Aufnähen der Embleme - "Plamplams" sagen wir -, sie müssen gleichzeitig eingefaßt werden und kreisrund in der Mitte sitzen.

"Man wird ganz druselig davon!" merkt Sigrid an. "Immer im Kreis herum, und dann diese grellen Farben!"

Die DDR wird zehn Jahre alt in diesem Herbst und will sich mit Hammer, Zirkel und Ährenkranz von der bisher gleichen Fahne der Bundesrepublik unterscheiden.

Es ist eine scheußliche Arbeit. Das Nähgarn ist zudem schlecht, die Fäden reißen; wir werden dauernd an die Maschinen gerufen, an denen es aber nicht liegt. Die Näherinnen sind nervös.

Als dann der 7. Oktober kommt, kriegen alle eine Tasse Bohnenkaffee zur Feier des Tages. Wir wußten schon gar nicht mehr, wie er schmeckt.

"Den können sie sich an den Hut stecken!" spricht Sigrid die Meinung der meisten aus, was natürlich wieder jemand verpetzt. Sie muß nach vorne und bekommt Einkaufssperre. Das ist nicht allzu schlimm, denn selbstverständlich wird sie von uns mitversorgt.

Ich habe mich mit ihr angefreundet. Es gibt eine Menge gemeinsamer Interessen, und ihre gerade Haltung in allen Dingen gefällt mir. Natürlich bleibt das unseren Bewachern nicht verborgen. Ohne Begründung muß ich eines Tages meine Sachen packen und werde in eine andere Gemeinschaft verlegt. Auch wenn ich viele kenne: Wieder muß ich mich an eine andere Umgebung gewöhnen. Man darf nie zur Ruhe kommen. Warum wird einem nur immer wieder das Leben schwer, noch schwerer gemacht? Manche Wachtmeisterinnen haben hämische Freude an ihren Schikanen.

In der Kulturgruppe sind wir noch zusammen, und in der Schneiderei treibe ich mich auch so oft wie möglich in der Nähe ihrer Maschine herum. Ich werde mehrfach verwarnt.

Als einige Zeilen des Briefes meiner Pflegemutter mit schwarzen Strichen unleserlich gemacht worden sind, melde ich mich zu Rebekka, die gerade Dienst hat.

Sie wirkt weniger streng als sonst, und ich frage sie, warum man uns so ohne Achtung begegnet. Sie sieht mich an und entgegnet: "Ich bin Kommunistin und muß verachten, was Sie getan haben, aber Sie selbst kann ich achten!"

Sieh an, denke ich, das hat noch keiner gesagt. Aber wenn es wahr ist, dann habe ich mich bisher hier richtig bewegt. Dann fügt Rebekka, die sonst so Zurückhaltende, hinzu: "Ich werde versetzt und kann Ihnen nicht mehr helfen!"

Auf meinen fragenden Blick ergänzt sie: "Man ist mit meinen Methoden nicht einverstanden, und ich muß die Konsequenz ziehen."

Als ich mich abmelde, sagt sie: "Ich wünsche Ihnen alles Gute!"

"Ich Ihnen auch!" antworte ich leise.

Unsere Bewacher sind untereinander auch wie die Teufel. Es tut mir leid um Rebekka, diese aufrechte, korrekte Frau, auch wenn wir bei ihr nichts zu lachen hatten. Der Strafvollzug hätte ein anderes, besseres Gesicht, wenn es mehr solche wie sie gäbe. Wie dumm sind die Oberen! Vielleicht könnten sie mit solchen ehrlichen Kommunisten wirklich noch manchen umerziehen und für sich gewinnen ...

Aber das hätten wir nun auch wieder nicht gerne, beende ich meinen Gedankengang.

In diesem Jahr - 1959 - jährt sich Schillers Geburtstag zum 200. Male, und in mir reift ein Plan.

"Was haltet ihr von einer Schillerfeier?" frage ich meine Truppe. Einhellige Zustimmung. Die Frage ist nur, welcher Text, welcher Rahmen.

* * *

Jedes Jahr wird am 16. Januar, dem Tag der Zerstörung Magdeburgs, vom Städtischen Orchester Beethovens 9. Sinfonie aufgeführt.

Als ich mich anziehe, um mit P., dem geliebten Partner dieser späten Jahre, das Konzert zu besuchen, fällt mir ein Ohrclip herunter, ich kriege die Kette nicht zu, und der Reißverschluß klemmt.

"Hilf mir!" sage ich zu ihm, und er fragt, warum ich so nervös wäre. Bin ich das? Auf jeden Fall sind die Gedanken nicht bei dem, was ich tue. Man wird es nicht los, denke ich, man wird es nie ganz los ...

Ich spüre, wie mich P. von der Seite fragend ansieht, aber er sagt nichts. Er kennt mich zu gut, und es bedarf nur weniger Worte zwischen uns. Ich fühle mich aufgehoben bei ihm, geborgen und verstanden, und genieße das Geschenk dieser wunderbaren Zweisamkeit. Durch die Intensität meines eigenen Gefühls und die jung gebliebene Erlebnisfähigkeit verstehe ich nachträglich meinen so verehrten Professorenfreund und bewahre ihm einen Platz in meinem Herzen.

P. legt den Arm um mich, als wir gehen.

Dann sitzen wir im Konzert und lauschen Beethovens Vermächtnis.

Als im letzten Satz der Baß beginnt:

"Freunde, nicht solche Töne ...", greife ich nach P.s Hand; er hält die meine einfach fest.

* * *

In unserer Anstaltsbücherei ist immerhin Schiller vorhanden. Wir beginnen zu lesen und ihn wiederzuentdecken. Gedichte auszuwählen ist kein Problem. Die Feier muß farbig werden, also wäre es gut, Szenen aus den Stücken einzubauen. Darstellen geht nicht, aber Dialoge sprechen ist bei intensivem Proben möglich. Musik? Schlimm, daß wir hier kein Klavier haben - man könnte etwas von Mozart oder Beethoven spielen.

Beethoven! Mir fällt die von ihm vertonte Schillersche "Ode an die Freude" ein. Aus Kirchenzeiten befindet sich noch die alte Orgel oben an der Rückseite des Kulturraumes. Vielleicht kann Gisa, mein "1. Konzertmeister", wie ich sie nenne, weil sie mit ihrem Akkordeon meine Hauptstütze ist, von da aus den Chor begleiten?

Erster Vorstoß zu Makarenko. Wohlwollend nimmt er unsere Absicht auf, einen Klassiker ehren zu wollen. Ich frage nach den Noten des Schlußchores aus der 9. Sinfonie, und da er vermutlich nicht weiß, wie er sie beschaffen soll, kriege ich die Erlaubnis, sie mir schicken zu lassen. Sogar einen Sonderbrief erhalte ich!

Erika ist immer noch in der Heizung und von der Mitarbeit in der Kulturgruppe gesperrt. Ich versuche, Makarenko klarzumachen, wie wichtig sie als beste Sängerin für die Schillerfeier ist, habe aber keinen Erfolg.

Erika erzählt, daß dieser öfters in der Heizung erscheint, um im Nebenraum ein Bad zu nehmen. Immer wieder versucht er dann, Erika und andere in Gespräche zu verwickeln, um herauszukriegen, wie weit der Umerziehungsprozeß gediehen ist. Er bekommt weitgehend Kontra, also rächt er sich, hat er doch die Macht.

Es dauert nicht lange, da kommt von meiner Pflegemutter der Klavierauszug der 9. Sinfonie. Ich werde zu Lene gerufen, und sie überreicht mir den grünen Band, Edition Peters, und tut das nicht gerade begeistert, wie ich ihr ansehe, und sagt:

"Den geben Sie aber nachher wieder ab!"

Ich sehe, daß jemand draufgeschrieben hat "Strafgefangene Graul" - auf Beethovens 9. Sinfonie!

Natürlich ahnt keiner von diesen dümmlichen Ignoranten, was sich mit dieser Schiller-Feier anbahnt.

Gedichte und Balladen sind enthalten:

"Sehnsucht"

Ach, aus dieses Tales Gründen,
die der kalte Nebel drückt,
könnt' ich doch den Ausgang finden,

ach, wie fühlt' ich mich beglückt!
Dort erblick' ich schöne Hügel,
ewig jung und ewig grün!
Hätt' ich Schwingen, hätt' ich Flügel,
nach den Hügeln zög' ich hin ...
.....
Du mußt glauben, du mußt wagen,
denn die Götter leihn kein Pfand; nur ein Wunder
kann dich tragen
in das schöne Wunderland."

"Worte des Glaubens"
"... Der Mensch ist frei geschaffen, ist frei,
und würd' er in Ketten geboren.
Laßt euch nicht irren des Pöbels Geschrei,
nicht den Mißbrauch rasender Toren!
Vor dem Sklaven, wenn er die Kette bricht,
vor dem freien Menschen erzittert nicht!"

Die Balladen "Der Handschuh" und "Die Bürgschaft" werden rezitiert, und wir sprechen zu zweit die Kammerdiener-Szene aus "Kabale und Liebe". Sigrid ist die Lady Milford, ich der Kammerdiener. Aus den "Räubern" wähle ich die Begegnung zwischen Karl Moor und dem Pater aus.

Die Hauptarbeit macht es, einen Teil der "Ode" so einzurichten, daß ihn Laien singen können, einschließlich des Eingangsrezitativs:

"Freunde, nicht diese Töne! Laßt uns angenehmere anstimmen und freudenvollere!"

Gisa schlägt sich mit der alten Orgel herum und überträgt das Wesentliche des Klavierauszugs auf das Manual. Die Frage, was würde Beethoven dazu sagen, entfällt in unserer Situation. Für das, was wir aussagen wollen, hätte er bestimmt volles Verständnis.

Das Motto für die Gedenkfeier finde ich in dem Gedicht "Die Künstler", auch der Schlußabsatz wird daraus rezitiert:

"Der freisten Mutter freiste Söhne,
schwingt euch mit festem Angesicht
zum Strahlensitz der höchsten Schöne,
um andre Kronen buhlet nicht ..."

Ich reiche das Ganze zur Genehmigung ein, gebe auch bei den "Räubern" die ausgesuchte Szene an und rechne damit, daß sich keiner die Mühe machen wird, nachzuschlagen. Schiller ist "klassisches Erbe" und damit legitim.

Dann besorgen wir uns aus dem Zuschnitt große Packpapierbogen, zeichnen die einzelnen Buchstaben unseres Mottos in halbmeterhohen Lettern auf und schneiden sie aus. Sie kommen an den Hintergrund der Bühne.

Unsere freundliche Wachtmeisterin "Täve", die so gern Rad fährt, beschafft erstaunlicherweise ein schönes großes Schillerbild.

Als sich dann am Tag der Veranstaltung der Vorhang öffnet, liest der ganze Saal, einschließlich des diensthabenden Wachpersonals:

DER MENSCHHEIT WÜRDE IST IN EURE HAND
GEGEBEN !
BEWAHRET SIE!

Da braust der erste Beifall auf.

Die Wachteln werden aufmerksam und gucken verblüfft. Das Programm läuft wie geplant (und genehmigt!); sie können nicht einschreiten.

Den Karl Moor spreche ich selber. Als die Rede endet: "... Sag ihnen, mein Handwerk ist Wiedervergeltung, Rache ist mein Gewerbe!", applaudiert der ganze Saal frenetisch, und unsere Bewacher sind sehr blaß.

Den Abschluß bildet die "Ode an die Freude":

"... alle Menschen werden Brüder, wo dein sanfter Flügel weilt ..."

Die Feier ist ein voller Erfolg, die Stimmung unter den Zuhörern freudig erhoben, und wir sind ein bißchen stolz, daß uns das gelungen ist. Wieder einmal hat der Geist über den Ungeist gesiegt.

"Paß auf", sage ich zu Sigrid, "das gibt ein Nachspiel!"

Sie hält das auch für möglich.

Und richtig! Am nächsten Vormittag werde ich zu Makarenko gerufen. Er blickt mich beleidigt an.

"Strafgefangene Graul, Sie haben mich hintergangen!"

Ich tue völlig ahnungslos und frage, wieso.

"Sie hatten da Sachen in Ihrem Programm, wie mir gemeldet wurde, die ich nie und nimmer genehmigt hätte!"

"Ich habe alles genau aufgeschrieben, als ich es eingereicht habe!"

Er blickt irritiert auf das Programm.

"Ja, aber woher sollte ich denn wissen ..." Er bricht ab. "Und wie Sie das gesagt haben sollen mit der Rache!"

Ich muß aufpassen, daß ich keine Miene verziehe; am liebsten würde ich laut loslachen.

"Aber Herr Hauptmann!" erwidere ich beherrscht, "Hier wurde aus einem klassischen Werk zitiert, dessen Aussage ..."

"Ja, ja!" unterbricht er mich. "Aber so was kann leicht mißverstanden werden! Gewisse Elemente könnten das als Aufforderung verstehen ..."

Er ist böse, weil er mir nichts beweisen kann. Die Gefangene ist die Überlegene - das wird er mir nicht verzeihen. Er erklärt mir noch, daß er enttäuscht von mir wäre, dann bin ich in Ungnaden entlassen.

Eine weitere Kulturveranstaltung findet nicht mehr statt. Das geschieht kommentarlos; es wird einfach nichts mehr genehmigt.

* * *

Ich erzähle P. diese Geschichte bei einem Glas Wein nach dem Konzert. Und ich erwähne auch, wie viele mir nach der Entlassung geschrieben haben und immer wieder gerade die Schiller-Feier erwähnt hätten.

"Du hast viel Mut gehabt!" sagt P.

"Sagen wir: Ich war renitent!" gebe ich mit einem leisen Lachen zurück. "Und sie haben's mich auch entgelten lassen!"

* * *

Unserer kulturellen Bildung dienen fortan nur noch zeitweilige Filmvorführungen und Presseschauen. Was wir da zu sehen bekommen, ist im seltensten Fall als Unterhaltung gedacht: die sozialistische Umerziehung steht wie immer im Mittelpunkt.

Der grausame mexikanische Film "Rebellion der Gehenkten" wird gezeigt. Bei dem französischen Streifen "Djamila" über den algerischenWiderstandskampf mit den schlimmsten Folterungsszenen bekommen einige Frauen Herzanfälle. Die Verantwortlichen beweisen immer wieder ein hohes Maß an Geschmacklosigkeit und reißen bei vielen alte Wunden auf.

Die Presseinformationen, von den Offizieren verabreicht, hassen wir, denn sie sind immer mit Agitation und Propaganda verbunden. Der Versuch, ausgerechnet uns davon überzeugen zu wollen, welch eine segensreiche und zukunftsträchtige, die Menschheit beglückende Einrichtung die DDR darstellt, ist von vornherein zum Scheitern verurteilt. Außerdem halten wir eine Zeitung, haben gelernt, zwischen den Zeilen zu lesen, und machen uns selbst ein Bild. Aber diese etwa 20minütige Veranstaltung ist Pflicht.

In meiner jetzigen Gemeinschaft ist es immer Inge, die lauthals die Zeitung kommentiert und die anderen animiert, ihre Meinungen kundzutun. Immer wieder gelingt ihr das bei einigen. Ich bin vorsichtig; mich warnt etwas bei diesem Herumtönen, und ich halte mich zurück. Was ich sage, formuliere ich so, daß ich es zu verantworten können glaube und auch bereit wäre, es öffentlich zu wiederholen. Man bekommt da mit der Zeit Übung.

Inge wird von Zeit zu Zeit nach vorne geholt; danach befragt, erzählt sie schlecht erfundene Geschichten, die stets etwas mit ihrem Fall zu tun haben. Sie ist politisch, verhält sich den Bewachern gegenüber ausgesprochen servil und hofft offenbar auf eine frühere Entlassung.

Leider gibt es unter den nach Artikel 6 Verurteilten etliche, die auf zwei Schultern tragen.

Bei den Kriminellen ist das viel seltener der Fall. Am konsequentesten sind die Mörder. Sie wissen genau, was sie wollen, und lassen sich überhaupt nichts gefallen. Manche können gefährlich zornig werden, und das Wachpersonal hütet sich, sie zu reizen.

Makarenko ist eine ausgesprochene Plaudertasche - wohl von Amts wegen. Er läßt keine Gelegenheit aus, wenn er gemächlichen Schrittes durchs Haus wandelt, mit Strafgefangenen "ins Gespräch“ zu kommen. Er tastet mit Fragen ab, gibt sich dabei verbindlich, liegt aber in Wirklichkeit immer irgendwie im Hinterhalt. Er ist der unangenehmste Typ in der Anstalt. Von seiner und anderer Seite (Kommandoleiterin, Offizier vom Dienst, Oberaufsicht) gibt es von Zeit zu Zeit Befragungen, wie man denn inzwischen zu seiner Tat und zur DDR stünde.

Meine Antworten lauten immer sinngemäß: Was ich getan habe, geschah aus Idealismus, bitter war nur, den falschen Leuten aufgesessen zu sein; Verbrechen glaube ich nicht begangen zu haben, und wir alle sind zu hoch verurteilt worden. Was die DDR betrifft, so werde ich mir nach der Entlassung ein Bild machen.

Nach meiner Meinung zu aktuellen Ereignissen befragt, versuche ich, objektiv zu sein, bin jedoch auf der Hut, mich nicht provozieren zu lassen. Mir ist völlig klar, daß ich mir selbst mit dem möglichen Maß an Offenheit keinen Gefallen tue, aber ich habe ein besseres Gefühl dabei.

Bei einem Besuch erzählt mir meine Pflegemutter, daß mein Vater schon mehrere Gnadengesuche für mich eingereicht hätte, bisher ohne Erfolg.

"Wie kommt er dazu? Ich habe ihn nie darum gebeten!" sage ich ziemlich aufgebracht.

"Er meint es auf seine Weise gut!" entgegnet Eva Pohle leise.

Ich erkläre mit Nachdruck, daß ich meine Zeit abzusitzen gedächte; es wären nur noch zwei Jahre, und ich wollte nichts geschenkt bekommen.

Die beisitzende Wachtel macht ein böses Gesicht und sagt: "Das würde ich mir aber überlegen, Strafgefangene Graul!"

"Richte das Vati bitte aus!"

Mir ist die Laune verdorben. Auch noch betteln bei diesen Leuten!

* * *

Nach meiner Entlassung finde ich einen Hefter mit den Durchschlägen der Gesuche und die Antworten der Staatsanwälte vor und gerate völlig aus den Fugen, fühle mich noch nachträglich gedemütigt. So schlimm und obendrein unwahr sind die Texte! Man kann doch nicht jegliches Ehrgefühl einbüßen, wenn man einem anderen helfen will!

Im Frühjahr dieses Jahres - 1991 - bekomme ich nach Akteneinsicht meines Rechtsanwaltes auch noch die jeweils angeforderten Führungsberichte abgelichtet zugeschickt. Wenn sie auch nicht die entwürdigenden Gnadengesuche vergessen lassen können, so erheitern sie mich doch ungeheuer, und ich darf feststellen, daß mich meine Bewacher besser kannten als mein Vater. Immer wieder bescheinigen sie, daß der gewünschte Erziehungsprozeß bei mir nicht erreichbar war.

Führungsbericht vom 9. 8. 1957

..... Die Verurteilte Graul erhielt eine Zuchthausstrafe von 15 Jahren wegen begangener schwerer Verbrechen gegen unseren Staat. Die Strafe wurde gnadenweise auf 10 Jahre reduziert. Von dieser Strafe ist die Hälfte verbüßt. Als Voraussetzung für den Erlaß dieses erheblichen Strafrestes müßten besondere Momente vorliegen. Das Urteil ist nach heutiger Betrachtungsweise nicht wesentlich überhöht. Die Führung im Strafvollzug gibt laufend Grund zur Beanstandung. Es ist ersichtlich, daß die Verurteilte aus ihren strafbaren Handlungen noch nicht die richtigen Schlußfolgerungen gezogen hat. Der Strafzweck ist, wie der Anstaltsleiter aufzeigt, noch nicht erreicht. Ich schließe mich diesen Ausführungen an und stelle deshalb keinen Antrag zur bedingten Strafaussetzung, da unbedingt noch ein Teil der Strafe verbüßt werden muß ...

gez. Leim
Staatsanwalt

Gnadengesuch vom 24. 7. 1958

Herrn Generalstaatsanwalt Dr. Melsheimer

..... Meine Tochter war durch die Krankheit und den Tod ihrer Mutter (1947) viel auf sich allein gestellt. Unsere Ehe wurde im April 1941 geschieden. Gegen die im Hause und insbesondere durch die Großeltern herrschende Atmosphäre kleinbürgerlicher Ideologie habe ich bis zu unserer Trennung vergeblich angekämpft. (!)

Bis zu ihrer Festnahme lebte sie in Erfurt und Berlin vollkommen selbständig, so daß ich keinen Einfluß auf sie ausüben konnte. Der damalige Leiter der Musikhochschule Weimar, Prof. Hans-Joachim Moser (falsch!), wurde republikflüchtig (falsch!), ging an die Hochschule für Musik Charlottenburg (falsch!) und zog eine größere Anzahl von Musikstudenten und -studentinnen nach (falsch!). So auch meine Tochter (falsch!), die dann in Westberlin mit Verwandten aus der Bundesrepublik zusammentraf, die ebenfalls in Westberlin studierten (falsch!). Hierdurch geriet sie in die Fänge (!) des BDJ bzw. des Widerstandskreises ...

Mit vorzüglicher Hochachtung !

gez. Ernst Graul

Antwortschreiben vom 8. 8. 1958

..... Aufgrund der Schwere der äußerst gesellschaftsgefährdenden Handlungen Ihrer Tochter sehe ich keine Veranlassung, zur Zeit einen Antrag auf bedingte Strafaussetzung beim Obersten Gericht zu stellen.

gez. Nienkirchen

Staatsanwalt

Gnadengesuch vom 16. 10. 1958

..... Zweifellos liegen auch erbliche Belastungen der Großeltern mütterlicherseits vor, was sich in Schwankungen und Gemütstrübungen sowie leichter Beeinflußbarkeit ausdrückt ... (!)

Vielleicht können Sie uns, sehr verehrter Herr Generalstaatsanwalt, nach nochmaliger Überprüfung...

Führungsbericht vom 6. 11. 1958

..... Während ihrer bisherigen Strafverbüßung fügte sie

sich nicht immer der Haus- und Zellenordnung und erhielt insgesamt 5 Hausstrafen. Außerdem befinden sich noch mehrere negative Vermerke in den Akten. Ihr äußerliches Verhalten hat sich in letzter Zeit gebessert.

Im Beisein von Aufsichtskräften verhält sie sich meist diszipliniert, hat aber auch mitunter bei erteilten Anweisungen das letzte Wort. Ihr ganzes Wesen ist unbeherrscht und ebenso verstockt. Die erteilten Anweisungen führt sie mit einem hochmütigen Lächeln aus.

Die Strafgefangene Graul leitet in der StVA Hoheneck die Kulturgruppe. Auf diesem Gebiet zeigt sie besondere Fähigkeiten. Das trifft auch auf schauspielerischem Gebiet zu. Sie ist mit großem Interesse bei der Kulturarbeit. Ferner ist sie Leserin der Anstaltsbücherei und der Tagespresse. Jedoch ist ihre politische Einstellung sehr undurchsichtig. Auf Diskussionen läßt sie sich nicht ein. Es ist festzustellen, daß ihr noch umfangreiche bürgerliche Ideologien anhaften.

Sie betrachtet die bisher verbüßte Strafe als zu lange für die von ihr begangene Straftat. Zusammenfassend kann man sagen, daß die bisher verbüßte Strafe bei weitem noch nicht den gewünschten Erziehungserfolg erkennen läßt. Ihre in ihrer bisherigen gesamten Führung zum Ausdruck gekommene negative Einstellung zu unserem Arbeiter-und-Bauern-Staat kann auch nicht als indifferent bezeichnet werden, zumal die G. studiert hat und ein umfangreiches Wissen besitzt...

Leiter der Strafvollzugsanstalt
gez. Schroetter
Major der VP

Gnadengesuch vom 7. 11. 1959

..... Heute gestatte ich mir, Sie nochmals höflich um die Stellung eines Antrages ... um die vorzeitige Entlassung zu bitten. Meine Frau und ich haben hier in Bad Frankenhausen alles darangesetzt, um durch Einsatzfreudigkeit am Aufbau des Sozialismus mitzuhelfen. Vor acht Monaten hat sich meine Frau auf Bitten der Kreiskrankenhaus-Leitung als Nachtwachenvollschwester zur Verfügung gestellt. Die von mir betreuten Industriebetriebe haben am Geburtstag unserer (!) DDR, dem 7. 10. 59, mit guter Planerfüllung abgeschlossen. Wir glaubten hiermit zur Wiedergutmachung beizusteuern ... (!)

Führungsbericht vom 12. 12. 1959

..... In ihrer Führung gab sie des öfteren Anlaß zu Beanstandungen. Es ist hier bekannt, daß sie ein gutes Wissen besitzt. Diesen Umstand nützt die Strafgefangene aus und verhält sich dem Aufsichtspersonal gegenüber äußerst überheblich. Es ist sogar zu erkennen, daß sie ständig bemüht ist, das Wachpersonal zu übersehen. Wird die Strafgefangene auf die Einhaltung der Hausordnung hingewiesen (Sprechen im Speiseraum bzw. bei der Bewegung außerhalb der Unterkunft, usw.), so widerspricht sie in einem sehr anmaßenden Ton.

..... Ihr ständiges Bestreben geht dahin, einen gewissen Kreis von Strafgefangenen für sich zu gewinnen, die gleichen Charakters und wegen des gleichen Deliktes bestraft sind. Bereits in der Strafvollzugsanstalt Berlin machte sie ebensolche Versuche, die von der StVA Berlin als Zersetzungsversuche gewertet wurden.

Die Strafgefangene Graul ist in der Schneiderei als Mechaniker beschäftigt. Ihre Arbeit verrichtet sie gewissenhaft ... Jedoch ist auch hier zu bemerken, daß sie ebenfalls am Arbeitsplatz ein sehr überhebliches Wesen hat und dem Wachpersonal gegenüber nicht bittet, sondern Forderungen stellt, ja die Genossinnen sogar zur Rede stellen will, wer die erteilten Anweisungen angeordnet und genehmigt habe.

In ständiger Briefverbindung steht sie mit einer gewissen Frau Eva Pohle, die sie als "Mütterlein" bezeichnet und von der sie auch besucht wird. An dieser Verbindung ist sie sehr interessiert, und es ist eine äußerst herzliche, jedoch sehr undurchsichtige (!) Freundschaft. An einer Verbindung mit ihrem Vater ist sie mehr oder weniger nicht sehr interessiert. Ihr Verhalten bei einem Besuch ist zwar aufgeschlossen, jedoch fehlt die übliche Herzlichkeit. Ihr Vater hingegen versucht, ... einen positiven Einfluß auf sie zu nehmen. Dieses Bemühen ihres Vaters ist ihr nicht sehr angenehm ...

Bei der letzten Aussprache mit der Strafgefangenen Graul wurde offensichtlich, daß sie ein ausgesprochener Feind unseres Staates ist. Reue zu ihrer begangenen Straftat zeigt sie überhaupt nicht. Vielmehr sagte sie wörtlich: "Meine Handlungen habe ich nicht des Geldes wegen getan, sondern aus voller Überzeugung. Ich kann dieses nicht bereuen, weil ich damals keinen anderen Ausweg sah."

Auf Befragen, wie sie nun heute, also nach Jahren, über diese Sache denkt, äußerte sie sinngemäß folgendes:

Man muß mich mit Tatsachen überzeugen. Die Dinge, die in der Zeitung stünden, würden ihr höchst unglaubwürdig erscheinen ... Sie sei nach wie vor der Meinung, daß man sich in der DDR nicht frei entwickeln könne. Es muß noch bemerkt werden, daß sie bei einem Besuch der Frau Pohle dieser gegenüber zum Ausdruck brachte, daß sie an einer vorzeitigen Haftentlassung nicht interessiert sei, da sie sowieso nur noch zwei Jahre abzusitzen habe. Zusammenfassend ist zu sagen, daß die gesamte Führung der Strafgefangenen Graul erkennen läßt, daß sie bisher nicht die Lehren aus ihrer Verurteilung gezogen hat. Sie ist ein Mensch, der nicht begreifen will ...

gez. Schroetter

Antwortschreiben des Staatsanwalts Erben vom 30.12.59

Werter Herr Graul!

Ich habe die Überprüfungen in der Angelegenheit Ihrer Tochter abgeschlossen. Es ist erfreulich festzustellen, wie Sie und Ihre Ehefrau alle Anstrengungen machen, unseren Aufbau voranzutreiben. Sie versuchen selbst wieder gutzumachen, was Ihre Tochter an Schaden angerichtet hat, trotzdem Sie dazu nicht verpflichtet sind, da jeder selbst für sein Verhalten einzustehen hat. (- So sehe ich das auch! -) Bei der Überprüfung und Entscheidung war davon auszugehen, nach Möglichkeit Ihrem Wunsche zu entsprechen, da auch mir bekannt ist, daß Sie durch Besuche und Briefe mithelfen, Ihre Tochter positiv zu beeinflussen, und mithelfen, sie auf den richtigen geraden und ehrlichen Weg zu führen. Dieses Bemühen und auch unser Vorhaben wird durch das Verhalten Ihrer Tochter im Strafvollzug zunichte gemacht ...

Führungsbericht vom 28. 1. 1961

Die ... gemachten Angaben ... treffen im wesentlichen noch heute zu. Ihr Auftreten ist weiterhin überheblich. Gegenüber dem Aufsichtspersonal ist sie teils herausfordernd (was an Undiszipliniertheit grenzt) und teils sehr höflich ... Viel Wert legt sie auf Ordnung und Sauberkeit, und in dieser Beziehung wirkt sie erzieherisch auf ihre Mitgefangenen ein. Innerhalb der Gemeinschaft ist sie ruhig und verträglich ... Die Strafgefangene Graul besitzt die Fähigkeit, ihre Kenntnisse den anderen zu übermitteln, was sie in der Vergangenheit auch getan hat ... Sie ist eifrige Leserin der Anstaltsbücherei, wobei sie sich außer den klassischen Werken auch der fortschrittlichen Literatur widmet. Es wurde nicht bekannt, ob sie innerhalb der Gemeinschaft über das Gelesene diskutiert ... Sie ist nach wie vor ein Feind unseres Arbeiter-und-Bauern-Staates ...

gez. Schroetter

Führungsbericht vom 28. 8. 1961

... Bei Aussprachen ist sie offen und ehrlich, auch wenn es eventuell nicht zu ihrem Vorteil gereicht ... Den

politischen Ereignissen gegenüber legt sie eine abwartende Haltung an den Tag, was sie selbst auch offen zugibt. Sie äußerte die Befürchtung, daß es aufgrund der gegenwärtigen Situation zu einem neuen Krieg kommen kann. Innerhalb des Kollektivs hält sie sich bei Gesprächen über die politische Lage zurück und bringt ihre wirkliche Meinung nicht zum Ausdruck. Es konnten jedoch auch keine negativen Diskussionen festgestellt werden. Ihre Einstellung zu unserem Staat ist äußerst undurchsichtig ... Ihre Haltung zu politischen Problemen läßt jedoch erkennen, daß in dieser Hinsicht die Erziehungsarbeit im Strafvollzug wenig Erfolg hatte. Zur Tat mangelt es noch immer an der nötigen Reue und Schuldeinsicht ... Der Strafzweck kann nicht als erreicht angesehen werden, und von seiten der Anstaltsleitung wird eine bedingte Strafaussetzung gemäß § 346 StPO nicht befürwortet werden.
gez. Schroetter

Das war's dann, und ich durfte auf eigenen Wunsch die Gastfreundschaft des Hauses bis zu Ende genießen!

An diesen Führungsberichten wird für mich deutlich, daß wir Tag und Nacht unter Beobachtung standen, daß überall, in der Zelle, am Arbeitsplatz, im Krankenrevier Spitzel am Werke waren.

Wir haben wahrscheinlich nicht alle gekannt.

* * *

Als es keine Kulturgruppe mehr gibt, kann ich auch Sigrid nur noch sehen und sprechen, wenn ich mich an ihrer Maschine aufhalte. Bei Filmvorführungen und anderen Anlässen ist es auch schwer, einen Platz nebeneinander zu finden, weil wir gemeinschaftsweise "ab"- und "einlaufen". Einigen Wachteln scheint es zudem Spaß zu machen zu verhindern, daß Freundschaften bestehen. Wir werden genau beobachtet, und als ich eines Tages einmal zu oft an Sigrids Maschine bin, trifft uns ein gehässiger Blick von Einsfuffzig. Am nächsten Morgen werde ich ins E- (Elektro-)Kommando versetzt.

Dort werden Fernsehkanäle gelötet. Mit einem Lötkolben muß man Zinnkügelchen auf Drähte setzen, die dadurch miteinander verbunden werden. Eine mühselige Arbeit, und es dauert, bis die Tropfen gleichmäßige Formen aufweisen und weder zu dick noch zu dünn geraten. Acht Stunden lang atmen wir die Zinndämpfe ein; viele bekommen Kopfschmerzen.

Ich treffe Erika wieder. Sie durfte die Strafarbeit in der Heizung aufgeben. Leider gibt es keinen Chor mehr.

Sie lacht: "Aber kleingekriegt haben sie mich nicht!"

Im Oktober 1960 wird eine Amnestie erlassen. Die ersten Frauen werden aufgerufen und in die Abgangszellen gebracht. Auch während der Arbeit geschieht das. Wenn sich eine Wachtmeisterin unserem Arbeitsraum oben unter dem Dach des Westflügels nähert, halten alle den Atem an. Wen wird sie jetzt holen? Die Nervenanspannung ist ungeheuer. Wenn man sich auch immer wieder sagt: Es trifft ja doch nur die Kurzstrafer - das Pflänzchen Hoffnung keimt.

Erika ist dabei! Ich freue mich riesig für sie. Wird auch ihr Mann freikommen, und können die beiden endlich ihre Ehe beginnen? Alle guten Wünschen begleiten sie, die bei allen beliebt ist.

Eines Tages wird niemand mehr geholt; es ist Schluß mit den Entlassungen. Viele fallen in sich zusammen.

"Was ist doch dieser Staat großzügig!" sage ich laut während des Rundganges und muß prompt raustreten. Da kommt Bunker-Neumann gegangen und fragt, wieso ich da stehe.

"Sie hat gesprochen!" sagt die Wachtel, hat aber offenbar das Gesagte nicht verstanden.

"Aber Graul ... " Neumann schüttelt traurig den Kopf. "Se sin doch so indelligent, da gönn' Se sich awer nich so danähm benähm!", spricht's und schreitet davon. Ich kann mich des Gedankens nicht erwehren, daß er seit der "Gadechismus"-Geschichte damals eine Andeutung von Sympathie für mich hegt.

Die Zusammensetzung in unserer Gemeinschaft ist wieder sehr gemischt.

Eine etwa 50jährige, sehr zarte, bereits weißhaarige Frau habe ich besonders ins Herz geschlossen. Sie weint viel und leidet unter den Umständen in diesem Haus mehr als alle anderen. Ich merke bald, daß sie Hilfe braucht, und so stehe ich Abend für Abend an ihrem Bett, und wir reden, oder richtiger gesagt: ich höre erst mal zu.

Charlotte hat ein Jahr Gefängnis wegen des Verdachts auf Republikflucht, und sie kann sich kaum erklären, wieso man ihr solches angelastet hat. Sie wollte nur mit ihrer Tochter den Sohn in Westberlin besuchen.

Wie ich entnehme, besteht ein besonders inniges Verhältnis zu ihren Kindern; Liebe hat immer das Familienleben getragen. Sie findet sich hier nicht zurecht und ist wehrlos und verletzlich. Es ist nicht immer leicht, alle Brutalitäten des Gefängnisalltags von ihr abzuwehren. Sie ist wie ein weißer Spatz zwischen den robusten anderen Vögeln, aber da sie sehr bescheiden und lieb ist, wird wenigstens in der Zelle nicht auf ihr herumgehackt. Das Wachpersonal ist weniger feinfühlig.

Die zweite interessante Erscheinung in dieser Gemeinschaft ist "Bäumchen", die eigentlich Trude Baum heißt, eine richtige Berliner Kodderschnauze mit Herz. Sie zeichnet sich durch ein ausgeprägtes Gerechtigkeitsgefühl aus und scheut sich nicht, den Kampf mit dem Personal aufzunehmen, wenn sie sich ungerecht behandelt fühlt. Ebenso ereifert sie sich für andere, aber man darf ihr auch nicht an den Wagen fahren, dann wird sie ruppig und böse.

"Kindesmißhandlung mit tödlichem Ausgang", erfahre ich, und ein solches Delikt reicht schon aus, daß einige unserer vornehmen A-6er die Nase rümpfen und sich verächtlich benehmen. Ich habe zwar auch meine Probleme mit diesen Fällen, aber Haltung und Benehmen dieser jungen Frau erwecken bei mir das Bedürfnis, genauer in dieses Leben zu schauen.

Als ich einige Leidensgefährten, mit denen ich auch heute noch in Verbindung stehe, im Zusammenhang mit den Recherchen für dieses Buch bitte, sich an die gemeinsame Zeit zu erinnern und mich einiges von ihren Fällen wissen zu lassen, antworten alle umgehend, auch Bäumchen macht, obwohl das schmerzen muß, freimütig einige Angaben zu ihrem früheren Leben. Heute hat sie einen guten Gefährten und einen nach der Haft geborenen Sohn, der bereits in der Lehre ist. Sie hat alle Liebe in ihn investiert, er ist ein Prachtjunge geworden mit guten schulischen Leistungen, freundlichem, hilfsbereitem Wesen und sehr besorgt um die Mutter. Diese hat seit Jahren ein Ekzem, und ihre Ärztin meint, so lange sie innerlich nicht zur Ruhe käme, könne sie auch "außen" nicht gesund werden.

"Ich leide bis heute unter dem Gewesenen und werde es nie verwinden können", schreibt sie.

Der Brief bewegt mich sehr, und dieses Leben, das Stoff für einen Extra-Roman böte, spult sich, so weit ich es aus der Erzählung und eigenem Miterleben kenne, vor meinem inneren Auge ab.

Bäumchen ist in einer Laubenkolonie in Berlin-Lichtenberg aufgewachsen - bei einer Pflegemutter. Sie kannte weder Vater noch Mutter. Als sie 14 Jahre alt war, starb die Frau, die sie in ärmlichsten Verhältnissen aufgezogen hatte, an Zungenkrebs. Von diesem Zeitpunkt an war Bäumchen auf sich selbst gestellt. Da sie Geld brauchte, suchte sie sich Arbeit bei der Post.

Als sie einen Mann kennenlernte und mit 19 Jahren heiratete, glaubte sie, Geborgenheit zu finden. Aber das war ein schrecklicher Trugschluß. Der Mann, der erst bei der Kasernierten Volkspolizei und dann bei den Berliner Verkehrsbetrieben beschäftigt war, nahm es mit der Arbeit nicht so genau, und was er verdiente, trug er überwiegend in die Kneipe. Er war oft betrunken; dann schlug er sie. Da bald und kurz hintereinander ein Mädchen und ein Junge geboren wurden, konnte sie auch nicht arbeiten gehen, höchstens einmal ein paar Stunden. Sie hatte kein Geld. Milch gab die Ziege, die sie auf der Parzelle hielt. Die Laube war eng, zu eng für zwei Erwachsene und zwei Kinder, die sich bewegen wollten.

Es gab ständig Streit und Prügel, besonders wenn der Mann getrunken hatte.

Sie wurde zum dritten Mal schwanger; ein Mädchen kam noch dazu, Armut und Elend wuchsen.

Als die Kleine zwei Jahre alt war und herumlaufen konnte, griff sie nach allem, was wie eine Flasche aussah, um zu trinken. Als sie seine Bierflasche erwischte, gab der Mann, jähzornig wie er war und obendrein betrunken, dem Kind mit aller Wucht eine Ohrfeige, daß es zu Boden fiel. Bäumchen, zum vierten Male schwanger und völlig am Ende ihrer Kräfte, trug das Kind ins Bettchen.

Als es am nächsten Morgen eigensinnig herumschrie, und der Vier- und die Fünfjährige ebenfalls nicht zu bändigen waren, gab Bäumchen der Kleinen wieder eine Ohrfeige, wenn auch eine leichte, aber das Kind taumelte, fiel um und verlor das Bewußtsein. Die Mutter rannte zum Arzt, der aber konnte nur noch den Tod feststellen; Gehirnbluten.

Beide Eltern wurden verhaftet, Bäumchen war bereits im 8. Monat, aber sie wurde deswegen nicht etwa rücksichtsvoll in der U-Haft behandelt. Beim Prozeß war sie bereits kurz vor der Geburt.

Sie bekam die höhere Strafe - 10 Jahre -, weil ihr Schlag den Tod herbeigeführt hatte. Der Mann mußte vier Jahre hinter Gitter; seine Handlung vom Vortag war schwer zu beweisen.

Die Kinder kamen in ein Berliner Kinderheim; der im Haftkrankenhaus geborenene kleine Junge folgte ihnen dann. Wenigstens waren die Kinder beisammen.

Bäumchen, da ohne Angehörige, erhielt weder Post noch Pakete, außer den offiziellen Berichten aus dem Kinderheim. So erfuhr sie auch, daß sich für die Älteste und den Jüngsten Pateneltern gefunden hatten, die die Kinder an den Wochenenden und in den Ferien bei sich aufnahmen; so hatten sie Familienkontakt. Für den Mittleren fand sich niemand, da er schwererziehbar war.

Bevor ich entlassen wurde, versprach ich Bäumchen, ihr als "Tante“ zu schreiben und Pakete zu schicken, damit sie die Post auch bekommen konnte, denn Kontakt zwischen ehemaligen und noch einsitzenden Strafgefangenen war streng verboten. Auch um die Kinder wollte ich mich kümmern, was ich dann wirklich tat, nachdem ich wieder Fuß gefaßt hatte.

Ich besuchte sie im Kinderheim Berlin-Johannisthal, nachdem ich mich auch dort als Tante angemeldet hatte.

Meine Freundin Annelie und ihre Tochter begleiteten mich. Wir fanden ein gut eingerichtetes und gut geführtes Haus vor.

Ich erschrak sehr, als mich plötzlich ein Junge von hinten ansprang und sich in meine Strickjacke krallte. Er hockte auf meinem Rücken wie ein Tier und war kaum loszubekommen.

"Dieses Kind werden wir in ein Spezialheim geben müssen“, sagte die Erzieherin.

Alle Heimbewohner waren entweder elternlos oder "familiengelöst", weil sie aus asozialen Verhältnissen stammten.

Bäumchens Kinder freuten sich an den mitgebrachten Geschenken und gingen mit uns spazieren. Der Jüngste, dreijährig, war sehr anhänglich, sein Bruder verschlossen und abweisend und das große Mädchen, mit einer Flut von kastanienrotem Haar ein Bild von Kind, bei aller Zurückhaltung freundlich; und als wir uns verabschieden mußten, sagte sie:

"Nehmt mich doch bitte mit!"

Aber das konnten wir nicht, und uns war elend zumute.

Bei einem meiner weiteren Besuche empfing mich die Leiterin und entschuldigte sich: es wäre eine Panne passiert. Die Erzieherin der Gruppe des Mittleren habe von meinem Kommen nichts gewußt und dem Vater den Jungen mitgegeben, aber er würde schon geholt.

Mir, der angeblichen Tante, war nicht wohl bei der Vorstellung, was geschehen könnte, und so kam es auch.

Zornig erschien der Vater mit dem Jungen, ich erschrak bis ins Mark, als dieser schwarzhaarige, finstere Mann wie der Leibhaftige vor mir auftauchte und hervorstieß:

"Meine Frau hat keine Tante! Wer sind Sie?"

Es blieb mir nichts anderes übrig, als die Wahrheit zu sagen. Der Mann mußte mühsam beruhigt werden und nahm den scheinbar unbeteiligt im Hintergrund spielenden Jungen wieder mit.

Die Heimleiterin ging mit mir in ihr Zimmer und bat um Verständnis, daß sie mir keine weiteren Besuche als Nichtverwandte gewähren dürfte, und so endeten die Fahrten nach Berlin.

Aber Bäumchen betreute ich weiter. Ihre Antwortbriefe bekundeten, wie wichtig das für sie war.

Eines Tages bekam ich einen Brief mit unbekanntem

Absender. Als ich ihn gelesen hatte, war ich fassungslos. Bäumchen hatte einen Bruder, der bis vor kurzem auch noch nicht gewußt hatte, daß es eine Schwester gab! Und eine Mutter existierte auch noch! Sie befand sich allerdings in einer Nervenheilanstalt auf der Pflegestation und war ohne Erinnerungsvermögen. Trotzdem begann sie plötzlich von einer Tochter zu reden; der Bruder grub in den Papieren nach und suchte dann die Schwester über das Deutsche Rote Kreuz. Er erfuhr, daß sie im Zuchthaus wegen eines schweren Delikts saß, was ihn keineswegs zum Aufgeben veranlaßte. Er schrieb nach Hoheneck, und von dort wurde ihm mitgeteilt, daß seine Schwester mit einer Tante korrespondierte. Nun wollte dieser Mann etwas über seine Familie wissen! Er war ebenfalls bei anderen Leuten aufgewachsen.

Ich schrieb ihm und bedauerte, ihm keine Auskunft geben zu können. Er hatte mitgeteilt, daß er verheiratet und im öffentlichen Dienst tätig wäre. Ich dachte bei mir: Wenn einer bei der Post beschäftigt ist, schreibt er das; er wird doch nicht etwa ... ? Ja, er war bei der Polizei! Aber der nächste Brief war so herzlich, daß ich wußte, ich würde von ihm nichts befürchten müssen.

Der Bruder begann die Staatsanwaltschaft mit Gnadengesuchen zu traktieren und übernahm auch mit seiner Frau die Bürgschaft für seine Schwester, die er gar nicht kannte.

Dieser Mann muß aus dem richtigen Holz geschnitzt sein, dachte ich.

Bäumchen selbst konnte es nicht fassen, auf einmal eine Familie geschenkt bekommen zu haben.

Als sie acht Jahre abgesessen hatte, wurde sie tatsächlich entlassen. Ihr Mann war - zum Glück! - schon verstorben.

Die Bruderfamilie nahm sie auf und war bei allen Dingen behilflich. Eine kleine Wohnung fand sich und wurde bescheiden eingerichtet. Viele halfen mit; Bäumchen besuchte die Mutter und kümmerte sich bis zu deren Tode um sie.

Ein großer Schmerz wartete noch. Die Pateneltern der Tochter hatten dieser erzählt, warum die Mutter gesessen hatte, und erreichten prompt ihr Ziel: das Mädchen weigerte sich, zu dieser zurückzukehren. Bäumchen blieb nichts anderes übrig, als der Adoption zuzustimmen. Die Verbindung riß völlig ab.

Der Mittlere mußte noch eine Weile im Heim für Schwererziehbare bleiben, aber der Jüngste wurde ihr zurückgegeben. Dessen Pateneltern gingen in Freundlichkeit und Aufgeschlossenheit auf Bäumchen zu und pflegten den Kontakt weitere Jahre. Seine Jugendweihe feierten sowohl sie als auch ich mit. Er wuchs zu einem liebenswerten Jungen heran. Im Gegensatz zum Bruder hatte er als später Geborener vom Laubenkoloniemilieu und all den schrecklichen Dingen keinen Schaden davongetragen.

Als der Mittlere aus dem Heim kam, machte er der Mutter viele Schwierigkeiten, geriet auf die schiefe Ebene, trieb sich mit gleichgesinnten Jugendlichen herum und prügelte sich.

Als der Jüngste später republikflüchtig wurde, weil seine Ehe gescheitert war, kamen neue Probleme. Immer wieder mußte Bäumchen kämpfen und fragte mich weiterhin um Rat, den sie nach bestem Wissen auch erhielt.

* * *

Das E-Kommando wird aufgelöst, und ich komme in die Schneiderei zurück. Zunächst sitze ich am Bettwäscheband und säume en masse Bettbezüge und Kopfkissen. Das Bewältigen der großen Stoffteile ist schwer; sonst ist diese Näherei kein Problem, wenn man den Bogen raus hat. Allerdings muß die Maschine mitspielen, und der Faden darf nicht reißen, sonst ist man aufgeschmissen. Manche Garnrollen sind so minderwertig, daß man sie am liebsten wegschmeißen würde. Dann setzt die Maschine auch Stiche aus, und da wir abgezeichnete Firmenschilder einnähen müssen, wird es höchst ärgerlich, wenn die Endkontrolle Stücke zurückschickt. Neben dem Platz türmen sich Stoffberge: zugeschnittene und fertige Stücke Bettwäsche. "Planet, Werk IV" prangt auf den Schildern.

,Oh, wenn ihr draußen bei solchem Kauf wüßtet, wer es genäht hat'! muß ich immer wieder denken. Ich jedenfalls habe vor, nach meiner Entlassung genau hinzusehen.

Eine Neuerung ist die Einführung der sogenannten Stoßschichten. Das bedeutet, wir werden animiert, "freiwillig" am Sonntag eine Extraschicht zu fahren, und die mit möglichst hoher Normerfüllung. Wir müssen uns zu einer bestimmten Prozentzahl verpflichten. Wir sind dabei zwar zurückhaltend, machen uns aber dann doch einen Sport daraus, so viele Stücke wie möglich durchzujagen. Was Arbeitsleistung betrifft, so geht das Bemühen dahin, Anständiges abzuliefern, weil wir stets so angesehen werden, als könnten wir unsere Hände gar nicht gebrauchen, wir, die wir draußen mit anderem beschäftigt waren. Studenten - was verstehen die schon von "richtiger" Arbeit! Aber wir kriegen manchmal 150-180 % hin, was sich natürlich auch auf unser Einkaufskonto auswirkt.

Eine Weile bin ich mit Sigrid wieder an einem Band, aber nicht lange; irgend jemand hat wieder beobachtet, daß wir manchmal zufällig gleichzeitig zur Toilette müssen.

Auch was die Klos betrifft, haben sich die Verhältnisse nach dem Umbau geändert: die Plumpsklos sind verschwunden, und vier Becken sind nebeneinander ohne

Trennwand aufgereiht; die Benutzer sitzen wie die Hühner auf der Stange. Jedenfalls kann man dort, wenn man Glück hat, ein paar Worte unbeobachtet reden und sich mal kurz in die Arme nehmen. Der Mangel an Nähe und Wärme macht uns schwer zu schaffen.

Wieder werde ich nach einem Wortwechsel mit einer Wachtel verlegt. Man hatte unsere Gemeinschaft kontrolliert, die Betten eingerissen, die nicht zentimetergenau gebaut waren, und die Wäsche aus fast allen Fächern auf den Boden geworfen. Da kann ich mich mal wieder nicht zurückhalten und bemerke, es wäre ja wie bei den Preußen, von denen man ja sonst nichts hielte.

Ich komme in eine Gemeinschaft mit 11 Mörderinnen. So hofft man, vermute ich, daß man mich noch kleinkriegen wird, aber ich kenne die meisten der Insassen schon seit Jahren. Die drei, die uns in der ersten Hohenecker Zeit so schöne Nachbarschaftshilfe geleistet hatten, sind auch darunter.

An ein paar neue Gesichter muß ich mich erst einmal gewöhnen: Da ist ein sehr verbissenes, das einer über 50jährigen gehört, die ihren Mann mit der Bratpfanne erschlagen hat - wie mag der wohl beschaffen gewesen sein, ob er ein Haustyrann war? - ; ein sehr verhärmtes hat Regina, die ihr Kind heimlich zur Welt brachte und es, aus sozialer Not heraus und ohne einen Vater dafür zu haben, gleich nach der Geburt erstickte.

Mit Vorsicht ist Janina zu genießen, die ihre beiden Kinder in der Badewanne ertränkte, weil sie ihr ein Klotz am Bein waren bei dem Leben, das sie sich vorstellte, außerdem wollte sie sich an dem Mann rächen, der sie verlassen hatte.

Bei Gudrun, einer unserer Bandleiterinnen, die sich durch Freundlichkeit und Nichtantreiben von mancher anderen unterscheidet, ist es fast unvorstellbar, daß auch sie wegen Kindesmord verurteilt ist.

Edith, im Grenzgebiet wohnend, hatte sich mit ihrem Partner zusammen als Fluchthelfer betätigt und unterwegs in unübersichtlichem Gelände die Leute ausgeraubt. Einer hatte sich zu wehren versucht; das hatte ihn das Leben gekostet.

"Wir wollten den doch gar nicht umbringen", sagt sie, "aber der hat angefangen rumzubrüllen, und da wären wir doch alle aufgeflogen!" Skrupel hat sie keine, und ihr "einnehmendes Wesen" zeigt sie bei jeder Verpflegungsausgabe und anderen Vorteilen, die es zu erlangen gibt. Mit ihr habe ich meine Schwierigkeiten; es gilt, sich immer in Beherrschung zu üben und in der Gewalt zu behalten.

Auch in der Schneiderei gibt es noch mal einen Arbeitsplatzwechsel: Ich komme an das Nachtwäsche-Band und muß Ärmel einnähen. Ich habe keine Ahnung, wie man das macht, und bin ziemlich verzweifelt.

Vor mir sitzt eine dunkelhaarige junge Frau, die mich mit ihren großen braunen Augen besorgt anblickt.

"Ich zeige es dir!" sagt sie, und ich sehe ihr zu, wie bei ihr die Ärmel von selbst in die Nachthemden gleiten.

"Du mußt so einhalten und so dehnen ..."

Es sieht alles so einfach aus, aber ich brauche Tage, um den Dreh zu finden. Immer wieder muß ich trennen, und am liebsten würde ich alles hinschmeißen. Annelie ermutigt mich immer wieder, nimmt stillschweigend meine Hemden aus dem Wagen und näht einen Teil davon für mich, damit es durch uns keine Stockung gibt. Ich tue mich wirklich schwer mit diesem Arbeitsgang, aber allmählich packe ich es. Wir haben einen Vorteil: Ich kann unsere Maschinen selbst in Ordnung halten, ebenso die umliegenden.

Früher hieß es einmal: "Akkord ist Mord!" Auf unsere Fließbandarbeit trifft das insofern zu, als jeder mit seinem Arbeitsgang vom anderen abhängig ist; gibt es irgendwo eine Stockung, gerät der gesamte Ablauf aus den Fugen. Aus der Nervosität heraus entsteht Streit, der in Beschimpfungen ausarten kann. Kommt dann die Bandleiterin nicht mehr klar, muß die Schichtführerin ran, und der folgt meistens Mieze Frohberg auf dem Fuße.

"Aber Strafgefangene!" pflegt sie dann zu sagen. "Wir müssen doch alle an einem Strang ziehen! Und wir wollen doch die Norm erfüllen, nicht wahr?"

Wir anderen grinsen in uns hinein.

"Wer, bitte, zieht an welchem Strang?" raune ich Annelie zu; die schüttelt nur den Kopf.

"Vergeßt nicht, weiterzunähen!" ruft die Schichtleiterin und fängt sich verächtliche Blicke ein.

Da alle immer nur von "Mieze" reden, wird diese von einem Neuankömmling mit "Frau Mieze" angesprochen. Sie klärt den Irrtum auf, nimmt ihn aber nicht übel. Sie ist eine merkwürdige Mischung von Verschlagenheit und Naivität, zeigt mütterliche Anwandlungen jüngeren Häftlingen gegenüber, die sie dann wie irregeleitete Schafe behandelt, und kann sich Sekunden später in eine giftige, zischende Schlange verwandeln, und sie ist ein williges Werkzeug.

Als Gagarin am 12. 4. 1961 mit seinem Raumschiff Wostok I als erster Mensch die Erde umkreist, teilt sie das aufgeregt in der Schneiderei mit und fügt traurig hinzu: "Und nun muß der Arme da oben immer im Kreise fliegen und kann nie mehr runter ..."

Wie muß sie gestaunt und aufgeatmet haben, als der Kosmonaut wieder die Erde betrat!

Seit einiger Zeit habe ich die "URANIA" abonniert, ein Magazin, das populärwissenschaftliche Erkenntnisse aus den verschiedensten Sachgebieten vermittelt. In der Schule habe ich mich weder für Chemie noch für Physik interessiert und bemühe mich nun, im Atomzeitalter etwas nachzuholen. Neue spannende Perspektiven eröffnen sich, manche zum Nutzen der Menschheit, andere ihre Vernichtung anbahnend. Ich lerne auswendig, wer wann was erfunden hat - der Geist muß weiter wach gehalten werden. Und ich lese, was die Anstaltsbücherei an Wertvollem zu bieten hat; das ist vor allem Literatur aus östlichen Bereichen: Tolstoi, Lermontow, Dostojewski, Turgenjew, und ich entdecke die Modernen wie Fedin, Scholochow, Makarenko. Vieles davon ist imponierend und vertieft auch mein Geschichtsverständnis. Was die westliche Hälfte der Welt betrifft, so gibt es da nur weniges "Fortschrittliche", z. B. Aragon. Was mich ganz tief berührt, ist die Lyrik von Paul Eluard. Ich lerne seine faszinierenden Verse, und sie werden zur Anregung für eigene Gedichte. Während dieser Jahre sind viele entstanden; sie waren das Ventil für den inneren Überdruck.

Im letzten Haftjahr beginne ich, einen Sonettenkranz zu schreiben. Es handelt sich um die komplizierteste Lyrikform. Sie besteht aus 15 Sonetten, deren letztes - das sogenannte Meistersonett, das nur die Anfangs- und Endzeilen der 14 vorangegangenen enthält - ein eigenständiges, sinnvolles Gebilde darstellt und die Gesamtaussage beinhaltet. Im wesentlichen entsteht diese Gedichtfolge an der Nähmaschine (!), und immer, wenn etwas fertig ist, sage ich es Annelie auf, die regen Anteil nimmt. Aufschreiben ist wie von jeher nur heimlich und auf Zeitungsrändern möglich, aber man muß alles sicher auswendig können für den Fall, daß die Notizen bei einer Razzia gefunden werden. In dem Sonettenkranz geht es um das Verhältnis Mensch - Natur.

Ich schmuggle ihn Sigrid über Bäumchen zu, die mit am Nachtwäscheband sitzt. Wir sehen uns kaum noch, und wenn, nur für wenige Minuten, kassibern aber fleißig mit einigem Glück.

Zur Not muß man bei einer Kontrolle das Briefchen "aufessen" und runterschlucken.

Manchmal gelingt es, in der Ambulanz zusammenzutreffen, wenn uns eine Wachtmeisterin wohlgesonnen ist.

Warum versuchen unsere Bewacher, Freundschaften zu unterbinden und zu zerstören? Sie schaden niemandem, im Gegenteil: Sie bauen Aggressionen ab, aber sie erleichtern das Zuchthausdasein, und das ist nicht im Sinne des "humanen“ Strafvollzugs.

Im Frühsommer meines letzten Haftjahres gibt es eine sensationelle Neuerung, aber das Wunder dauert nur wenige Tage: Wir können uns zum Rübenverziehen melden, draußen vor dem Tor! Meine Zellengefährten mit ihren lebenslänglichen Strafen dürfen allerdings nicht mit raus. Es handelt sich um eine Zusatzarbeit nach der Schneidereischicht, aber die Doppelbelastung spielt für uns keine Rolle. Luft der Freiheit atmen!

Wir treten auf dem Innenhof an.

"Strafgefangene, Sie haben dicht beieinander zu bleiben!“ beginnt der "Hofhund“ seine Rede über unsere geforderte Verhaltensweise außerhalb der Mauern.

"Den Anordnungen haben Sie Folge zu leisten. Bei Fluchtversuchen wird geschossen!“

"Wir sind doch nicht lebensmüde“, murmelte ich zwischen den Zähnen und ohne die Lippen zu bewegen, "wo wir's doch jetzt bald geschafft haben ...“

Annelie, die neben mir steht, nickt. Auch sie wird im nächsten Jahr entlassen, dann sind ihre vier Jahre herum.

Sie sitzt wegen angeblicher Spionage; ihr Mann hat sechs bekommen. Zu Hause ist die kleine Tochter unter Obhut der Großeltern. Annelie ist ein Nachkömmling, und ihre alten, geliebten Eltern haben in diesem Jahr schon goldene Hochzeit. Sie sind Ostpreußen, und die Mutti ist, während der Vater an der Front war, 1945 bei Eiseskälte mit den Kindern über das Haff geflohen und bewahrte sie durch einen Schluck "Bärenfang“, eines starken ostpreußischen Gebräus aus klarem Schnaps und Honig, vor dem Erfrieren. Sie blieben im Raum Potsdam in einem kleinen Dorf hängen, wo sich schon andere aus der alten Heimat niedergelassen hatten. Dort lernte sie später ihren Mann kennen, der das bäuerliche Anwesen der Familie bearbeitete; eine Brüterei gehörte dazu.

Annelie stieg voll ein in die Landwirtschaft. Hätte es den Zusammenbruch nicht gegeben mit der Veränderung aller Lebensumstände, wäre sie gern Ärztin geworden, aber sie fand sich in die neue Situation. Was sie anfängt, tut sie ganz oder gar nicht. (Ich habe später noch die Gelegenheit, mich davon zu überzeugen!) Allerdings wurde sie längere Zeit von den Dorfbewohnern als die "feine Fremde" behandelt und nicht so recht integriert, obwohl sie auf alle offen und freundlich zuging.

Annelie leidet am meisten unter der Trennung von ihrem Kind, und sie sorgt sich um die Eltern, die im Wald in einem winzigen Häuschen von einer Mini-Rente leben: 160,- M bekommen sie zusammen im Monat. Hühner und Obst und Gemüse aus dem Garten helfen, den Lebensunterhalt zu bestreiten.

Nach meiner Entlassung schreibe ich auf Annelies Bitte hin an ihre Eltern, darf aber nichts Beunruhigendes berichten.

Die Antwort ist herzlich und liegt einem dicken Spargelpaket bei.

Spargel! Welch eine mit Bedacht ausgewählte Kostbarkeit in der DDR von 1962!

Ich bedanke mich hocherfreut und erhalte als nächstes eine Einladung nach B.

Als Annelie vier Monate nach mir entlassen wird, rät mir meine Pflegemutter sehr zu, doch einmal hinzufahren.

Ich werde von Herzen willkommen geheißen. Die neunjährige Angela begrüßt mich am Bahnhof mit einem Stiefmütterchenstrauß, nicht ahnend, daß das meine Lieblingsblumen sind.

Es werden wunderschöne Tage voller Wärme und Herzlichkeit.

Wie gut gefallen mir Annelies Eltern in ihrer Güte und Anspruchslosigkeit, was materiellen Besitz betrifft! Sie sind von tiefer Gläubigkeit und Demut des Herzens und leben, was ihnen ihr Glaube gebietet.

Der gute Kontakt zu Angela entwickelt sich schnell.

Wir treffen von da an so oft zusammen, wie es möglich ist, und bewältigen alle Schwierigkeiten des Neubeginns gemeinsam.

Otto, Annelies Mann, bekommt "großzügig" ein paar Monate seiner Strafe erlassen und erhält dafür zwei Jahre Bewährung.

1963 ist die Familie wieder beisammen.

1965 wird Susanne geboren, und ich werde Patentante. Ich darf zur Familie gehören, und daran hat sich bis heute nichts geändert.

Wir verlassen die Anstalt durch eine kleine Eisentür am Eingang und folgen unseren Bewachern, als träumten wir das nur. Wenige Häuser gruppieren sich um die Burg, links bleibt das Gasthaus „Zur Sonne" liegen dann sind wir auch schon auf freiem Feld. Unser Rübenacker liegt oben auf den welligen Hügeln; das schöne erzgebirgische Land breitet sich um uns aus. Immer wenn wir uns zwischendurch aufrichten, weil der Rücken schmerzt, gleitet der Blick über die Höhen und Senken bis ins Tal, wo das Städtchen Stollberg liegt. Idyllisch und friedlich ist die Umgebung; als unwirklich empfinde ich das alles.

Wir gehen in Reihen nebeneinander und müssen aufpassen, daß wir möglichst auf einer Höhe bleiben, denn wir werden genau beobachtet.

Als wir abends wieder einrücken, sind wir völlig lahm

von der ungewohnten Arbeit, der Rücken schmerzt, aber wir waren draußen, und die Eindrücke folgen uns bis in den Schlaf.

Ganz schnell endet der Sondereinsatz wieder, und das Tor bleibt verschlossen wie vorher. Glaubte man wieder, "einen Schritt zu weit gegangen zu sein", wie damals bei dem vierteljährlichen Versuch einer Gefangenen-Selbstverwaltung? Oder gab es so wenige Rübenfelder?

Am 21. Juli 1961 werde ich zu Lene gerufen. Sie sitzt in ihrem Glaskasten auf der Etage und steht sogar auf, als ich eintrete und mich melde.

"Strafgefangene Graul", sagt sie, und es klingt nicht so barsch wie sonst, "ich muß Ihnen leider mitteilen, daß Ihr Vater gestorben ist!"

Ich bin nicht ganz unvorbereitet, denn ich weiß seit einiger Zeit, daß er Zucker und einen Tumor an der Bauchspeicheldrüse hatte.

"Wann?" frage ich.

"Gestern!" Sie blickt auf ein Telegramm, das sie zur Hand nimmt.

"Könnte ich zur Beerdigung fahren?" wage ich zu fragen, weil es in letzter Zeit eine solche Genehmigung schon gegeben hatte, allerdings bei einer kriminellen Kurzstraferin, aber ich glaube natürlich nicht daran. Und wünsche ich es mir wirklich?

Lene verspricht, sich zu erkundigen.

Nun ist dieses widersprüchliche Leben zu Ende gegangen. Wie in einem Kaleidoskop wechseln die Bilder in meinem Inneren, schöne und häßliche. Nein, ich habe ihn nicht geliebt, es gab außer der Blutsverwandtschaft nichts Gemeinsames zwischen uns, aber er empfand auf seine Weise Liebe oder Zuneigung, oder wie man es nennen soll, für die Tochter. Ich bin froh, daß er nicht länger leiden mußte. Er hinterläßt - außer mir - seine Frau und die inzwischen 18jährige Tochter.

In Gedanken verloren kehre ich ans Band zurück. Fragende Blicke treffen mich. Ich gebe Auskunft, und alle ringsherum zeigen ihr Mitgefühl.

Am nächsten Tag werde ich wieder geholt. Lene teilt mir mit, eine Haftbeurlaubung sei nicht genehmigt worden, aber ich bekäme natürlich einen Sonderbrief, und einen Kranz könnte ich auch schicken. Was denn auf der Schleife stehen solle?

Da muß ich erst nachdenken. Ich berate mich mit Annelie, ob überhaupt so eine Schleife, die ich grundsätzlich nicht mag, sein müßte, aber wir kommen zu dem Ergebnis, daß es in diesem besonderen Falle, wo ich nicht anwesend sein kann, wichtig und gut ist, es wenigstens auf diese Weise mit dem Namen und einem Gruß des stillen Gedenkens zu sein.

Wahrscheinlich findet die Beerdigung an oder um den Tag meiner eigentlichen Freilassung herum statt, wenn mir die Untersuchungshaft angerechnet worden wäre. Ich stelle mir einen solchen Beginn der Freiheit deutlich vor und weiß, daß ich das nicht durchgestanden hätte. Und ein Urlaub aus diesem Anlaß wäre sicherlich nicht zu verkraften gewesen, noch dazu mit einem ständigen Bewacher an der Seite, selbst wenn der Zivil getragen hätte. So wandern die Gedanken und versuchen, nur die guten Erinnerungen heraufzubeschwören.

*

Was wir am und nach dem 13. August in der Zeitung lesen, halten wir zunächst für unwahrscheinlich, hatten wir doch erst vor drei Wochen mit größtem Interesse das Interview studiert, das Walter Ulbricht einem englischen Korrespondenten gegeben hatte. Dort hatte er auf die

Frage, ob er eine Mauer um seinen Staat zu errichten plane, geantwortet:

'Unsere Maurer sind damit beschäftigt, Wohnungen zu bauen!'

"Das ist nicht zu fassen!" sage ich zu Annelie, "Solch ein Staatsmann erwartet, daß man ihn in der Welt ernst nimmt!"

Welch ein Ehrenmann! Jetzt läßt er in Berlin Stein auf Stein setzen und Stacheldraht ziehen - mitten durch die Stadt, diese lebendige Stadt.

"Das können sie doch nicht machen! Wie soll das gehen?" Annelie kann es sich ebensowenig vorstellen wie wir alle.

"Es gibt doch Verwandte und Freunde und Bekannte hüben und drüben..."

Eine Zonengrenze in Berlin! Damit schließt sich das letzte Schlupfloch für alle, die diesem Staat den Rücken kehren wollen, auch für uns, wenn wir im nächsten Jahr entlassen werden. Die Konsequenzen werden uns erst allmählich klar. Für Sigrid ist es besonders schlimm, weil ihr Sohn in der westlichen Hälfte Berlins lebt.

Es ist einfach unbegreiflich, was da als "Antifaschistischer Schutzwall" entsteht. Und der Westen sieht zu, regt sich zwar mächtig auf wie 1953, aber ein Eingreifen könnte einen neuen Krieg provozieren. Also beschränkt man sich wieder auf die Diplomatie.

Wir müssen glauben, was in der Zeitung steht und was man uns natürlich bei der Presseschau als unumgängliche Schutzmaßnahme für den Fortbestand der DDR erläutert; wir müssen glauben, was wir nicht glauben können ...

Gegen Ende des Jahres beginnt auf einmal eine andere Befragungspraxis. Es werden Leute nach vorne geholt, die zu den Aufsässigen und Unverbesserlichen gehören; auch mich trifft es.

Ich bin zu Tode erschrocken, als mich 2 Herren in Zivil höflich auffordern, Platz zu nehmen, und sagen, daß sie einige Fragen zu unserem Hohenecker Leben hätten.

"Wie fühlen sie sich hier?"

Was soll ich darauf antworten?!

"Wie man sich hinter Gittern fühlen kann!"

"Bekommen Sie genug zu essen?"

"Sagen wir: von der Menge her ausreichend, aber die Qualität läßt zu wünschen übrig!" Und ich entwickle ihnen unseren Speiseplan, der nach wie vor überwiegend aus minderwertigen, lieblos gekochten Suppen besteht, jegliche Vitamine vermissen läßt und, was die Kaltverpflegung betrifft, jahrelang auch nicht ein Gramm Butter enthielt.

Wie es mit der Hygiene wäre. Ich schildere detailliert die Waschverhältnisse einschließlich der preußischen Ordnungsprinzipien.

"Sie haben nur kaltes Wasser?" fragt der eine erstaunt, "Auch zum Zähneputzen?"

Ich muß lachen und frage mich, von welchem Stern die beiden kommen.

Ich berichte von den Duschräumen mit den nur zum Teil funktionstüchtigen Brausen und den dort befindlichen Lattenrosten, die eine wahre Brutstätte für die Fußpilzerreger sind wie die Schuhe, die von einem an den anderen weitergegeben werden müssen.

Daß wir jeden Winter frieren, weil die Heizungen nie mehr als lauwarm werden, erwähne ich auch gleich mit.

"Werden Sie korrekt behandelt?"

Das ist eine komplizierte Frage, und sie kann nicht pauschal beantwortet werden. Ich muß von Erfahrungen sprechen, und das führt zur Schilderung von konkreten Situationen, und an denen sind immer auch bestimmte Personen beteiligt. Also berichte ich, wie man uns das Leben erschwert, daß uns ein großer Teil des Wachpersonals als Schwerverbrecher ansieht und behandelt, weil die Schulungen so programmiert sind, erwähne aber auch die positiven Ausnahmen wie die korrekte Rebekka und spreche von der Beobachtung, daß sich von uns geschätzte Aufsichtspersonen sich hier nie gehalten haben. Von der Fülle an kleineren und größeren Schikanen ist die Rede, die unseren Alltag vergiften; wie ältere Frauen von den ganz jungen Dingern behandelt werden; daß freundschaftliche Kontakte unterbunden, sogar diskriminiert werden, daß es keine Kulturgruppe mehr gibt; daß wir uns diesen entwürdigenden Filzlauskontrollen unterziehen müssen; wie man mit unseren Paketen bei den Kontrollen umgeht. Ich erzähle alles, was mir einfällt, und wittere die Chance, vielleicht etwas zu bewirken. Brisant wird es, als wir unversehens bei den Charakteren und dem Vorbildverhalten unserer Bewacher ankommen. Ich hole tief Luft, als ich schildere, was wir regelmäßig bei Feten auf der Wiese vor dem Kulturhaus beobachten können, wie sich die Pärchen treffen und miteinander im Angesicht des Zellenhauses beschäftigen, zuweilen recht geräuschvoll, und daß es sich besonders gut macht, wenn die Posten von ihren Wachhäuschen auf der Mauer aus die Scheinwerfer auf das Treiben richten. Und noch tiefer atme ich ein, als ich auf Makarenko und sein Liebesleben zu sprechen komme.

"Haben Sie nur keine Hemmungen!“ werde ich ermuntert, und so entschließe ich mich, den eines Nachts von mehreren gehörten Satz: "Mach schnell, mach schnell, mir platzt der Sack!“ zu zitieren, werde aber rot dabei. Die beiden sehen sich an, schütteln die Köpfe und haben offenbar genug erfahren.

Sie bedanken sich mit der abschließenden Bemerkung: "Wir sind an der Wahrheit über diese Anstalt interessiert, und die glauben wir nur von Leuten wie Ihnen erfahren zu können, denn Sie haben bei der Leitung einen schlechten Ruf!“

Donnerwetter, denke ich, egal was kommt, und habe

ein richtig gutes Gefühl, weil ich einmal alles vom Stapel gelassen habe, was sich da angesammelt hat.

Nach ein paar Tagen geschieht etwas Erstaunliches. Mitten in der Schicht taucht Makarenko in der Schneiderei auf, blickt sich suchend um und kommt dann leicht schwankend an meine Maschine. Ich rieche Alkoholdunst, als er sagt: "Jaja, Graul, nun ist Schluß!", worauf er sich unsicheren Schrittes wieder entfernt.

Was sollte das denn heißen? frage ich mich. Sie werden mich doch nicht jetzt noch früher entlassen, wo ich nur noch ein Vierteljahr vor mir habe? Oder kommt Böses auf mich zu? Nein, nichts dergleichen geschieht, aber unser meistgehaßter Politoffizier ward vom nächsten Tage an nicht mehr in der Anstalt gesehen. Er hatte sich offenbar von mir verabschiedet, wohl wissend oder ahnend, wer ihm sein Grab geschaufelt hatte. Und ich sollte wissen, daß er wußte.

Allmählich beginne ich, die Tage bis zu meiner Entlassung zu zählen. Ich habe viele Aufträge, an Angehörige zu schreiben, und lerne Adressen und Botschaften auswendig.

Während eines Rundganges, den Bunker-Neumann beaufsichtigt, winkt er mich aus der Reihe zu sich heran.

"Graul, wie sähn Sie'n aus?" fragt er und blickt kritisch auf meine langen, eingedrehten Haare. (Kurz vor der Entlassung wurde solches stillschweigend geduldet. Wir nahmen Stoffstreifen dazu.)

"Ich werde in den nächsten Tage entlassen, Herr Leutnant!" kläre ich ihn auf.

"Nä ..." Er schüttelt den Kopf und betrachtet mich weiter eingehend.

"Se sin' überhaubt nich mehr scheen! Wissen Se, wie Se aussähn? Wie eene Schauschbielerin!", und ich darf wieder wegtreten.

Von später Entlassenen erfahre ich dann folgende, natürlich unverbürgte Geschichte:

Bunker-Neumann habe eines Tages die Mitteilung erhalten, eine Anzahl Strafgefangener zu entlassen, bemerkte aber nicht, daß das Schreiben eine Fälschung war, was er daran hätte erkennen müssen, daß es nur eine Unterschrift trug und nicht wie vorgeschrieben zwei. Er holte also die Frauen in die Abgangszellen. Das habe ihm den Hals gebrochen. Ob es wirklich so war, bleibt offen, aber es hätte zu ihm gepaßt.

Wenige Tage vor dem "Abgang", wie es in der Strafvollzugssprache heißt, werde ich mit einem neutralen Anzug ausgestattet, und eine Wachtmeisterin geht mit mir nach Stollberg einkaufen: Wäsche, Bekleidung, Handtücher, eine Reisetasche - das Nötigste für den Anfang.

Wir passieren das Tor und gehen an der Mauer entlang nach unten. Ich sehe die Burg von außen und fühle mich wie ohne Haut. Mit unbeschreiblichen Hemmungen folge ich der Wachtmeisterin durch die Straßen und in das Kaufhaus. Es ist wie Spießrutenlaufen.

In dem Geschäft scheint man solche Kunden wie mich zu kennen. Ich werde freundlich beraten und bedient. Zivile Sachen anzuprobieren ist ein gutes Gefühl, aber ich bin froh, als wir den Rückweg antreten. Alles ist erschreckend fremd.

Als ich verhaftet wurde, gab es noch Lebensmittelmarken, die ersten HO-Waren mit irrsinnigen Preisen - ein Stück Torte 5 Mark - waren auf dem Markt, und das Angebot in den Geschäften war ganz dünn. Ich kenne das Geld nicht, das nun in Gebrauch ist, und habe keine Vorstellung, was die Dinge jetzt kosten. Zum Glück hatte ich bei diesem Einkauf nichts damit zu tun, weil die Summe von meinem Sperrkonto, auf dem sich ein paar hundert Mark im Lauf der letzten Jahre angesammelt hatten, um für den Tag der Entlassung parat zu sein, abgebucht wird.

Meine Zellengenossen interessieren sich ganz genau für meine Einkäufe, die in den Effekten deponiert wurden.

Ich beschreibe, und sie genießen die Vorstellung, wie ich aussehen werde.

Wann werden meine Lebenslänglichen einmal einkaufen gehen dürfen? Ich wünsche ihnen allen eines Tages die Begnadigung.

Schuld läßt sich nicht hinter Mauern und Gittern büßen. Schuld straft sich durch Schuld, auch der Hartgesottenste trägt sie ein Leben lang mit sich herum. Niemand wird durch Freiheitsentzug und Isolierung gebessert; zu oft tritt sogar das Gegenteil ein: an kriminellen Praktiken wird durch den entsprechenden Umgang noch dazugelernt. Es gilt, über den Sinn des heute praktizierten Strafvollzuges grundsätzlich nachzudenken, vor allem über längere Strafen mit ihrer persönlichkeitszerstörenden Wirkung. Vielleicht muß die Gesellschaft nicht vor allen Straftätern, auch nicht vor allen Mördern, geschützt werden! Es gäbe so viel Sinnvolles auf der Welt zu tun, was einen echten Wiedergutmachungsversuch darstellen könnte.

"Graul, Sachen packen!" sagt die Wachtel vor der Tür. "Ich hole Sie dann."

Es geht nun in die Abgangszelle. Wir tauschen noch Kleidungsstücke und Decken aus, ich nehme die schlechtesten zum Abgeben mit. Alle wollen mir helfen.

Wir sind noch beim Verabschieden, als es wieder schließt.

"Sind Sie fertig?"

"Gleich!" rufe ich, und die Wachtmeisterin muß mit ansehen, wie herzlich das Lebewohlsagen vor sich geht. Viele gute gegenseitige Wünsche; die meisten meiner

Mörder weinen, und nicht nur, weil ich gehen darf und sie nicht.

"Sie haben sich wohl mit denen verstanden?" fragt meine Begleiterin verblüfft.

"Warum nicht?" gebe ich zurück.

Ich bleibe noch zwei Nächte und einen Tag in der Abgangszelle. Die Zeit scheint dahinzukriechen.

Einmal schließt es zu ungewöhnlicher Zeit.

Vor der Tür sehe ich Sigrid mit Seppl, einer der Wachtmeisterinnen, die wir mögen.

"Machen Sie schnell!" sagt diese, und im Schutz der geöffneten Zellentür dürfen wir uns verabschieden. Eine letzte Umarmung und das Versprechen, mich zu melden. Seppl beobachtet scharf den Flur.

"Kommen Sie jetzt!" Und dann bin ich wieder allein in meiner Zelle. Ich weiß, daß die Wachtmeisterin eine Menge riskiert hat, und bin dankbar.

Es sind mir auch positive Menschen von der Gegenseite in diesen Jahren begegnet!

Die letzte Nacht schlafe ich kaum. Gedanken und Vorstellungen jagen sich. Freudige Empfindungen überwiegen, aber auch viel Angst ist da vor der Freiheit und Trauer um gute Freunde, die ich hinter den Mauern zurücklassen muß.

Am nächsten Morgen öffnet und schließt sich für mich dann zum letzten Mal eine Zelle. Es geht außenherum zu den Effekten. Dort werden mir zunächst einmal meine aufbewahrten Sachen auf den Tisch gelegt, auch der sieben Monate getragenen ausgefranste Rock ist dabei. Ich nehme nur Bilder und Briefe mit, die mir nicht ausgehändigt worden waren, und natürlich die 9. Sinfonie.

Dann kleide ich mich um, muß noch einmal Kniebeugen machen, damit ich nichts hinausschmuggele - was ich trotzdem erfolgreich tue -, und schlüpfe dann in die neuen Sachen.

Keimendes Gefühl, sich wieder als Frau zu empfinden.

Es geht über den verschneiten Außenhof, vorsichtig mit den ungewohnten Pumps auftretend, nach vorn in die Verwaltung.

An den Fenstern der Schneiderei hängen meine Gefährtinnen wie die Trauben und winken und schreien:

"Mach's gut! Vergiß uns nicht!"

Eine muß auf der Lauer gelegen haben, damit mein Abgang nicht verpaßt wird. Natürlich ist es verboten, sich an den Fenstern aufzuhalten, aber kein Mensch kümmert sich im Moment darum, und die Wachtel neben mir blickt weg. Ich winke zurück, und mir ist ziemlich elend zumute.

Der Anstaltsleiter erwartet mich in seinem Zimmer hinter dem Schreibtisch. In der Ecke, halb durch einen Schrank verdeckt, sitzt noch ein Mann in Zivil. Sein übergeschlagenes Bein ragt in den Raum hinein.

Mir wird Platz angeboten, und ich setze mich.

"Sie haben mit dem heutigen Tage Ihre Strafe verbüßt," beginnt "der liebe Gott" seine Abschiedsrede.

"Wir hoffen, daß Sie nicht wieder straffällig werden und sich in Zukunft an die Gesetze unseres Landes halten!" Er klärt mich auf, was ich darf und vor allem nicht darf, z. B. nicht über die Haftanstalt und die Strafverbüßung sprechen. Ich erhalte meinen Entlassungsschein und eine Fahrkarte bis nach Magdeburg, dem jetzigen Wohnort meiner Pflegemutter, zu der ich selbstverständlich gehe, auch wenn mir die Stadt fremd ist. Ich bin nur gefragt worden, wo ich in der DDR leben will, vom Westen war keine Rede. Es gibt ja die Mauer seit sechs Monaten.

"Ihr noch vorhandenes restliches Geld wird Ihnen nachgeschickt. Wenn Sie noch Fragen haben, Fräulein (!)

Graul -“ der Anstaltsleiter will die Zeremonie beenden und streckt mir die Hand, sich erhebend, über den Schreibtisch entgegen - ”dann wünsche ich Ihnen alles Gute!“

”O ja“, antworte ich zu seiner offensichtlichen Verblüffung, ”ich würde gern noch einiges sagen!“

”Der liebe Gott“ läßt sich wieder in seinen Schreibtischsessel fallen, und der Mann in der Schrankecke wechselt den Überschlag seiner Beine.

”Ich habe hier all die Jahre immer von Umerziehung gehört“, beginne ich meine vorher sorgfältig in Gedanken vorbereitete Rede, ”aber zu jeder Art von Erziehung gehört mindestens Verständnis - in Wirklichkeit weit mehr - für den zu Erziehenden. Das Motiv kann nicht Verachtung oder sogar Haß sein und das Ziel nicht die Zerstörung der Persönlichkeit. Ich habe kaum einen Ansatz von wirklichem pädagogischem Bemühen gemerkt. Wie das Wachpersonal auf seinen Dienst hier eingestellt wird, ist besonders deutlich an der Art zu bemerken, wie die jungen Wachtmeisterinnen auftreten, wenn sie neu sind.

Sie treten auf, als ob sie dem Abschaum der Gesellschaft begegnen. Und was die Vorbildwirkung betrifft, so ist sie überwiegend gleich Null.“

Der Anstaltsleiter bleibt beherrscht und unterbricht mich nicht. An einigen Beispielen, wie ich sie schon den Herren von der Stasi gegeben habe, erläutere ich meine Behauptungen und fahre dann fort:

”Ich habe als junger Mensch einer Widerstandsbewegung angehört, weil ich mit vielem nicht einverstanden war und vieles gern verhindert hätte, und ich habe das nicht als bezahlter Agent getan, sondern aus Überzeugung. Ich habe damit meine Zukunft aufs Spiel gesetzt, was ich wohl wußte, und habe die Quittung auch dafür bekommen. Man hat mich und die anderen von vornherein zu Feinden erklärt und nicht einmal den Versuch gemacht, die wirklichen Motive zu prüfen. Dazu kommt noch, daß uns vermutlich die eigenen Leute haben auffliegen lassen, weil ihnen unser Idealismus unbequem war und sich unsere Ziele nicht mit den ihren deckten. Wir wollten ein wirklich demokratisches Deutschland!"

Immer noch sagt keiner was. Da frage ich den Anstaltsleiter, ob er seinen Spitznamen kennt. Er verneint und erfährt, daß er "der liebe Gott" genannt wird.

Das verblüfft und irritiert ihn offensichtlich.

"Wieso?" möchte er nun doch wissen.

"Wenn man Sie in der Anstalt sieht - selten! -, verbreiten Sie Unnahbarkeit, und keiner wagt, sich an Sie zu wenden. Und es entsteht die Frage, ob Sie wirklich wissen, was in Ihrem Bereich vor sich geht."

Er sieht mich an, zögert ein paar Augenblicke und sagt dann: "Es ist nicht so, daß wir kein Verständnis für Sie haben! Ich wußte zum Beispiel immer, daß in Ihren Briefen Zeilen von Ihnen befreundeten ehemaligen Strafgefangenen enthalten waren, und habe sie durchgehen lassen!"

"Danke!" sage ich trocken.

Er lächelt etwas mühsam und fährt fort: "Ich werde über Ihre Worte nachdenken und danke Ihnen für Ihre Offenheit!"

Dann gibt er mir wirklich die Hand.

Der Hintergrundmann erhebt sich ebenfalls in seiner Ecke, murmelt ein "Alles Gute!" und reicht mir auch seine Rechte.

Dann werde ich abgeholt, atme auf dem Flur erst mal tief auf und habe das gute Gefühl, gesagt zu haben, was gesagt werden mußte nach diesen Jahren. Ob das etwas bewirkt, weiß ich nicht, aber ich habe wenigstens den Versuch gemacht.

Nun kann ich gehen! denke ich innerlich befreit. Es geht zum Tor, der Posten an der Pforte prüft die Papiere, dann öffnet sich die kleine eiserne Tür und fällt hinter mir geräuschvoll ins Schloß.

Ich stehe draußen und gehe langsam zur ”Sonne“, wo meine Pflegemutter wartet. Sie nimmt mich in die Arme und hält mich ganz fest. Ich erkläre ihr, warum sie so lange warten mußte, und dann gehen wir den Berg hinab, dicht nebeneinander,

Und es beginnt ”das Große, Schwere, Wunderbare, frei zu sein“, wie es in einem der in Hoheneck entstandenen Gedichte heißt.

Du sollst nicht bang sein
vor dem, was kommt,
denn du wirst frei sein,
frei!
Ja, faß es ganz,
das Große, Wunderbare,
frei zu sein!

Dann sinkt das Gitter,
das für den einen Himmel
dir zwanzig Teilchen Bläue gab,
dann ist die Sonne wieder dein,
denn du bist frei.

Du sollst nicht bang sein,
wie du leben kannst
nach diesem langen Tode
hinter Gitterstäben.
Wir wollen zu den Blumen gehn
und zu den Tieren,
im Wald die alten Bäume suchen
und auch die Brücke,
die uns trägt wie einst.
Das alles laß uns wiederfinden,
das alles erst,

die Menschen dann.
Wir werden still sein, sehr,
und mit dem Herzen tasten, lauschen,
bis wir die feinen Fäden spüren,
die wieder uns ans Leben binden wollen.

Ja, sei nicht bang
und denk es ganz,
das Große, Schwere, Wunderbare,
frei zu sein!

* * *

Während ich dieses Buch schreibe, erfahre ich beim Recherchieren immer wieder neue brisante Dinge.

Durch einen Autor, der im Zusammenhang mit Gladio-Aktivitäten in der Bundesrepublik auf den "Bund Deutscher Jugend" stieß, erfahre ich, daß Paul Lüth eine Liste mit unseren Namen angefordert hatte, die dann von ihm nicht wieder vorgewiesen werden konnte. 1952 wurde der BDJ wegen seiner verfassungswidrigen Aktivitäten verboten. Ein Prozeß fand nicht statt, weil es mächtige Hintermänner bis hin zum CIA gab. Davon hatten wir nichts geahnt und auch nicht das geringste damit zu tun gehabt.

Paul Lüth schrieb unbehelligt weiter Bücher, erfuhr viele Ehrungen und wurde durch Nachrufe im "Spiegel" und in anderen Zeitungen nach seinem Tode 1986 als erfolgreicher Literat gewürdigt.

"Vormittags praktizierte er, über zwei Jahrzehnte lang, als Landarzt im nordhessischen Rengshausen, nachmittags schrieb er fein ziselierte Feuilletons, rabiate Polemiken und pro Jahr mindestens ein Buch: über den Alltag, die Geschäfte und die Geschichte der Medizin, über Medikamente, Genetig, Geriatrie, deutsche Dichter oder japanische Lyrik und immer wieder über den Hokuspokus in jedweder Heilkunst..."

Seine Schriften erreichten eine Gesamtauflage von weit mehr als einer Million.

Ein weiteres Dokument eröffnet Abgründe.

Martin Eberhardt, ein Mitglied des "Widerstandskreises" aus dem Raum Weißenfels, mit uns verhaftet, aber nach etwa einem halben Jahr wieder auf freien Fuß gesetzt und mit einem Studienplatz an der Technischen Universität in Dresden versehen, wo er auch später promovierte, veröffentlichte in der Hallenser Zeitung "Freiheit" eine Artikelfolge über uns unter der Überschrift "Verräter - Spione - Saboteure".

Eberhardt war aktiver FDJ-Funktionär, kam durch seinen Freund Eberhard Becker zum "Widerstandskreis" und nahm an den Parlamenten in Berlin teil. Erstaunlicherweise decken sich seine Behauptungen - zum Teil sogar bis in die Formulierungen hinein - mit denen der Anklage und des Urteils. War er williger Lieferant oder übernahm er? Dann allerdings hätte er beim Schreiben des Artikels als einziger von uns diese Dokumente zur Verfügung gehabt. Als Begründung für seinen Bericht diente ihm die Behauptung, die amerikanischen Imperialisten hätten die Absicht, Deutschland in einen mörderischen Krieg zu stürzen.

"Ich spreche über den Bund Deutscher Jugend, die amerikanische Bürgerkriegsarmee in Deutschland, die 'Schwarze Reichswehr' des Bonner Staates, geschaffen als Instrument des innenpolitischen Terrors und als Sammelbecken aller revanchelüsternen militaristischen Kräfte. Der BDJ war die Kerntruppe, um die die aggressive Söldnerarmee des Adenauer-Regimes formiert wurde.

Der Klüngel der westdeutschen Militaristen und ihre Kriegsinstrumente haben sich im Westen Deutschlands nunmehr offiziell instituiert. Was noch zu tun bleibt - ist der Krieg. Und den wird Kesselring vom Zaune zu brechen versuchen, sobald er das Signal von Übersee bekommt. Inzwischen aber müht er sich, mit Hilfe seines Kumpanen Adenauer den Bonner Staat vollkommen zu militarisieren. Und sollte es ihm tatsächlich gelingen, als Nachfolger der Mumie Heuß der erste Mann im 'Amerikanischen Reiche Deutscher Nation' zu werden, dann ist es um so sicherer, daß Kommißstiefel und Bajonett die Reichsinsignien bilden werden und die jetzt uniformierte Coca-Cola-Truppe zum Überfall auf die friedliebenden Völker antritt. Dieser großen Gefahr wegen möchte ich hier von den Umtrieben der ehemaligen BDJ-Banden sprechen... "

Dann übte er sich in Selbstkritik:

"Als Bürger der Deutschen Demokratischen Republik hatte ich alle Möglichkeiten, aber ich ging nicht den Weg eines ehrlichen, anständigen Menschen ...

Die Arbeitskollegen vom Mineralölwerk Lützkendorf mühen sich in ständiger harter Arbeit um die Erhöhung der Produktion, um ein besseres Leben für alle. Diese Kollegen verkaufte ich an ehemalige Hitlerjugendführer und faschistische Offiziere, deren Tätigkeit in Mord und Terror besteht, deren Ziel es ist, Deutschland mit Feuer und Blut zu überziehen. Das Studium, das mir der Staat ermöglichte, verkaufte ich gegen die Freizeitgestaltung des BDJ: Verbrechen, Denunziation, Spionage, Diversion. Mein Gewissen und meine Menschenwürde verkaufte ich gegen amerikanische Dollars."

Über seinen Freund Becker wußte er zu sagen:

"Becker, der mit Kaffee, Kakao und amerikanischen Zigaretten schob, war ein fanatischer Verfechter jener Verbrecherideologie geworden, die man ihm in den Vorlesungen (an der Freien Universität in Westberlin, d. H.) eingetrichtert hatte, und häufig brachte er als 'Beweis' Zeitungen und Hetzschriften aus Westberlin mit."

Wolfgang Kaufmann erfährt folgende Charakteristik:

"Da war einmal 'Muli', der Chef des Agentenkreises für die Deutsche Demokratische Republik ... Er hatte das Monopol bezüglich der Verbindung zu den Amerikanern, gebrauchte der Reihe nach alle Frauen seines Befehlsbereiches und kürzte die Spesen der in Westberlin aufkreuzenden Agenten um die Hälfte, um Mittel zur Finanzierung seiner nächtlichen Exkursionen (!) zu erhalten."

Dann bezieht er noch Klaus Rost ein:

"Darüber hinaus ist von den beiden nur noch bemerkenswert, daß sie der Kasse der Agentenorganisation regelmäßig größere Geldbeträge entnahmen und für persönliche Zwecke verjubelten, meist mit 'Damen', deren Gesichter ihrem Gewerbeschein glichen."

Und er versteigt sich zu den Behauptungen:

"Die leitenden Mitglieder dieser Terrorgruppe des BDJ Wolfgang Kaufmann, Kurt Müller, Ulrich und Heinz Höfer, Klaus Rost, Kösterke, Elisabeth Graul und ein gewisser Theo aus Perleberg waren alle frühere Schüler der Adolf-Hitler-Schule Sonthofen, höhere Hitlerjugendführer und Kriegsfreiwillige ..."

Zu unseren Aktivitäten und Plänen weiß er unter anderem zu sagen:

"Auf einer Pressekonferenz wurden für die 'freiheitlichste Presse der Welt' und den RIAS Lügenparolen über die Volkswahlen in der Deutschen Demokratischen Republik *erfunden* ...

Es wird beim BDJ vom 'Tag X' gefaselt und darüber hinaus alles getan, um ihn vorzubereiten und recht bald durchzuführen. Manche Menschen wissen noch immer nicht, was der 'Tag X' bedeutet: Nicht mehr und nicht weniger, als der Tag des Beginns des amerikanischen Krieges in Deutschland, der Beginn der amerikanischen Aggression auf die Deutsche Demokratische Republik, die sich dann fächerförmig 'gen Osten' fortsetzen soll ...

Nun werden zwar Lüth und die Leute, die hinter und über ihm stehen, nie in die Verlegenheit kommen, das Gebiet der Deutschen Demokratischen Republik mit den Segnungen westlicher 'Freiheit' beglücken zu können, aber das hinderte sie nicht daran, schon im Jahre 1951 festzulegen, auf welchem Wege nach der militärischen Eroberung der Deutschen Demokratischen Republik die antifaschistisch-demokratische Ordnung schnellstens beseitigt werden könne ..."

Wieder klopft er sich an die Brust:

"Die erste verbrecherische Tat gegen die Deutsche Demokratische Republik beging ich schon auf dem Ersten Parlament ... Kaum einer von uns wußte Wesentliches zu berichten. Und wie nach einem stillschweigenden Übereinkommen begannen wir, uns 'Tatsachen' aus den Fingern zu saugen, um nur den geforderten Bericht abliefern zu können.

Damals wußte ich noch nicht, daß dem RIAS an der Wahrheit gar nichts gelegen ist und daß er unsere Lügeninformationen um so eher in alle Welt hinausposaunte, je mehr sie der Wahrheit entbehrten.

Da kann man nichts machen: Das ist die Stimme Amerikas eben ihrem 'guten' Ruf schuldig."

Dieses Machwerk ist so schlimm und so verlogen, daß es mir Übelkeit verursacht. Es reicht für eine Verleumdungsklage und mehr aus, sofern dieser Mann noch am Leben sein sollte. Dann allerdings wird er sich sorgfältig verborgen halten. Wie fühlt man sich, wenn man sich auf solche Weise kaufen ließ?

Dann erfahre ich, daß es auch bewußte Falschaussagen gab, bedingt durch die unerträglichen Haftbedingungen im Keller von Hohenschönhausen und um Ruhe vor dem Vernehmer zu bekommen. Sie wurden zwar später widerrufen, was aber nicht akzeptiert wurde und auch nichts mehr nützte. Unsere Peiniger griffen gierig auf, was uns belasten und in die Rolle drängen konnte, in der sie uns sehen wollten.

In den Akten befinden sich auch Aussagen, eigenhändig geschriebene Berichte von Mitverhafteten, die allzu dienstfertig servierten, was man von ihnen erwartete.

Einer, der aber nicht mit uns verurteilt wurde - KPD-, dann SED-Mitglied, geflohen, weil seine Kasse ein Manko aufwies -, sagte aus, er habe eine Weile im Haus des BDJ in Westberlin gewohnt.

"Vorläufig erhielt ich aber keine Arbeit und konnte so, da ich nichts anderes zu tun hatte, einen guten Einblick in die Arbeit des BDJ nehmen ... Da ich recht bald einsah, daß meine Flucht ein Fehler war, und weiterhin bemerkte, daß der BDJ eine Hetze gegen die DDR, die Sowjetunion und die Volksdemokratien betrieb, beobachtete ich recht gut die Vorgänge im Hause des BDJ, um vielleicht meine Aussagen später dazu verwenden zu können, meinen Fehler wieder gutzumachen ..."

Ein anderer versuchte nach seiner Festnahme in Leipzig in einem eigenhändig geschriebenen Bericht, alle die zu entlasten, mit denen er zu tun hatte.

Ein Bericht vom 6. 7. 51 "Betrifft: Bund Deutscher Jugend" liegt den Akten bei, wurde also knapp drei Wochen vor unseren Verhaftungen geschrieben und trägt die Unterschrift: BRATER, die auch noch unter anderen Schriftstücken steht. Daraus ist erkennbar, daß man zu diesem Zeitpunkt bereits eine Menge über uns wußte; da hatte man die Aussagen der bereits Verhafteten und die von offenbar eingeschleusten Spitzeln, denn es wird eine letzte Tagung des "Widerstandskreises" am 26. 6. 51 erwähnt. Dazu wird vermerkt: "Anliegend ein Bericht über den Verlauf der Tagung."

Auch über die „Festnahmeaktion Bernhardiner" lese ich, wer schon wochenlang beobachtet wurde, wer noch "aufgeklärt“ und festgenommen werden sollte. Und ich lese tatsächlich unter einem Protokoll in primitiver Schreibweise die Unterschrift "MUNSCHE“. Also habe ich damals richtig mitbuchstabiert.

Alles, was mir da in die Hände gelangt, berührt mich tief, vieles schmerzt, manches läßt mich immer wieder den Kopf schütteln, und einiges erheitert mich aber auch.

Es ist vorbei, aber was würde noch alles ans Tageslicht kommen im Zusammenhang mit dieser Farce, wenn alle Geschehnisse und Zusammenhänge zu rekonstruieren wären?

EPILOG

Magdeburg, den 27. 3. 1991

An den Minister für Justiz des Landes Sachsen
Dr. Heitmann
Sächsisches Staatsministerium für Justiz

Sehr geehrter Herr Minister,

da ich im Auftrage des imPULS-Verlages in Magdeburg eine Dokumentation über meine Haftzeit von 1951 bis 1962 zu schreiben beabsichtige (ich war als Studentin Mitglied einer Widerstandsgruppe), bitte ich, die Strafvollzugsanstalt Hoheneck, in der ich viele Jahre verbrachte, noch einmal besuchen zu können. Ich möchte beim Schreiben Gedächtnisfehler ausschließen und auch einige Fotos machen.

Für eine baldige Nachricht wäre ich Ihnen dankbar!

Mit freundlichen Grüßen
Elisabeth Graul

Es dauert gar nicht lange, da erhalte ich die Erlaubnis vom Sächsischen Staatsministerium für Justiz zur Besichtigung von Hoheneck. Der Schreck fährt mir in die Glieder ob der erfüllten Bitte; eigentlich hatte ich nicht so recht daran geglaubt.

Ab jetzt beginnt das Abhärtungstraining, ich stelle mir das Kommende immer wieder mit aller Deutlichkeit vor, ohne alle Rücksicht auf meine Empfindungen, die ständig fluchtbereit reagieren. Es muß sein, ich will mein Gedächtnis prüfen und so genau wie möglich beim Berichten sein.

Einen Termin vereinbare ich schriftlich mit dem Anstaltsleiter, der ebenfalls schnell antwortet.

Und dann kommt der Tag.

Wir fahren zu viert: mein Verleger T.B., zwei sehr gute Freunde, die sich in unausgesprochener Auffangbereitschaft befinden, und ich.

Es ist kalt, unfreundlich, nur manchmal kommt die Sonne durch. Daß es Mai ist, sieht man nur an den üppig blühenden Apfelbäumen am Straßenrand, die mich schmerzhaft an jene Fahrt zur Musiktagung nach Darmstadt zwei Monate vor meiner Verhaftung im Jahre 1951 erinnern. Und die Felder sind durch die kühlen und nassen Tage von einem selten gesehenen intensiven Grün, dazwischen leuchtet gelber als gelb der Raps.

Als wir in die schöne hügelige Erzgebirgslandschaft kommen und ein Schild auf Stollberg hinweist, packt mich plötzlich und heftig Panik: Auf was habe ich mich da eingelassen?! Das werde ich nicht durchstehen. Zusammennehmen, nichts anmerken lassen!

Das Auto rollt unaufhaltsam dem Ziel entgegen. Kurzes Anhalten, Frage an eine Passantin, wie wir nach Hoheneck hinaufkommen. Sie beschreibt präzise. Alle hier haben Jahrzehnte im Schatten und unter der Bedrohung dieses Zuchthauses gelebt ...

Fast gleichzeitig entdecken wir die Burg hoch über uns: ein mächtiger Gebäudekomplex, finster, gefährlich unter dem wolkenverhangenen Himmel. Die Straße Richtung Aue windet sich hinauf, und dann halten wir kurz vor der "Sonne", dem Gasthaus dicht neben dem Gefängnis. Dort warteten die Angehörigen, wenn sie Besuchserlaubnis hatten oder einen Entlassenen abholen konnten. Nur noch wenige Meter um eine Häuserecke, und wir steigen auf einem kleinen Parkplatz in der Nähe des Eingangstores aus, einer mächtigen grauen Wand, die wie ein Garagentor in die Höhe schwenken kann. Sie ist neu wie die Ampelanlage daneben. Ich gehe mit T. B. an die Pforte, und wir melden uns. Die Freunde dürfen nicht mit hinein; sie müssen den Anblick von draußen ertragen.

Wir werden erwartet. Ein Summton, die Gittertür öffnet und schließt sich: Wir sind drin, nun gibt's kein Zurück mehr. Passagierscheine werden ausgefüllt, und man bittet uns, im Besucherraum gleich nebenan zu warten. Da stehen Tische und Stühle, ein Coca-Cola-Automat ist vorhanden, der für mich hier nicht einzuordnen ist, und ein geschmackloses grellfarbenes Buntglasfenster versperrt die Aussicht. Mir ist kalt.

Nach einiger Zeit holt uns der Anstaltsleiter persönlich ab und führt uns in sein Dienstzimmer im äußeren Verwaltungsgebäude, einem architektonisch schön gegliederten Bau aus dem vorigen Jahrhundert mit kleinen Schmuckgiebeln an der Fassade.

Wir nehmen Platz, bekommen einen Kaffee angeboten und können Fragen stellen. Der Anstaltsleiter wurde erst vor einem halben Jahr hier eingesetzt; er verspricht, das Wissenswerte aus dem Archiv heraussuchen zu lassen, und bald stellt sich heraus, daß er selber auf Wahrheitssuche ist, die Vergangenheit dieses Frauengefängnisses erforscht. Es gibt Irritationen durch inzwischen veröffentlichte Bücher und Reportagen. Wie war alles wirklich? Das menschliche Gedächtnis ist nicht immer zuverlässig. Ich beantworte ihm seine Fragen nach bestem Wissen.

Es sind nicht einmal mehr 50 Frauen hier, kriminelle Delikte, Mord, Kindestötung, Unterschlagung, Diebstahl; auch 3 ehemalige KZ-Aufseherinnen sind noch da. Eine davon ist mir namentlich bekannt. Ob die Burg Gefängnis bleibt, ist ungewiß. Stollberg ist der Bedrohung müde, aber Überlegungen, ein Hotel, eine Gaststätte mit einer Diskothek daraus zu machen, sind so abwegig, daß es schmerzt. Zu viel Leid ist in diese Mauern eingebrannt.

Vielleicht eine Gedenkstätte? Eine solche einzurichten und zu erhalten würde sehr viel Geld kosten. Jetzt steht erst einmal ein Gerüst an der Schmalseite des Zellenhauses.

Der Anstaltsleiter bittet uns, nur ihm Fragen zu stellen. Das Wachpersonal ist verunsichert; Dienst tun dürfen nur diejenigen weiter, die sich nichts zuschulden kommen ließen. Trotzdem fühlen sie sich abgelehnt und angegriffen, weil sie zu den Bewachern auf dieser Burg des Schreckens gehören. Wo fängt bei solchem Dienst Schuld an, wo hört sie auf? Wie stellt man sie überhaupt fest?

Auch die gefangenen Frauen möchten nicht mehr befragt werden. Zu viele Interviews gab es schon, von denen sie sich für ihr weiteres Schicksal etwas erhofften, und dann las sich alles ganz anders in den Zeitungen. Sie hatten auch schon Anhörungstermine, die Überprüfung ihrer Urteile betreffend, oder warten noch darauf.

Wir wollen niemanden interviewen, sage ich, und schon gar nicht bedrängen, und zum Steinewerfen sind wir auch nicht hier.

Er bittet Frau W., eine freundliche junge Frau, uns durch den Komplex zu führen und hinterher noch einmal bei ihm vorzusprechen.

Wir gehen los.

Noch ein graues Tor und eine kleine Gittertür, dahinter wieder ein Posten, dem wir unseren Passierschein vorlegen müssen. Wir dürfen weiter und stehen auf dem Außenhof. Ich sehe, daß hinter dem neuen Tor noch das alte von damals in den Angeln hängt, die Farbe abgeblättert, verrostet. Die Glasscherben sind auch noch auf der Mauer, aber moderne Sicherheitsdrähte haben den Stacheldraht abgelöst.

Ich stehe wie benommen im Erdgeschoß des Zellenhauses und starre auf die schmalen Zellentüren; in meiner Erinnerung waren sie breiter. Hier gibt es noch Einzelzellen. In einer solchen war ich in den letzten Tagen vor meiner Entlassung, aber ich weiß die Nummer nicht mehr. Mein Zahlengedächtnis war nie gut. Unsere Begleiterin guckt durch den Spion, ehe sie mit rasselndem Schlüsselbund eine der Zellen aufschließt - unvergessenes schmerzliches Geräusch.

"Diese Zellen werden nicht mehr benutzt!" sagt sie. Metallbett, Tisch, Stuhl, schmaler Schrank, Waschbecken, Klo. Zum ersten Mal wieder der Blick von unten zum kleinen vergitterten Zellenfenster hinauf ...

Wir betreten die Metalltreppe, die in den ersten Stock führt, und das ganze Zellenhaus mit seinen 3 Etagen, den dazwischen aufgespannten Drahtnetzen und dem noch erhaltenen geschwungenen Geländer liegt vor uns.

Die Schritte sind beim Gehen durch Linoleum gedämpft, aber ich höre innerlich das Rasseln der Metallplatten. T. B. fotografiert; ich selbst bin nicht in der Lage, die Fototasche zu öffnen. Gehen und Sehen ist Anstrengung genug. Wir steigen durch alle Etagen, und eine der ehemaligen Gemeinschaftszellen wird aufgeschlossen; man nennt sie jetzt "Verwahrräume."

Wir betreten eine bewohnte, aber jetzt leere Zelle, eine, wie sie damals mit 12 Frauen belegt war. Jetzt steht da in der Mitte eine Art Doppelbett mit Tagesdecke und vielen Stofftieren darauf. Es gibt Gardinchen und Bilder an den Wänden, Grünpflanzen, einen Radiorecorder und eine Kaffeemaschine auf dem Tisch. Ich gehe durch die Zelle zum Waschraum. Da sind keine steinernen Becken mehr, sondern normale weiße Waschbecken mit Kalt- und Warmwasserhähnen. "Ach, sie haben nicht aufgeräumt!" sagt Frau W. entschuldigend, denn benutztes Geschirr steht herum. Uns stört es gewiß nicht, wenn solches nicht mehr gegen die Ordnungsprinzipien verstößt!

Wären nicht die vergitterten Fester in 2 m Höhe, so könnte man glauben, sich in einem Internat zu befinden. Ich entdecke die Glaskästen, die auf jeder Etage von den Kommandoleiterinnen benutzt wurden; man braucht sie nicht mehr. Es ist überhaupt sehr still im Gebäude; kaum jemand begegnet uns.

Ehe wir in den ehemaligen Schlafsaal der G I hinaufsteigen, wird uns in einem Durchgang ein Raum mit Waschbecken und Trockenhauben gezeigt: Hier gehen die Frauen zum "Friseur", allerdings bedienen sie sich gegenseitig.

Träume ich das alles?

Oben hat man einen Freizeitraum eingerichtet und Oberlichtfester eingebaut.

Es gibt ein Musikzimmer, und ich sehe auf einem Schrank drei Akkordeons; das mittlere schwarz-weiße kommt mir bekannt vor: Hat nicht bei unseren Kulturveranstaltungen Gisa darauf gespielt? Und Gitarren und Mandolinen hängen da, z. T. unter Glas - ob es noch unsere sind? Im Nebenzimmer kann man einen Schreibmaschinenkurs mitmachen. An den Wänden des breiten, wie eine Estrade erhöhten Mittelganges hängen große Bilder, gemalt von einer Gefangenen, die offenbar begabt ist. Es sind phantasievolle Landschaften mit Blumen und Bäumen in einer naiven, sehr ausdrucksvollen Manier gemalt. Auch dafür gibt es einen speziellen Raum. Die Anstaltsbücherei ist jetzt auch hier oben. T.B. geht hinein und besieht sich das Angebot.

"Gut bestückt, vielseitig", sagt er.

Davon konnte bei uns keine Rede sein, trotzdem sprudelte dort die begehrte Quelle, die uns geistig belebte.

Am Ende der Balustrade und ebenso auf den tiefergelegenen Seitengängen stehen Stühle und Tische mit bunten Decken. Es gibt einen Farbfernseher, sogar einen Videorecorder, für den man sich Filme bestellen kann. Der Linoleumfußboden glänzt, nur die hohen Stufen sind noch dieselben wie damals. Ich blicke zu den Dachluken hinauf, aus denen wir während des Hungerstreiks von Schlafsaal zu Schlafsaal riefen: "Wir halten durch!"

Auch heute möchte ich durchhalten, trotz der Erinnerungen, die immer wieder nach meiner Kehle greifen ...

Dann gehen wir durch die Seitentür hinein in den Kulturraum. Braune Klappsitzreihen, vor der Bühne eine Leinwand. War der Raum dahinter wirklich so klein? Wie hatte dort der ganze Chor Platz? Die alte Orgel klebt noch wie ein Schwalbennest auf der Empore.

"Sie ist kaputt!" sagt Frau W.

'Freude, schöner Götterfunken' - denke ich, und auf dem Bühnenhintergrund erscheint wieder: "Der Menschheit Würde ist in eure Hand gegeben! Bewahret sie!"

Als wir aus dem Fester auf den Innenhof sehen, auf dem Bänke und Blumenschalen stehen, nehme ich endlich den Fotoapparat aus der Tasche. Der jetzige Kirchenraum, der sich auf gleicher Höhe mit dem Saal befindet, wird uns anschließend gezeigt: ein Altarbild mit Kruzifix und Kerzen, Tische, Stühle. Dann geht's die eisenbeschlagenen Stufen der Wendeltreppe hinunter, an die ich mich nicht mehr erinnern konnte, und wir betreten den Westflügel. Die Deckenlampen geben nur trübes Licht. Eine von den größeren Gemeinschaftszellen steht offen, und wir sehen hinein. Auch hier ist es fast wie in einem Internat. In einer Ecke sitzen mehrere Frauen an einem Tisch. Sie haben Jeans, Pullover oder Hemden an. Ich grüße, mein Gruß wird freundlich erwidert. T.B. unterhält sich mit den Frauen, aber ich gehe schnell wieder hinaus; ich habe Berührungsängste.

Hier liefen wir immer "ab" zur Schneiderei - in Zweierreihen - und kehrten auf demselben Weg zurück. Auch zum Rauchen standen wir in einer Reihe in der Mitte dieser sehr breiten Flure. Jetzt gibt es da auch eine Sitzecke, aber die Beleuchtung ist schrecklich.

Es geht nach unten, immer die Wendeltreppe hinab, und dann betreten wir unseren ehemaligen Speisesaal. Jetzt stehen da keine Holzbänke mehr vor den langen rohen Tischen: Es gibt bequeme Stühle und kleine Tische.

Es riecht nach Essen, und wir gehen über die alte, überdachte Holzbrücke bis zur Küche, blicken auch kurz in die Wäscherei hinein, wo gearbeitet wird. Dann steigen wir zur ehemaligen Schneiderei hinauf. Sie existiert seit vorigem Jahr nicht mehr.

Die Räume, in denen ehemals unsere Maschinen ratterten und die Bänder liefen, sind leer, aber die Mittelpfeiler, die die Räume in zwei Hälften unterteilen, stehen da wie früher. Nur in einer oberen Etage wird noch genäht, man bessert aus und fertigt Gefangenenbekleidung. Das ganze riesige Gebäude macht einen entvölkerten Eindruck, es ist beinahe unheimlich.

Wir verlassen die ehemalige Schneiderei und gehen über den Außenhof. Dort unter dem Zellenhaus war der Zwiebelkeller und der Schweinestall, der Pestgestank verbreitete. Mehrere Werkstätten befanden sich da. Mächtig wölben sich die gewaltigen Stützpfeiler. Die Schwalbennester der Posten sind von den Mauern entfernt, aber man sieht noch an den Backsteinkonsolen, wo sie einmal waren. Jetzt gibt es nur noch zwei Wachtürme. Irgendwo auf diesem Gelände muß die Stoffputzer-Baracke gestanden haben. Auch die Pappeln, zwischen deren Zweigen das Morgenrot aufging, sind verschwunden.

Der Revierbau ist noch derselbe: flacher Backsteinbau mit dicht nebeneinander liegenden vergitterten Fenstern. Auch von innen erkenne ich die Stufen und die alten Steinplatten. Der Holzfußboden in den danebenliegenden Effekten ist noch vorhanden, nur daß die Kleiderkammer jetzt im oberen Geschoß ist. Dort steht eine Frau in weißer Kittelschürze, die uns kritisch betrachtet. Ich sage, daß ich lange Zeit hier war.

"Sie?" fragt sie ungläubig. Ich nenne die Jahreszahlen, und da zeigt es sich, daß sie recht gut Bescheid weiß, wie es zu meinen Zeiten hier aussah. Wie lange wohl macht sie hier schon Dienst?

In mir breitet sich das Gefühl aus, daß es jetzt genug ist und daß ich hier raus muß. Nein, wir möchten nun nichts mehr sehen. Frau W. ist mindestens zwei Stunden mit uns herumgelaufen, hat uns jeden Wunsch erfüllt und alles erklärt.

Auch ich habe ihr vieles erzählt, wie es bei uns damals war. Sie ist seit 10 Jahren hier, was wird sie von unserer Begegnung mit nach Hause nehmen?

Wenn man doch mal richtig heulen dürfte, sich einfach fallen lassen könnte, denke ich, als wir die Effekten verlassen.

Es regnet stark, und wir laufen schnell den Weg über den Außenhof, den ich 1962 bei meiner Entlassung zum letzten Mal ging.

Wir melden uns beim Posten ab und gehen noch einmal kurz zum Kulturhaus hinunter. Ich erzähle Frau W., daß Frauen die Fundamente ausgeschachtet haben. Sie scheint es zu wissen. Wir machen schnell noch ein paar Bilder - Zellenhaus, das erdrückende, von unten -, und dann betreten wir nochmals die äußere Verwaltung, wo uns der Anstaltsleiter mit seiner Stellvertreterin, die aus den alten Bundesländern kommt, erwartet. Aber wir haben keine Fragen mehr und wollen auch keinen Kaffee. Wir danken und verabschieden uns mit gegenseitigen guten Wünschen. Das fertige Buch werden wir schicken.

Raus hier, bloß raus, ehe mir die Luft ganz ausgeht.

Die gegengezeichneten Passagierscheine werden abgegeben, der Summer öffnet die Gittertür, und T.B. läuft durch den Regen zum Auto, um einen Schirm zu holen. Ich warte und muß die Tür noch einmal schließen.

Eine junge Frau verabschiedet sich gerade sehr herzlich von einer Angehörigen des Aufsichtspersonals und bekommt viele gute Wünsche mit auf den Weg; sie wird entlassen. Als wir durchs Tor gehen, kann ich noch sehen, wie sie mit ihrer Tasche den Berg hinuntereilt. Den bin ich auch einmal gegangen...

Meine Freunde kommen uns entgegen.

"Wie geht es euch - ?"

Wir setzen uns in die "Sonne". Ich bitte um einen Schnaps, einen doppelten, und habe das Gefühl, daß ich nur damit meine Haltung retten kann. Es ist schon gegen 3.00 Uhr nachmittags; wir haben lange nichts gegessen. Mein Magen hat sich nicht gemeldet in diesen Stunden, aber nun nimmt er das Essen doch dankbar an. Ein köstliches Eis wird uns zum Nachtisch empfohlen; es schmeckt wirklich sehr gut. Die Leute, die das Gasthaus betreten, klopfen alle zur Begrüßung auf unseren Tisch. Wie gemütlich und freundlich wirkt das alles, es wäre zum Wohlfühlen, stünde nicht nebenan der düstere, drohende Koloß.

Ein Stückchen fahren wir noch in Richtung Aue, wie uns der Anstaltsleiter geraten hat, gehen durch ein Stück Birkenwald bis auf eine Lichtung und fotografieren die Burg von oben. Aber ich richte die Kamera auch auf die Bäume und die Wege, meine Augen saugen sich fest am lebendigen Frühling.

Wir halten noch ein paarmal an bei der Abfahrt, um Bilder zu machen. Ich merke, wie sich alle bemühen, mir meine Wünsche zu erfüllen, doch dann kommt der Moment, wo ich sage:

"Schluß! Genug. Laßt uns nach Hause fahren - "

Innerlich ergänze ich: 'Nie mehr wieder!'

Es regnet; das Wetter paßt zu diesen Eindrücken.

Aber je weiter wir uns entfernen, um so mehr hellt sich der Himmel auf. Schließlich scheint die Sonne, und als da wieder ein Rapsfeld ist, das gelber als gelb leuchtet, halten wir noch einmal an, und ich mache die letzte Aufnahme dieses Tages.

Sie hat die Farbe der Sonne.

Am 29. 8. 1991 erfahre ich, daß die 50. Strafkammer des Landgerichts Berlin nach Anhörung der Staatsanwaltschaft am 5. Juli 1991 beschlossen hat, auf die Anträge der Betroffenen hin das Urteil des Obersten Gerichts der DDR vom 20. Februar 1952 aufzuheben.

"Die Betroffenen werden rehabilitiert."

Als Begründung wird angegeben:

"Die Betroffenen sind verurteilt worden, weil sie ihre Ablehnung der politischen und wirtschaftlichen Verhältnisse in der DDR und anderen sozialistischen Staaten u. a. durch die Verbreitung von Flugblättern, die Verteilung von kritischen Schriften, die Verwendung von regimekritischen Parolen, die Übermittlung von Anschriften hilfsbedürftiger DDR-Bürger in die Bundesrepublik, die Mitteilung ihrer Kenntnisse über den Hergang der Volkskammerwahlen im Jahre 1950 an die Berliner Presse und den Kontakt sowie den Meinungsaustausch mit Regimegegnern in der Bundesrepublik Deutschland im Rahmen ihrer Zugehörigkeit zu dem 'Widerstandskreis der Jugend der Sowjetzone' Ausdruck verliehen hatten.

Mit diesen Handlungen haben die Betroffenen politische Grundrechte der zur Tatzeit geltenden Verfassung der DDR ... wahrgenommen und zugleich politischen

Widerspruch in Wort und Schrift sowie durch friedliche Zusammenschlüsse erhoben, gewaltlosen Widerstand geleistet und Kontakte zu Organisationen außerhalb des Gebiets der DDR aufgenommen, ohne im Sinne des 6.Strafrechtsänderungsgesetzes Spionage- oder Agententätigkeit auszuüben.

Die Betroffenen haben die ihnen aus der Verfassung der DDR vom 7. Oktober 1949 zustehenden Rechte auf Meinungsfreiheit und Versammlungsfreiheit aus Artikel 9 sowie auf Vereinigungsfreiheit aus Artikel 12 wahrgenommen ... Von keinem der Betroffenen wurde Gewalt angewendet oder angedroht ...

Danach war das Urteil des Obersten Gerichts der DDR hinsichtlich der Betroffenen aufzuheben ... Aufgrund der Rehabilitierung sind die den Betroffenen durch den Freiheitsentzug entstandenen Schäden auszugleichen..."

Für drei "Betroffene" kommt dies alles zu spät:

Felicitas Hensel,
Gudrun Ostermuth,
Rolf Bimmermann

sind nicht mehr am Leben.

Quellenverzeichnis:

Leo A. Müller, Gladio-das Erbe des Kalten Krieges, Rowohlt-Taschenbuchverlag, 1991

Nachrichtenmagazin "Der Spiegel", Nachruf auf Paul Lüth, 33/1986

Akten zum Prozeß des Obersten Gerichts vom 20.02.1952 und den Beiakten des MfS/Zentralarchiv AU 131/52

Artikelfolge: "Verräter-Spione-Saboteure" von Martin Eberhard in der "Freiheit", Halle, 1955

Die Namen der Mitgefangenen wurden von der Autorin weitgehend geändert. (Der Hersg.)

Elisabeth Graul, als Musikstudentin, 1948

OHNE MUT

KEINE FREIHEIT!

OHNE FREIHEIT

KEINE ZUKUNFT!

Flugblatt

Deutsche Demokratische Republik
Ministerium für Staatssicherheit

GVS

Verwaltung Land Ministerium

Abtlg. (Kreisdst.) V

Haftbeschluß

Berlin, den 30 Juli 1951

~~Der~~ Die

Name: Graul,

Vorname: Elisabeth, Inge

Geburtstag und Ort: 16.6.1928 in Erfurt

Beruf: Musik-Studentin in Westberlin

Familienstand: ledig

Wohnungsanschrift: Erfurt, Milchinselstr. 4, II

II. Wohnsitz Berlin-Zehlendorf, Albertinenstr. 1b

ist aus den unten angeführten Gründen in Haft zu nehmen.

Gründe der Inhaftierung: Die Graul ist Mitglied des BDJ, u. gehört dem ständigen Sekretariat des sogen. "Widerstandskreises der Jugend der Sowjetzone" an. Sammelte Informationen über die SED, FDJ u. andere demokratische Organisationen.

Der Mitarbeiter der Abteilung (Kreisdienststelle) V

(Knye) (Unterschrift) Oberrat

Einverstanden der Leiter der Abtlg. (Kreisdienstst.) V

(Beater) (Unterschrift) Insp.

Bestätigt: Mielke
(Unterschrift)

Datum: 30. 7. 51

Von diesem Haftbefehl erhielten wir keine Kenntnis.
Er trägt die Unterschrift von Erich Mielke.

Else G r a u l
Bad Frankenhausen
am Kyffhäuser
Poststr.37

Berlin, den 29.9.51

BStU 000202

P.E. 2.10.51
1397 / 51

An den
Herrn Volkspolizeipräsidenten
in Berlin
Abt. K.-Dezernat E 5

Betr.: Elisabeth G r a u l, geb. 16.6.28 Erfurt,
wohnhaft Erfurt, Milchinselstr. 4.

Seit dem 25.7.51 gegen 19.oo Uhr ist meine obengenannte Tochter verschwunden. Wie ich bisher ermittelt habe, war an diesem Tage meine Tochter bei ihrer Freundin, Traudel S c h a c k e, die ebenfalls in Erfurt wohnt. Zu der genannten Stunde kam ein Herr und forderte meine Tochter auf, in einen bereitstehenden Wagen mitzukommen. Die Nummer des Wagens war GB 002-419. Zunächst nahm ich an, daß dieser Herr, der sie von zu Hause abgeholt hat, ein Bekannter von meiner Tochter gewesen ist. Dieses lag im Bereiche des Möglichen, da meine Tochter Musikstudentin ist. Da nach Wochen immernoch keine Nachricht von meiner Tochter eingetroffen ist über ihren Verbleib, so wende ich mich vertrauensvoll an das Volkspolizeipräsidium Berlin. Ich möchte Sie nun bitten festzustellen, wer der Besitzer des Wagens ist. Sollte sich dieses Fahrzeug mit der eingangs erwähnten Nummer als Polizeifahrzeug heräusstellen, so bitte ich um Nachricht, warum meine Tochter festgenommen bzw. wo sie sich befindet.
In der Hoffnung, recht bald von Ihnen zu hören, empfehle ich mich Ihnen

hochachtungsvoll

Frau Else Graul

[Prä]sidium der Volkspolizei Berlin
[Ab]teilung K - Geschäftsstelle

Berlin C 2, den 2. Oktober 51
Neue Königstr. 27/37
Tel.: 51 03 51 - App. 6108

1.) Index ein- und austragen.
2.) Urschriftlich

dem Ministerium für Staatssicherheit
über Verwaltung für Staatssicherheit Groß-Berlin

mit der Bitte um Kenntnisnahme und evtl. Benachrichtigung der Einsenderin übersandt.

I.A.

(Wielepp)
VP.-Rat

Der Präsident der Volkspolizei Berlin
01031

Weiterleitung der Anfrage
Eine Antwort erfolgte nie.

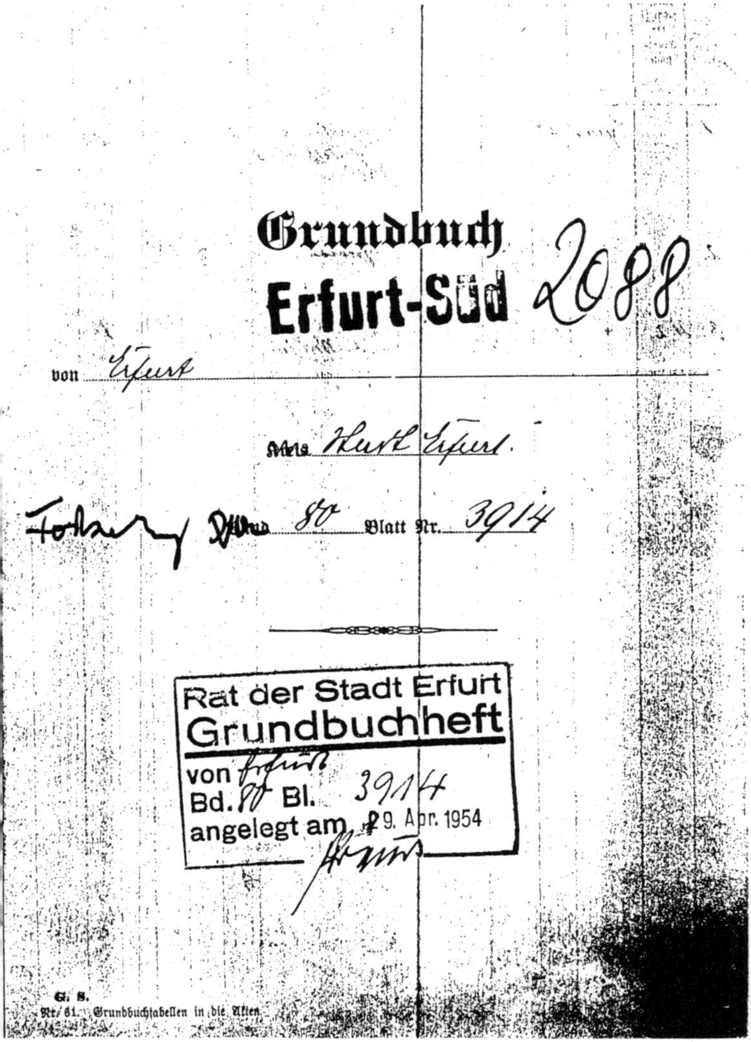

Grundbuch
Erfurt-Süd 2088

von Erfurt

Kreis ...

Fortsetzung Band 80 Blatt Nr. 3914

Rat der Stadt Erfurt
Grundbuchheft
von Erfurt
Bd. 80 Bl. 3914
angelegt am 29. Apr. 1954

G. S.
Nr. 81. Grundbuchtabellen in die Akten.

Anfrage der zweiten Frau meines Vaters
nach meinem Verbleib

Laufende Nr. der Eintragung	Eigentümer.	Nummer der Grundstücke.	Grund des Erwerbs. Verzicht	~~Wert Feuerversicherungssumme~~
1	2	3	4	5
[redacted]	[redacted]	[redacted]	[redacted]	[redacted]
6	Eigentum des Volkes Rechtsträger: der Rat der Stadt Erfurt.	3	Auf Grund der Enteignung des Rates des Bezirkes Erfurt vom 6. 8. 1952 und des Aufnahmeersuchens vom 6. 8. 1952 eingetragen am 3. Oktober 1952. [illegible] Henning	

Die Namen meines Großvaters, meiner Mutter und mein eigener wurden bei der Enteignung geschwärzt.

- Dezernat Inneres-
- Staatliches Eigentum-

An die

Stadt-u.Kreissparkasse

<u>E r f u r t</u>
Fischmarkt 1

Abtlg.II/Rie. 21.8.1952 238/Fi. 27.8.1952

Vermögenseinziehung gegen Musikstudentin
Frl.Elisabeth G r a u l ,Erfurt,Milch-
<u>inselstr.Nr.4 .</u>

Wir können leider Ihrer Aufforderung nicht
nachkommen u. das Sparkassenbuch der Verurteilte
übersenden , da dieselbe alleinstehend war ,
in einer uns nicht bekannten - S - Anstalt ein-
sitzt u.das Sparkassenbuch hier nicht vorhanden
ist.Für den Strafvollzug bestehen besondere
Weisungen u. es ist uns nicht möglich das Spar-
kassenbuch herbeizuholen. Sie wollen dies
bitte unter den besonderen Bestimmungen des
Strafvollzuges berücksichtigen u.eine Überweisung
wie durch unser Schr.v.16.8.1952 erbeten vor-
nehmen.Wir müssen alsbald unserer Dienstaufsicht
behörde die Überweisung des Guthabens der Ver-
urteilen an die DIB Erfurt bestätigen.Sie müssen
eben eine Lösung finden .

Der Rat der Stadt Erfurt
I.A.

„Korrespondenz" zwischen Sparkasse
und Abteilung Inneres

- Dezernat Inneres.
Sachgeb. Staatliches Eigentum-

An die

Stadt-u.Kreissparkasse
- Umwertungsabteilung-

<u>E r f u r t</u>
Fischmarkt 1

VI-Gö. 1o.7./13.852 238/Fi. 28.8.52

<u>Vermögenseinziehung gegen Musik-Studentin, Elisabeth G r a u l ,Erfurt ,Milchinsel-str.4 ,gem.Urteil des OG Berlin ,AZ.OG-28, 1952.</u>

Nachdem Sie uns mit Schr.v.13.8.52 die Mitteilung machen ,dass nach vorliegender begl. Testamentsabschrift der Abt.-3 - des AG Erfurt Frl.Elisabeth G r a u l alleinige Erbin der verstorbenen Mutter Meta geb.Küthmann ist , teilt nach Informierung unserer Dienstaufsichtsbehörde dieselbe nun mit Schr.v.2o.8.52 mit, dass die drei Uraltguthaben die in Besitz der Verurteilten übergegangen sind :

1. Kto.-Nr.32o57 über 1.574,75 RM
2. " " 783/197o " 3.016,43 "
3. " " 25311 " 1.222,51 "

zu annullieren sind.
Wir bitten Sie deshalb höflichst eine Annullierung vorzunehmen u. uns für unsere Aufsichtsbehörde eine schriftl. ~~Überweisungs~~Bestätigung zukommenzulassen .

I.A.
Der Rat der Stadt Erfurt

7366/92

PR I VRs 57/54 22087

13. APR. 1954

Strafnachricht (A)

für das Strafregister zu Berlin C 2 Littenstr. 16-17

Familienname (bei Frauen Geburtsname): Graul,

Vornamen (Rufnamen unterstreichen): Elisabeth

	Tag	Monat	Jahr	Geburtsort
Geburtsangaben:	16.	6.	1928	Erfurt

Kreis: Erfurt Bezirk: Erfurt

Familienstand: ledig verheiratet verwitwet geschieden

Vor- und Familien-(Geburts-) Name des (bzw. früheren) Ehegatten:

Des Vaters Vor- und Familienname: Ernst Graul

Der Mutter Vor- und Geburtsname: Meta geb. Kütmann

Beruf: Studentin Staatsangehörigkeit: Deutsch

Wohnort: ~~xxxxxx~~ Magdeburg, Basedowstr. 3 Straße und Hausnummer:

evtl. letzter Aufenthaltsort: dto.

Vorbestraft durch registerpflichtige Verurteilungen: nein ~~xxx~~

Vorstehend bezeichnete Person ist rechtskräftig verurteilt worden:

am 18. - 20.- Februar 1952

durch Oberstes Gericht der DDR

Aktenzeichen: 1 Zst (I) 3/52

Straftat mit Angabe der Tatzeit: Verbrechen gegen Art. 6 der Verfassung der DDR + KDR 38.

auf Grund von: Art. 6 der Verfassung der DDR und Abschn. II [illegible] III A III der KDR 38..

zu 15 Jahren Zuchthaus, + ~~Vermögenseinziehung~~ + ~~Sühnemassnahmen.~~

Bemerkungen: Durch Gnadenerweis d. Präs. d. DDR vom 28.3.57 ist die Strafe auf 10 Jahren Zuchthaus

Ort und Datum: Berlin den 4.4.72 VPK.A/PM Magdeburg

Mitteilende Behörde, Unterschrift: [illegible] HVDVP, HA SV. Abt. STV. [illegible]

gesperrt am 19.2.1972 [illegible]

SV 100 (VA) Strafnachricht VP 00 1158

Sühnemaßnahmen waren neben dem Vermögensentzug das Berufsverbot und der Verlust der Bürgerlichen Ehrenrechte auf fünf Jahre nach der Entlassung.

Umstehend bezeichnete Person ist weiter verurteilt worden:

Die Nebenfolgen aus Art.6 Abs.3 der Verfassung der DDR/1949 wurden durch Beschluß des Obersten Gerichts vom [illegible].8.1967 - Az.II - 231-67 erlassen.

Daß die Nebenfolgen (Sühnemaßnahmen) bereits 1967 gestrichen wurden, hat uns niemand mitgeteilt. Ich habe davon erst 1995 aus den Gauck-Akten erfahren.